U0010095

湖南人與現代中國

革命家與他們的產地

Provincial Patriots

The Hunanese and Modern China

Stephen R. Platt
史蒂芬·普拉特——著
黃中憲——譯

目次

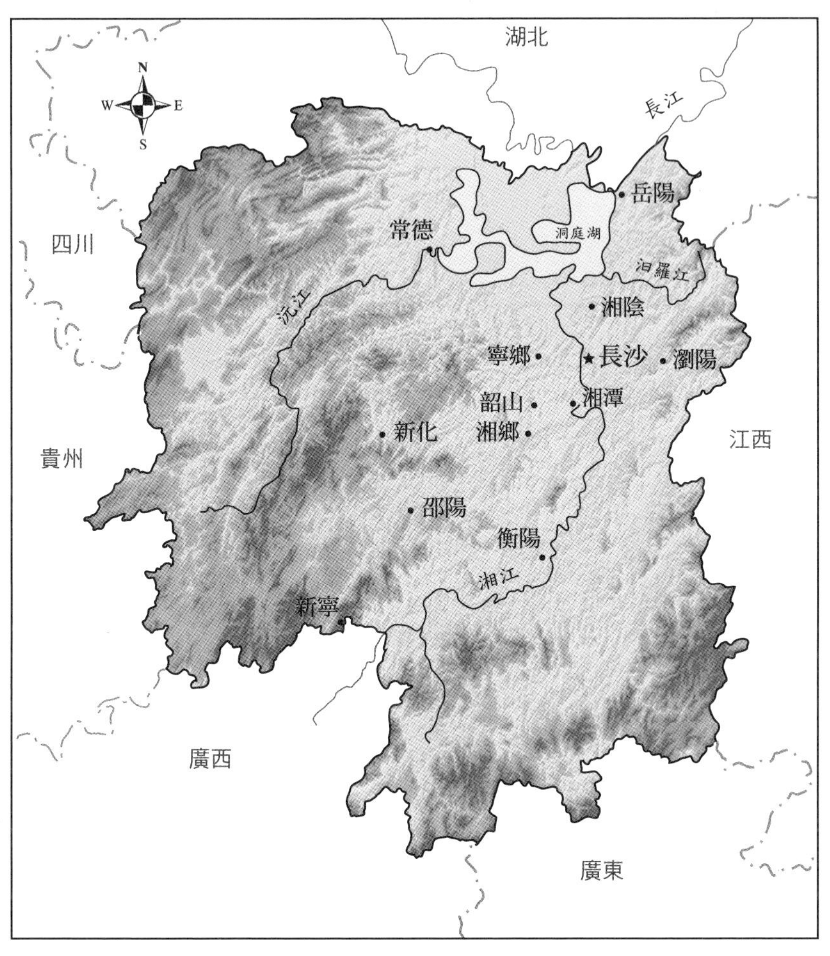
湖北
N
W
E
S
長江
岳陽
四川
常德
洞庭湖
汨羅江
沅江
湘陰
寧鄉
長沙
瀏陽
韶山
湘潭
新化
湘鄉
江西
貴州
邵陽
衡陽
湘江
新寧
廣西
廣東

湖南省

市民呵！起來。創造未來湖南的黃金世界只在今日。

——毛澤東，一九二〇年十月七日

導論：為中國構想另一種未來

怪哉，湖南人在近代中國的事蹟從未被當作整體來看待。個別的歷史著作可能在行文中順帶指出，太平天國之亂（說不定是人類史上死傷最慘重的衝突）的平定，乃是由湘軍領導完成。或指出一八九八年北京師法日本明治維新改造中國，推動了三個月的「百日維新」，但其實在那三年前，湖南就已施行類似的改革。百日維新失敗，改革派遭捕遇害，其中最有名的殉難者譚嗣同，就是湖南維新運動的創始領袖。或者會提到二十世紀第一場反清大叛亂的諸領袖，有一半是湖南人。又或者指出領導一九一一年辛亥革命的同盟會，湖南籍成員居各省之冠，湖南人黃興親身領導這場革命的程度，遠比事後得到大部分功勞的孫中山高。更近一點看，中國共產黨第一屆政治局的成員，整整四分之一是湖南人（包括毛澤東）。但不論是這些說明湖南人對中國近代史進程有著非凡影響力的例子，還是其他例子，都是零落、孤立的出現，缺乏連貫性，幾乎只是徒然引人驚訝，而無法給予真正的解釋。對此現象，歷來的解釋就只是含糊提及湖南人的神祕「精神」，有人推測那精神源自湖南多山的地理環境或愛吃辣的習慣。[1]

更令人感到奇怪的，儘管近代中國幾乎每個重要的改革或革命團體的領導階層裡，都可看到湖南人的身影，但我們仍把湖南視為保守落後的地方。湖南予人的傳統印象，乃是中國最排外的省分，是粗野之地，湖南的農民抗拒任何改革或進步思想，但這樣的省分卻出了這麼多改革者和革命人士，似乎說不通。本書的基本觀點，乃是這樣的矛盾之所以讓人覺得弔詭，完全因為我們對中國近代史的認識，建立在一普獲認可但其實有待商榷的看法上：中國的現代性——和隨之而來的所有政治與社會改革、民族主義、全球文化交流——完全是沿海通商口岸的產物，且從那些口岸往外擴散，啟迪了內陸。[2]在接下來幾章裡，我會證明事實並非如此，湖南其實是不為傳統所拘的文化中心，是今日現代中國的發展過程中一個自成一體的節點。我們的目光停在通商口岸和首都太久，暫時轉移一下視線，把湖南擺在中央，全新的中國近代史敘述隨之呈現眼前。

與主流敘事相反，本書中諸多湖南人於晚清開始的活動事例，並非出於偶然。我的研究目標之一，乃是揭露上述諸多不相干運動之間一脈相承的東西，特別是揭開諸主事者的個人關係——師生間、作者與讀者間、軍中同袍間、同學間、後代子孫間與堂表兄弟姊妹間——

他們因此被拉進一自覺的傳統和一有意義之整體。我想弄清楚這些人如何理解他們出身的省分，以及其省分與外面世界（包括中國其他省、世界其他地方）的關係。中國近代史上那些家喻戶曉的事件，對他們而言有多麼不同？是什麼激發他們付諸行動？湖南的歷史學家所緬懷的是什麼，哪些人是湖南青年效法的對象？他們對未來有何夢想？總而言之，湖南的活動家如何解讀晚清直至清朝覆滅，中國大地上的動亂和走得踉踉蹌蹌的建造新民族國家之路？研究發現，這些疑問的答案與我們預期的是大相逕庭，從而使人不禁想問，今日學界對中國近代歷史之所由來究竟瞭解多少。

我所要講的故事，圍繞著兩個主題鋪陳。第一個是湖南人的民族主義。在此，我所謂的「民族主義」兼具兩種流傳於湖南的想法：第一個想法認為，湖南人是一個自成一格的群體，共同有著與中國他省人迥然有別的特色；第二個想法認為，湖南人有自己獨特的歷史，有共同的先祖，以及最重要的，有共同的歷史命運。那是種時強時弱的民族主義，弱時主張湖南人負有引領中國其他人步入未來的天命，強時則主張湖南人該擺脫中國的束縛，建立自己的獨立國家。而從近代中國主敘述的角度看，這一現象根本不該存在。傳統的中國近代史認識告訴我們，儒家忠君愛國的觀念自然而然轉化為對中國大一統的想望，於是順理成章的，中國知識分子無一不懷抱著中國一統的夢想。這一歷史目的論（historical teleology），乃是本身想以近代民族國家的形式保住古老帝國版圖的中國民族主義歷史學家所構造，但

十九、二十世紀之交許多重要的湖南改革派只把湖南省當成首要效忠對象的事實，卻恰好在掏空這個立論。本書檢視的許多例子裡，有個一貫且有力的中心思想，即本省擺第一位，帝國（如果考慮到帝國的話）擺第二位。從中國境內民族主義發展的角度看，這意味著湖南省可同樣輕易的（且如某些人所認為的，更輕易的）成為現代民族國家，把舊帝國棄之在後。或者如某湖南學生於一九〇三年所說的，湖南人應該讓中國步羅馬帝國之後塵消失於歷史舞臺，湖南本身則要成為法國或英國之類的國家，把舊帝國的文明帶進未來。

第二個主題與第一個密不可分，乃是至今方興未艾，對湖南學者王夫之的重新發掘。王夫之是明朝遺老，義不仕清，十七世紀隱居鄉野，其生平和著作於十九、二十世紀成為建構新湖南認同和歷史方向感的核心材料。王夫之比其他任何人或歷史事件更有資格做為現代湖南人性格的原型，在許多人眼中，王夫之是在他們血液裡事先植下改革、革命因子的共同先祖。讀者或許會注意到，我對王夫之的探究，未走從哲學角度分析他著作的傳統路子，而是研究近代人如何回應他的想法，近代人如何在他思想的基本要素和進步、民主、民族主義之類「西方」思想之間找到不尋常的契合之處。[3]本書為思想史的研究，而且具體地說，這是一部以如下信念為基礎的論著：思想並非抽象不變，而是受到現實影響且動態的。我認為瞭解思想史的最佳之道，乃是把思想史擺在人的時空環境（human context）裡去瞭解，這個時空環境包含了受自己生命中特別關注之事物驅動的讀者，其塑造文本的意義以滿足自己需求的方式，以及他們接下來將解讀化為行動的方式。在這種研究取徑下，引述文本此事所具有的意義，至少就和該文本起初被撰寫的一刻一樣重要。因此，本書不在研究王夫之的思想本身，而在研究王夫之的著作如何被後人運用：近代學者如何復興他的著作，如何重新解讀他的著作，又如何在數代的歲月裡把他轉變為令人仰慕的現代湖南精神象徵。用此一思想研究路徑來探討上述主題，可以說再適切不過，因為王夫之也非常重視文本意義經時空轉換而改變的類似觀念。

最後得談談我個人的地區史研究方式。這不是第一本出自西方學者之手的有關湖南的書，卻是第一本避免把湖南當成個案研究（case study）的書。已有人寫出把湖南當作近代中國縮影的出色著作，而要抓到整個中國的趨勢，這是較容易辦到的研究路徑。[4] 但就本書的目標來說，湖南不是中國的縮影，就像中國不是亞洲的縮影；湖南就是湖南，在湖南人心中獨一無二的地方，湖南史與近代中國史不可分割，但不可分割不代表類同。這兩種研究路徑的差異在於：把湖南當個案研究，就是在強調當地歷史裡最容易被歸納出來以適用其他諸省的元素，或者對今人所知之中國近代民族國家的誕生，似乎最有助於說明的那些元素。但把湖南視為本身自性具足的一個主體來看待，則是要為湖南歷史裡該省所獨有且與熟悉的敘述格格不入的諸多元素騰出空間。簡單地說，第一種研究路徑用該地區來小幅調整既有的中國近代史模式，以使其更為完善，第二種則用該地區來質疑該模式。

這是南轅北轍的兩種原則，各以其中之一來做研究的兩個學者，可能在同樣的原始資料裡找到截然不同的意涵，且會選擇循著那些資料所開展出的截然不同的主線走下去。兩人很容易會對另一人眼中最有趣的事物視而不見。但如果把他們的研究項目擺在一塊，兩種視角能創造出大不相同但彼此相當有關連的畫面，發揮類似立體眼鏡兩個鏡片的作用，真正深刻呈現那些活在另一個當下，不可能知道自己未來的歷史人物充滿矛盾的經歷。本書所探討對象的希望、夢想、背道而馳的意念、挫折，始終未呈現於我們所瞭解的中國歷史，主要因為它們反映了一個已湮沒不明的世界，充滿諸多可能性——為中國構想另一種未來——的世界。那是日後篤定認為一切都通向大一統中國的民族主義者所無法理解的世界，也正是我以那些歷史人物為對象寫下此書的原因所在。

第一章

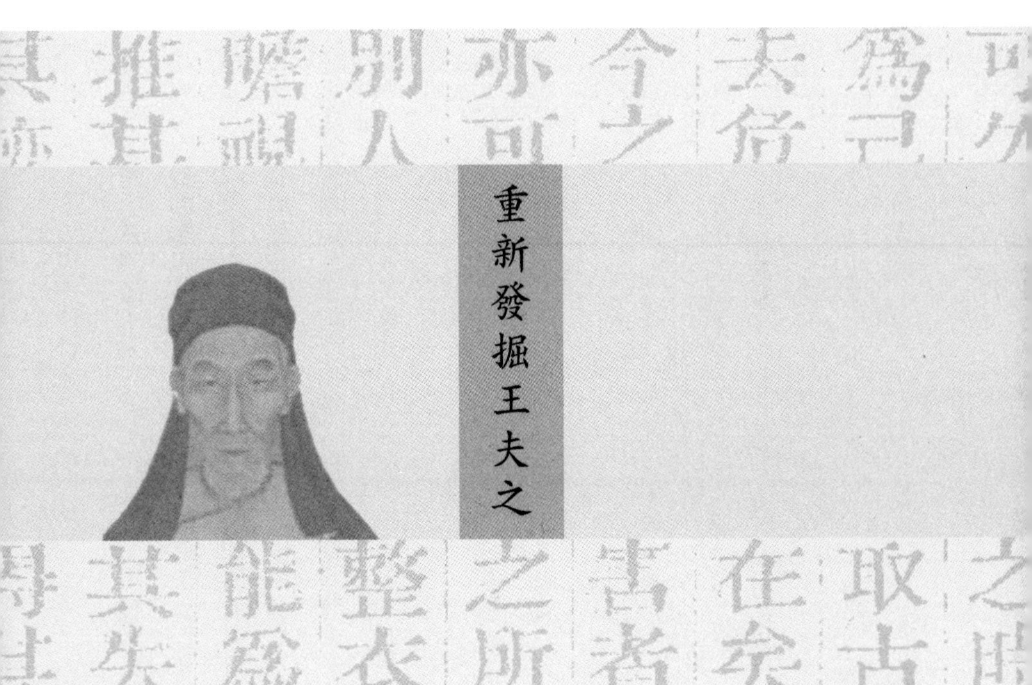

重新發掘王夫之

據認識鄧顯鶴的曾國藩所述，鄧顯鶴蒐羅、刊布家鄉湖南的文獻，其搜討之勤「如饑渴之於食飲」。而當鄧顯鶴於十九世紀初期開始這份工作時，沒什麼文獻可供他蒐羅。因為明清數百年間，湖南產生的著名學者甚少，從當地通過科考成為舉人和更上層樓成為進士的士子人數來看，湖南在諸省中也幾乎是敬陪末座。他省人喜稱湖南人為「騾子」，藉以形容他們吃苦耐勞且固執的個性，但這種個性的人幾乎出不了一流學者或領導人。[1]

但一八一〇年代時，鄧顯鶴從某文獻裡讀到有本明朝佚書名叫《楚寶》，書中宣稱收錄了他家鄉地區歷來所出過的諸多大儒、名臣的傳記，年代從西元前四世紀湖南地區為楚國南部之時起。經西元前三世紀楚國滅亡，再經歷諸多朝代，直到西元十四世紀明初為止。那是不折不扣的地區性歷史著作，完全不受省、國、帝國之疆界變動的影響。[2] 鄧顯鶴花了十餘年尋找該書，最後終於在湖南商業城市湘潭的某個私人藏書裡找到一孤本。[3] 為這一發現欣喜若狂的他，校訂此書，重新刊行，並增添新詞條以將後來的湖南先賢也納入其中。經他增輯的新《楚寶》於一八二九年刊行，列出從楚國至十七世紀明末這兩千年期間湖南的歷代賢人。

《楚寶》〈文苑〉門開頭，介紹楚國著名大夫屈原生平。鄧顯鶴說明道，屈原的著名詩篇〈離騷〉是第一個「振南國之風」的詩作。[4] 屈原在朝中遭讒，遭出賣，被貶至楚國南方（長沙附近），在那裡成為後代無數人心目中忠君愛國、孤單寥落的浪漫象徵。《楚寶》介紹屈原時引用了他的詩句：「舉世皆濁我獨清，眾人皆醉我獨醒。」[5]然後說道，秦國大軍入侵他所摯愛的楚國時，屈原投汨羅江（湘江支流）自盡。

〈離騷〉以如下的著名詩節結尾：

亂曰：已矣哉！
國無人莫我知兮，又何懷乎故都！
既莫足與為美政兮，吾將從彭咸之所居！[6]

彭咸是個薩滿僧，楚國南部地區的象徵，這一節詩描述屈原以不屈服的心態擁抱在未開化的南方荒野流放的人生。楚國滅亡後，成為中國人記憶中集蠻荒、薩滿與巫術及失落的浪漫文化（僅保存在詩歌中）於一身的土地，屈原則為楚地的悲劇謬思。屈原自盡一個世紀後，漢朝大臣賈誼，因宮廷政爭，一如屈原被貶到湘江流域。有感於屈原的遭遇，他寫下〈弔屈原賦〉回應〈離騷〉，賦中他發出同樣的感嘆：「已矣，國其莫我知兮。」[7]鄧顯鶴《楚寶》中論屈原的部分，以對賈誼的一段描述作結：站在湘江小船上，將自己的詩作擲入水中，隨溺死的屈原而去。

〈文苑〉門裡以屈原為始的章節，以將近兩千年後另一個同樣悲劇性的人物作結。這人就是忠於明朝的學者王夫之。被鄧顯鶴稱為「我師」的王夫之，二十五歲遭逢明亡清興之變（一六四四年）。鄧顯鶴寫道，「北京陷，夫之涕泣不食者數日。」[8]鄧顯鶴詳細描述了明朝甫亡之時王夫之的生活：遊歷華南尋找尚存的明朝皇族，找到皇族，在西南與皇族共同抗清，然後滿腔熱血禁不住現實摧折而破滅。誠如鄧顯鶴所述，流亡朝廷的內鬥和出賣，最終使王夫之決定隱跡江湖。

王夫之回到故鄉湖南，回到深山中的老家「續夢庵」。他將在此度過餘生，過著與屈原、賈誼有諸多相似之處的幽居流放生活。王夫之本人也體認到這相似的遭遇，曾寫道：「有明王夫之，生於屈子之鄉，而遘閔戢志，有過於屈者。」[9]王夫之未如屈原自殺明志，而是在湖南中部山中度過四十年隱士生活，鑽研中國傳統典籍（史書、哲學著作、儒家經籍），追索明亡之因和天下撥亂反正之道。

在《楚寶》中，鄧顯鶴引用了王夫之自撰的墓誌銘：

> 抱劉越石之孤憤，而命無從致，
> 希張橫渠之正學，而力不能企。
> 幸全歸於茲丘，固銜恤以永世！[10]

但鄧顯鶴於一八二九年哀嘆道，王夫之的著作（他「銜恤」——永久之悲——的體現）已佚失。鄧顯鶴寫道，「先生家故貧，著書筆札多取給於故友及門人家。書成，因以授之，不自收拾，藏於家者蓋無幾焉。」鄧顯鶴指出，他能看到的王夫之著作不多，於是以如下的懇求，做為王夫之這一詞條和論楚地文人這一章的結尾：「安得士夫家有珍藏全部善本，重為審校開雕，嘉惠後學，使湖湘之士共知宗仰！」[11]

一八三九年，即《楚寶》刊行十年後，鄧顯鶴的願望成真。那時他已把注意力轉向湖南較晚近的歷史，正在編輯、擴增另一部明朝詩文集，即以貫穿湖南的兩條主要河川之名取名的《沅湘耆舊集》，書中收錄一千餘首七十歲以上湖南人所寫的詩。那時鄧顯鶴已六十二歲，也幾乎要步入古稀之年。有天，他正在他位於長沙城南書院的書房裡編纂《沅湘耆舊集》時，兩名男子登門拜訪。一人是來自湘潭的商人王世全，另一人是王世全友人歐陽兆熊。歐陽兆熊是年輕文人，也是湘潭人，兩年前已通過鄉試成為舉人。王世全是王夫之的六世孫。

王世全與歐陽兆熊呈上一份不為人知的王夫之詩作手稿，供其放入《沅湘耆舊集》中，且說這些詩只是開端。王夫之另一位六世孫王承佺，近幾年在湘潭收藏了一批書籍，其藏書正符合鄧顯鶴十年前購求王夫之全書的懇求。這批藏書包含絕無僅有的王夫之儒家經籍評注手稿、他論歷史、哲學方面的著作、他的文學創作草稿和政治論文，以及其他多種著作。他們詢問鄧顯鶴是否願意將它們刊布於世，而他可想而知，「大喜過望」。[12]

這是值得大書特書的一項發現。王夫之的六部儒家經籍注解（包含論《尚書》、《春秋》、《詩經》、《易經》的著作），已在一七七三年被湖南巡撫選中，供納入朝廷官修叢書《四庫全書》之中，為湖南人難得之殊榮。但除了這些注解性作品，王夫之的著作，自一六九一年他去世後，只有少量傳世。所有已為人知的出版物，就和《四庫全書》收錄的這些著作一樣，全是注解儒家典籍的著作。因此，王世全和歐陽兆熊帶來給鄧顯鶴的這些未刊布的詩作，乃是全新的資料。而憑藉這些詩作，加上同樣不為人知的歷史、哲學論著和個人創作，將大有可能使這位當地大學者的思想首度完整呈現於世人眼前。

但這些著作此前一直未刊布，有其充分理由。王夫之隱居山野，因他忠於明朝，不肯順服於篡奪大位的滿人，且瞧不起在清朝當官的漢人。王夫之這一不肯順服和蔑視當道的心態，深深嵌入他的學問裡。但他當時的征服者，到了鄧顯鶴的時代，已是地位穩固且受人民認可的統治者，而爭議就在這裡。收錄於《四庫全書》的儒家典籍注解，只是王夫之全部著作裡的一小部分，而且其中凡是表明他仇滿的字句都已遭移除。此外，編纂《四庫全書》這個龐大計畫，也成了必須是找出反滿著作並予以銷毀的文字獄。[13]王夫之著作名列《四庫全書》的殊榮，掩蓋了他有九部著作遭斥為異端然後燒毀的事實。[14]但受朝廷肯定和燒毀的著作，只有十五部，占此時王夫之後人承諾給予鄧顯鶴的著作不到三分之一，意味著王夫之手稿的守護者費盡苦心，讓他的大部分著作免於受到官方審查。因此，這嚴格來講不是個「發現」，而是王夫之後人刻意披露他們已用心保守了將近一百五十年的祕密。

王氏宗族決定把這些寶貴手稿交給鄧顯鶴刊行，代表了多年來一直未定案的一個家族計畫終於有了結果。乾隆皇鞏固清朝統治一事，使一道門在十八世紀晚期首次開啟。《四庫全書》的編纂於乾隆在位期間大功告成，代表了官方認可的中國正統學術著作的集大成。它在清廷主持下編成，為清朝從敗亡的明朝繼承了天命一事提供不容辯駁的明證，把清朝打造為中國道統的真正守護者。在這一昂揚自信的氣氛下，宮廷史家回顧一百五十年前滿人入主中國之事，以從明人的忠君愛國精神裡汲取新的教訓，為此甚至批評未反抗的明朝官員（迅即背棄明朝、歸順滿人的那些官員）為帶有貳心的「貳臣」（仕二朝的大臣），而那些忠於明朝者（至少那些未拿起武器反抗者），則被試探性地捧為儒家忠貞不二精神的典範。[15] 到了十八、十九世紀之交，王夫之、顧炎武、黃宗羲這三位最重要、最具爭議性的忠於明朝的學者，已被迎入官修的國史儒林傳。

國史儒林傳中的王夫之傳，只強調他的儒家忠孝價值觀，對他未見於《四庫全書》的那些著作，隻字未提。對於他在山中度過的後半生，這篇傳記簡短帶過：「吳逆在衡湘，夫之又逃入深山。吳逆平，巡撫嘉之，餽粟帛請見，夫之辭帛受粟。未幾卒。」[16] 雖然行文造作，這則傳記給了他的名字重要的官方認可，至少他的名字不再是不能提的禁忌。[17] 他名列國史儒林傳之後，他家鄉衡陽縣一文人刊刻王夫之論古典典籍的著作十種，但刊印數量不多。這些書是自《四庫全書》之後王夫之新著作的首度刊行，而這批書（儘管數量不多）未遭沒收或燒毀，意味著十九世紀初期時出版王夫之的未刊行著作，已較無安全疑慮。[18]

從王夫之名列國史儒林傳到一八三九年王世全登門拜訪鄧顯鶴，這中間數十年代表了一個世代的過去。據某份王氏族譜，首次感受到先人召喚，「以復先業自任」者是王承佺。[19]根據那份史料，開始蒐集王夫之散落手稿者是他。他似乎也經商極有成，因為他重建了王夫之最早的山中書齋續夢庵，也翻修了祠廟。一八三九年時王承佺已是湘潭該家族的族長，有財力且有威信支持他刊印王夫之著作的大願。至於時機方面，同樣值得一提的，王承佺和王世全都是在乾隆朝發動文字獄之後成年。他們的父親對那段危險時期記憶猶新，大概沒什麼意願冒讓家族擡不起頭的風險刊行這些佚失的著作。

第一次刊行

鄧顯鶴欣然接下這工程。他仔細翻查得自王承佺藏書的索引和書信，確認王夫之寫了五十二部作品（如今則被認為有百部左右），包括二十二部注解古典經籍的著作、三部歷史著作、十七部論哲學家的著作、十部「集」，包括王夫之本人的詩、劇作和政治性文章選集。在這五十二部已知的著作中，鄧顯鶴能找到四十二部的手抄本。他組成一編輯小組抄寫手稿，為出版做準備。一八四二年這一計畫完工時，有五名審閱兼編纂、八名主編、八名文字編輯、一名督導印刷事宜者。這批工作人員中，屬較低階層者，大部分是王夫之的直系後裔（五名文字編輯和那位印刷事務主管）。屬於最高階層的審閱兼編纂，全是資深學者，主編則是年輕有為的學者，其中有數人不久前才通過鄉試成為舉人。參與這項計畫者全是湖南人。[20]

編輯群由不同層次人士組成一事，間接表明這一計畫所具有的多重意義。王夫之後代的大量投入，表明這是家族之事，有意藉此傳揚他們著作甚豐之先人的名聲，進而光宗耀祖。他們蒐羅手稿，藉此啟動這一工程，而且提供資金。總編自稱「受聘」於王家，王氏族譜也陳述道，王世全個人捐了小筆錢給這計畫。[21]

對於由鄧顯鶴領導，擔任審稿、主編的那些湖南資深學者來說，那是和《楚寶》或方志之類的編纂工程一樣光耀本省門楣的大事。他們是深受崇敬的一群人，例如其中之一的何紹基，一八三五年得鄉試第一，隔年中進士，後出任翰林院編修（清朝最高的學術性官職）。他父親是戶部尚書。[22]身為湖南人，這些素孚眾望的學者大有可能從他們的同鄉先賢得到威望，就和王家大有可能以這種方式來光宗耀祖差不多。有鑒於他們都已在仕途上頗有所成，因此，投入這份工作，大概是為了保存本省歷史和提升本省學術。

角色最吃重的主編群，乃是較年輕的學者，三十出頭歲。對他們來說，與資深學者打好關係，攸關日後前途；參與這工程等於是在實習當學徒。受魏源（湖南傑出的地理學家，當時在北京工作）之類學者的啟發，經世之學（又稱實學）盛行於湖南的嶽麓、城南兩書院，而這些年輕主編正是此領域的佼佼者。[23]編輯群的年輕主管（和被視為實際促成此編纂工程付梓之人）鄒漢勛，受聘於一八四一年，時為手稿初步收集完成之後。三十五歲的鄒漢勛尚未通過鄉試（一八五一年他才鄉試中舉），但在數學、天文學、地理學方面鑽研甚勤。他是鄧顯鶴的門生，常在家書中提到鄧。他本身的學問反映了鄧顯鶴在方法、題材兩方面對他的影響，例如他早期曾寫了篇文章，試圖比較來自地理學、歷史、詩、天文學方面的原始資料，以斷定屈原的確切生卒年。他寫道是鄧顯鶴要他從事這一考證工作。[24]

鄒漢勛底下有一八三七年鄉試中舉的歐陽兆熊，一八三二年鄉試第一的左宗植和他一八三三年鄉試中舉的弟弟左宗棠。這些人全是講究經世之學的學者，他們的興趣涵蓋從醫學到地理學、軍事策略到洪水控制、天文學、農學等多種實用學科。歐陽兆熊尤其精於醫學，左宗植則專注於天文學。左宗棠對軍事史、農學最感興趣，以「湘上農人」之化名出版過數篇談農業的論文。[25]

留存至今的書信證實這些主編彼此交情甚篤（其中大部分人應鄒漢勛之邀加入這團隊），且彼此支持、關注同僚的外面事業。有封鄒漢勛寫給左宗棠的信，提到左宗棠所編的一本軍事策略地圖集。一如他一心提升楚文化的恩師對他寄予厚望，鄒漢勛也對左宗棠的著作寄予厚望：「皇輿圖當速成，以張吾大國楚，使天下知吾楚復有績學談輿地之人在於草莽中也。」[26]在這讚譽背後，鄒漢勛把湖南的知識界稱作「草莽」，正透露了一種普遍憂心湖南文化落後於中國其他地方。鄒漢勛確信左宗棠的地理學著作將「使天下知吾楚復有績學談輿地之人」，而這份篤定指出了當地學者的一種防禦性心態。這種心態在年輕一輩身上特別強烈，表現在欲使湖南看來沒沒無聞的傑出之處為世人所知的意向裡。這一動機推動鄧顯鶴先前那些出版品的問世，此刻則在背後推動王夫之著作的出版。

這一出版行動的另一個重要背景乃是鴉片戰爭。鴉片戰爭爆發於編輯作業開始那年，結束於付印那一年。在一八四一年夏寫給左宗棠的某信中，鄒漢勛把王夫之注解《禮記》的著作（《禮記章句》）送去給他校對，並詢問戰爭情況：「續寄上《禮記章句》一部望撥冗校之。英夷自（陰曆）七月陷廈門以後不知又作何情形？」[27]他在信中既提到王夫之的《禮記章句》，也詢問英「夷」的動向，其實有其深意，並非隨興之舉。鄒漢勛剛校正過王夫之的自序，此刻送去給左宗棠過目，而這篇自序對這類華夷爭鬥有非常具體的看法：「人之所以異於禽獸，仁而已矣；中國之所以異於夷狄，仁而已矣。」[28]換句話說，中國人之於蠻夷，就如人之於禽獸，兩者間的差異在於仁。此外，王夫之解釋道，「仁之經緯斯為禮」，因此，瞭解人獸或華夷之區別的關鍵，就包含在此書中。透過此序的闡發，《禮記》成為說明中國人優於外人的文獻。

著述於明亡之時的王夫之，其所關注的「夷」，不同於此時鄒漢勛所關注的「夷」。王夫之的夷是滿人，鄒漢勛的夷是英國人。但兩人用的是同一詞，而一八三九年鴉片戰爭的爆發，標誌著自滿人入主中國以來，首度有滿人以外的「夷」人作勢欲入侵中國。在這樣的時代環境下，王夫之關於夷的陳述，用在西方人身上，首度比用在滿族統治者身上更為適切。鄒漢勛寫信時當然讀過這篇序，但這篇序讓憂心時局的他生起何等戚戚焉的感受，他未留下隻字片語說明（但他的確在寫給左宗植的某信中引述了給左宗棠信中的這部分段落，同樣把《禮記章句》和英夷動向之事擺在一塊，此舉倒也間接表露他的心思）。[29]最後，只有這些主編看過這篇具煽動性的序，一八四二年（簽訂南京條約那年）將《禮記章句》付印時，他們把此序拿掉。

一八四二年以《船山遺書》之名付印時，拿掉的不只那篇序。誠如先前所提過的，鄧顯鶴親自看過王夫之四十二部著作，共三百多卷。但最後他只出版了十八部一百五十卷，而且一如此前所出版的王夫之著作，全是注解經籍的著作。他按下歷史著作、哲學著作和他所有個人創作未出版，甚至未出版王世全最初拿來給他的詩作。

主要原因似乎是政治考量，尤以《讀通鑑論》、《宋論》這兩部歷史著作最有這方面的顧忌。《讀通鑑論》是王夫之讀過司馬光的歷史名著《資治通鑑》後發表的議論，《宋論》

則是王夫之論外患頻仍之宋朝的著作。誠如鄧顯鶴在某篇索引文裡說明的，這兩部著作，編輯群可完整取得。鄒漢勛曾致函左宗植，說《讀通鑑論》和《宋論》合計「約五、六萬字」[30]，這表示編輯已在計算字數以便出版。

鄒漢勛在那封信中說明，最早向鄧顯鶴提出書計畫的那兩人意見不合。他寫道，「曉岑（歐陽兆熊）慫恿半谿（王世全）欲其陸續付梓，勛恐其不能為力，又在局中，不便贊成，如何如何？」這封信間接指出了幾件事：首先，不願照計畫出版的是王家，意味著他們擔心引發軒然大波，自身可能遭殃。第二，這說明鄒漢勛很擔心，這兩部著作的出版掛上他的名字，可能危害他的仕途。總而言之，這些爭議指出這兩部著作可能惹禍，致使它們最終未付梓刊行。

歐陽兆熊本人有志於經世之學，力促《讀通鑑論》與《宋論》出版也就不難理解。它們嚴格來講不屬經世之學的範疇，但它們切實剖析中國歷史，且特別著墨於秩序的建立和擊退入侵外敵，而這兩者在一八四一年正切合時勢所需，因而還是有經世致用的價值。誠如王夫之在《讀通鑑論》的末尾所寫道，審視歷史的用意在於以古為「鑑」，用之於當下：

「鑒」者，能別人之妍媸，而整衣冠、尊瞻視者，可就正焉。顧衣冠之整，瞻視之尊，鑒豈能為功於我哉！故論鑒者，於其得也，而必推其所以得；於其失也，而必推其所以失。

其得也，必思易其跡而何以亦得；其失也，必思就其偏而何以救失；乃可為治之資，而不僅如鑒之徒懸於室、無與炤之者也。[31]

對一八四一年時憂心於如何控制中國口岸之英國人的經世派年輕學者來說，王夫之論歷史的著作，極有借鑑的價值，但王夫之在其歷史鑑鏡裡想識出的「失」，卻是明朝的滅亡和滿人的入主中國，而這一點在當下可能招來禍殃。

讀者如何看待這樣的著作至為關鍵；它既可以被解讀為支持中國對抗西方入侵者的著作，也可以被解讀為譴責中國當前統治者的著作，端視所處的時空環境與指涉對象。因此，王家會擔心中國現狀還不適於它們的出版，以及鄒漢勛擔心自己前途受累，也是極能理解的事。鄒漢勛雖是總編輯，卻還不是舉人，他名下任何看似羞辱清廷的舉動，都可能葬送他的仕途。但從他的憂慮（「如何如何？」）可察覺到，他與歐陽兆熊同樣對這兩部著作感興趣，且認知到它們所具有的深意。在他討論這兩部著作的那封信中，他列出手上其他較具爭議性的王夫之著作，指出它們的副本已謄抄完畢，隨時可刻版，但坦承應該來日才會問世（「容後日褒稟面質」）。[32]

鄧顯鶴最後只刊行十八部著作，且全是注解經籍的著作。但重要的是，指出王夫之的著作不止於此的字句未遭抹除。鄧顯鶴寫了篇船山遺書目錄序，放在這批出版著作的第一卷裡，在其中列出他所確信出自王夫之之手的所有著作，包括他已讀過但未刊印的那些著作。因此，鄧顯鶴在出版物裡證實，王夫之的著作比正刊印的著作還多一倍，此次印行的並非王夫之著作全集。他甚至承認其他著作具爭議性，在文章裡寫道：「嘗慨然發憤，思購求先生全書，精審鋟木，嘉惠來學。以是強聒於人，無應者。」[33]因此，鄧顯鶴所刻印的《船山遺書》，強調了出版者的自我審查，把王夫之非經學類的學術著作自行剔除在出版之列。它也首度告知讀者，王夫之寫了政治立場鮮明的著作，而且那些著作其實並未佚失。

《船山遺書》也描述了王夫之的隱居生活，且內容大不同於國史儒林傳所述。長沙嶽麓書院山長（按：經查唐鑒曾主講於金陵的尊經書院和鐘山書院，但非嶽麓書院山長）暨湖南經世運動開創者之一的唐鑒，為《船山遺書》的出版寫了篇序，寫道，「夫人之不得於時，以幽憂隱怨抒其不平之情……先生不屈於外，不挫於內，探天人之精蘊，契性道之流行，知其所以然，而言其所同然。舉凡所遇之艱，所履之險，所守之窮，皆若固然而無足怪者。」[34]相較於國史儒林傳對王夫之逃居山中之事草草帶過，唐鑒將王夫之這一階段的人生譽為他忠貞，與願意忍受孤貧以守住其節操的明證。

最後，唐鑒表示，其實王夫之本意就希望保存他的著作以供後人之用，說「先生發義理之真傳，皆不得於時而欲傳之於後世者也」。唐鑒最後論道，王夫之的願望終於實現。他寫道，「其性之沖和，理之純粹，流露於楮墨間者，令人不能置也。」總的來看，唐鑒的序強調這些著作切合時代需求，它們不只是來自過去的學術著作，還是意在供人「致用」、供用於當下之作。

但鄧刻版《船山遺書》存世甚短，從鴉片戰爭結束到太平天國之亂爆發，只十餘年時間。一八五四年，太平天國的天軍摧毀湘潭城時，找到《船山遺書》的雕版，將其燒掉，並毀掉為此出書計畫所辛苦投入的所有編輯、刻版成果。這時，鄧顯鶴已離世，負責校刊的鄒漢勛也在那年打太平軍時戰死。

郭嵩燾的發現

一八五二年九月，太平軍進攻長沙時，名叫郭嵩燾的三十四歲學者與其鄰居左宗植、左宗棠逃到山中。左氏兩兄弟曾任《船山遺書》主編，這時帶著一套該書離家逃難。郭嵩燾不到半年前下葬了父母，此刻人生已沒什麼牽掛。避難山中，遠離下方山谷戰禍時，郭嵩燾開始讀王夫之的《禮記章句》，且在將近四十年後寫了《禮記質疑》一書。在此書的自序中，他寫道，「咸豐壬子（一八五二）避難山中，有終焉之志，讀船山《禮記章句》，尋其意恉。」[35]避居湖南崎嶇山中，鄉人在山下平原遭叛軍屠殺之際，郭嵩燾看到自己往後的人生道路。在《船山遺書》的序中，他大概會讀到唐鑒對王夫之山中生活的描述，而那和他自己此時此刻的遭遇何其相似。

以王夫之為指引，郭嵩燾開始研究《禮記》，且終生不輟。這本書號稱最古老的儒家典籍，書裡詳細著墨多種人際互動所應遵循的禮儀——該如何坐立、吃或接待賓客，睡覺時該如何躺，肉該擺在盤中何處，如何舉行婚喪禮，典禮和其他場合時得體的頭手姿勢、鞠躬，大臣的得體舉止，君王的得體行為——也就是孔子認為最為重要，做為他和諧社會觀之基礎的所有作為。

王夫之和他之後的郭嵩燾都認同孔子的觀點，認為如果一社會衰落，只能透過檢討該社會是否恪守得體的禮儀來尋得衰落的原因。禮儀決定人類行為的所有層面，因而是和諧社會運作的張本。要瞭解何為「得體」的禮儀，進而瞭解當今之世所應循的張本，學者得在經後人之手不完整流傳下來的文本中，尋索埋藏其中的真義。此外，《禮記》的文本沿革史比大部分中國古典典籍更為含糊不明；西元前二一三年秦始皇焚燒儒家典籍之後，據說含有夏商周三代禮儀而一般據認是原本的《儀禮》從此佚失。漢朝時編纂的三種較新的文本，都自稱是以《儀禮》為本，而西元前一世紀編成的《禮記》只是其中一種。[36]但對王夫之和郭嵩燾兩人來說，仔細研讀此書，乃是瞭解他們所處之社會有何弊病的法門。

這一作為切近孔子的教誨，但到了明清時期，那已是專業人士的領域，而非主流的領域。

宋朝學者朱熹對儒家典籍的詮釋，後來被奉為儒學正宗，而他未注解《禮記》全本，只將《禮記》中的〈大學〉、〈中庸〉抽出，視為自成一體的典籍，予以注解。於是，為了參加科考而讀過《禮記》其餘內容的學生，只讀基本的正文。那些正文未附上後人的注解，也就不會有儒家文人傳統中極為看重的經文訓詁、考證或注疏。老師要學生為考試選定一部儒家典籍來專攻時，《禮記》常敬陪末座。[37]

《禮記》所提出的良方，有多處對避居山中的王夫之和郭嵩燾來說別具深意，其中包含了文人處亂世之道。在〈儒行〉篇中，有文寫道：「儒有今人與居，古人與稽；今世行之，後世以為楷。」[38] 這就是郭嵩燾與王夫之關係的基本樣貌，以王夫之這個古人為師，而這關係始於一八五二年，終其一生都是如此。郭嵩燾知道王夫之於明亡後隱居山中，就此度過餘生。而此刻威脅清廷存亡的太平天國之亂，情勢似乎和明亡時一樣險峻，因而使郭嵩燾認定他將「終焉」山中。他對王夫之著作的研讀超越他本身的時代框限，以這位先哲做為此刻人生的榜樣。他以王夫之為師，一時成為隱士。

〈儒行〉篇接著寫道：「雖危起居，竟信其志，猶將不忘百姓之病也。其憂思有如此者。」王夫之在此加上注解，說此處的「憂思謂憂世思治」。也就是說，儘管身處險境（如他和郭嵩燾那般），學者的職責仍是專注於世事，透過其學問找出撥亂反正之道。王夫之的微妙區分，道出避居山中空談哲理和避難尋找切實可行之治道兩者的差別。

〈儒行〉篇也論及文人隱居這主題，寫道：「幽居而不淫，上通而不困。」此前對這一行經文的注解，把它們解讀為文人獨居應避免離經叛道或不道德的念頭，文人當上高官則能善盡其職責，行事不受拘束（大概是因為他有官員身分）。[39]愛隱居更甚於當朝臣的王夫之，在自己的注解裡表示，《禮記》的文本在傳寫過程中出錯，這一行經文應該倒轉過來，「幽居當云不困，上通當云不淫。」也就是說，對放逐山林的學者來說，最重要的問題不是他德行的問題，而是他能有何成就的問題。經過王夫之的詮釋性修正，首先這文本，成為針對朝廷之腐敗發出的道德性陳述——學者出仕必須念茲在茲避免淫行，暗示朝廷本身是不道德行為的根源。第二，最重要的一點，這文本被賦予以下意旨：學者即使幽居——或更貼切地說，因為幽居所以——不該失去其潛能。王夫之在前一段裡認為學者應把使天下撥亂反正視為己任，因此他的注解最起碼間接表示，隱士即使獨居，也不該失去為時弊找出針砭之道的能力，更甚者表示正因為隱士幽居，他能找到時弊的針砭之道。否定世界的隱士和一心匡正世界的隱士，其差別在此。根據王夫之對《禮記》的解讀，避難而隱居山中的學者，如寫下《禮記章句》時的王夫之或讀到《禮記章句》的郭嵩燾，乃是最能獻身於撥亂反正之事且發揮實質影響力之人。

逃到山中後不到一個月，左宗棠就被召回長沙協防該城。在郭嵩燾的鼓勵下，他下山重新投入紛亂的世局。但郭嵩壽留在山中。一八五二年隆冬，太平軍棄圍長沙，北移湖北之後，郭嵩燾去了一趟長沙西南邊的湘鄉，參加其老友與同學曾國藩的母親喪禮。這時曾國藩剛接到要他幫辦團練打太平軍的命令，但他原則上不願接此職務，因為按照儒家禮制，父母喪，子必須守孝三年，而曾國藩極守禮法。郭嵩燾請曾國藩父親出面勸說他兒子，告以社稷有危，不應拘守禮法。兩人合力說服曾國藩接下此任務，湘軍於焉誕生。曾國藩和左宗棠，此前均沒有帶兵打仗經驗，後來卻成為中國近代史上兩位最傑出的將領。但郭嵩燾回到山中，回他的書堆裡，繼續與王夫之神交。湘軍每次邀其出山協助平亂，均遭他拒絕，後來，隔年春天，他才終於軟化，下山參與平亂。[40]

湘軍與王夫之著作的重新刊行

曾國藩組建湘軍打太平軍，而湘軍的基本骨幹，乃是為因應清廷正規軍戰力日益低落而在中國各地興起的鄉團（保護村、鎮，乃至有錢鄉紳家宅的小型自衛民兵隊）。曾國藩將這些零散的民兵組織制式化，在多處設立訓練中心和招兵局，最後將它們串連在一塊，放進一個從全省汲取資源的組織裡。他組織的高明之處，在於他的軍隊，從最低階到最高階，都建立在對個人的效忠上。高階軍官自擇下屬，士官挑自己的兵。建立在人與地區上的同鄉情誼，將這支軍隊從將領到步卒牢牢團結在一塊。湘軍這一建軍方法，在帝國體制裡是前所未見。帝國體制必然把對地區的效忠視為帝國效忠的敵人，因成了帝國完整性的潛在威脅。[41]大致來講，曾國藩接納來自村子的農民和來自書院的學者既有的效忠對象，將他們的效忠對象擴大到涵蓋整個湖南省的程度，再把這股效忠心態導入一戰力奇高的軍事組織裡。

參與一八四二年《船山遺書》刊印之事的學者，全與湘軍諸領袖關係非常密切。為《船山遺書》寫下贊序的唐鑒是曾國藩的恩師。郭嵩燾和左宗棠一八三〇年代一起受業於長沙的城南書院。郭嵩燾也在嶽麓書院讀過，在那裡與劉蓉交為莫逆，並透過劉蓉的關係，一八三六年與曾國藩結交。這三人求學時曾住在一塊數個月。左宗棠、郭嵩燾、曾國藩三人還一起待在京城，參加一八三八年的會試（但那一年只有曾國藩通過會試成為進士）。郭嵩燾於一八三七年通過鄉試中舉，與歐陽兆熊和湘軍將領江忠源為同期舉人。主編《船山遺書》的鄒漢勛，在江忠源幕下當軍官打太平軍，一八五四年戰死；左宗棠為鄒漢勛寫了輓歌，強調鄒與他和曾國藩交情甚篤。歐陽兆熊在醫學上的鑽研，使他得以在一八四〇年曾國藩在湘潭臥病一個月時救他一命，結下終身不渝的友誼。[42]因此，出版《船山遺書》那群講究經世之學的文人最終都進入湘軍，成為其核心骨幹。王夫之的著作在他們的部隊裡流傳甚廣，因而有位在一八九〇年代著述的學者說，王夫之論撥亂反正之道的歷史著作，為湘軍將領提供了意識形態。[43]

一八六〇年五月之前，湘軍在戰場上的角色，主要做為清廷八旗部隊的輔助兵力，但攻打太平天國都城天京（南京）長達七年的戰事，在該月以官軍慘敗畫下句點之後，湘軍成為平亂主力。此後，曾國藩和其湘軍，在李鴻章淮軍支援下，主導平亂。李鴻章是曾國藩門生，仿湘軍之制建立自己的地區性武力。一八六〇年五月湘軍開始圍攻戰略要地安慶城，十六個月後於一八六一年九月拿下該城。經短暫休兵後，隔年春天，由湘軍主導的攻南京之役開打。在這場處處讓人瞠目結舌的平亂戰爭裡，曾國藩之弟曾國荃的驍勇善戰，少有人能及。一八六二年五月，曾國荃率領三萬湘軍攻打南京城裡據稱達三十萬兵力的太平天國守軍，為此役揭開序幕，不久後城中守軍還將得到從蘇州召回的二十多萬部隊增援。[44]

那年八月，弟弟在南京被五十萬太平軍包圍時，曾國藩寫了封信給歐陽兆熊，轉達曾國荃想重刊王夫之著作之事，且曾國荃已請曾國藩總攬這一出書工程。[45]重刊《船山遺書》的想法，出現於正全力以赴打一場戰爭時（人類史上最慘烈的戰爭之一，最終奪走三千萬人性命），在這場戰爭的勝負還混沌未明，官軍撤退，且在兵力大大居於劣勢的湘軍，攻打遭叛軍盤踞九年的南京之役才剛開打之時，正戲劇性說明了在湘軍軍官心目中，王夫之的學問會對他們匡正社稷的任務有多大影響（或更貼切地說，有多大用處）。曾國荃等湖南人承諾資助出書，歐陽兆熊代曾國藩擬了封信給人在湖南的王夫之後代，請他們再次湊齊原始手稿，送到位於安慶的湘軍司令部以供刊行。[46]

一八四二年時，歐陽兆熊是第一版編輯群裡較年輕浮躁的一員，這時則已五十三歲，擔任新版《船山遺書》的資深主編。情況已不同於一八四二年，特別是這次刊行由王家以外的人出資，從而使王家較無權置喙要刊印哪些著作。一八四一年時鄒漢勛擔心歐陽兆熊的分量不足以讓所有著作刊印，這一次，重新刊行工程由曾國藩掛名主持，而一八六二年時，整個大清帝國沒有哪個官員比曾國藩權力更大。這一次，歐陽兆熊的想法將主導出書事宜。[47]

歐陽兆熊講述了一八六二年在王氏宗祠發生的一件怪事，證明這次重刊有前兆可尋。他說，「守祠者聞饗堂有聲，開門視之，則先生神位自龕中躍至案上，植立不墮。」隔天（據歐陽兆熊所述），曾國藩的信送達，請他們集好手稿送到安慶以供刊印。歐陽兆熊把這視為王夫之本人欣然樂見重刊的明兆，指出王夫之「先生嘗言『吾書二百年後始顯』，令子孫藏弆甚謹」。[48] 歐陽兆熊嚴正表示，它們重見天日的時刻已到，新刊的《船山遺書》正實現王夫之本人的遺志，他的亡魂正證實此事不假。王承佺已死，但他兒子把手稿送到安慶。[49]

重刊工作幾乎是立即就啟動。曾國藩的日記記載道，一八六二年十二月時，他已在帳中讀王夫之此前未刊布的《讀通鑑論》，每晚讀數頁。打太平軍時，他用了一個月時間讀完此書。該年結束前，就在安慶設立了編輯局；選在安慶乃是妥協後的結果，因為曾國藩原更中意在湖南完成此事。但誠如一八六三年十一月他寫給友人的信中所說，湖南缺乏技術純熟的雕版工匠，安慶則有許多這種人才。攻南京之役打了兩年多，重刊的編輯工作也花了兩年多。

在左宗棠部、李鴻章淮軍、一支以上海為基地的華洋聯合民兵隊協同下，曾國藩策劃對南京的最後進攻，終於在一八六四年七月攻下該城。不久後，他將印刷總部移入滿目瘡痍的太平天國都城南京。[50]

一八六六年六月，雕版這一主要工作已完成，曾國藩花了四個月精讀王夫之著作，然後為新版《船山遺書》寫了序，概括說明這批終於要問世的著作身世的坎坷。他在序裡寫到王夫之，說他「荒山敝榻，終歲孜孜，以求所謂育物之仁，經邦之禮」。一八六七年一月上旬，整批著作已準備好可付印，曾國藩寫了封信給郭嵩燾，表達其對王夫之的欽敬之情。曾國藩，一如郭嵩燾，主張王夫之的《禮記章句》是他最重要的著作。在致郭嵩燾的信中，他也特別挑出《宋論》來談，寫道：「尊論自宋以來多以言亂天下，南渡至今，言路持兵事之長短，乃較之王氏之說尤為深美，可以提盡後有萬年之綱。」這段話出自剛平定清朝史上最嚴重叛亂，且此刻面臨重建中國失靈治理體制之艱鉅工作的將領之口，的確是極高的讚譽。[51]

新版王夫之著作於一八六七年付印，同樣取名《船山遺書》。在新版中，曾國藩和歐陽兆熊修正多處地方以規避王夫之仇滿的敏感議題，以原始手稿有缺陷為藉口，拿掉原文中對清朝統治者不敬的字眼。誠如歐陽兆熊在其序裡所寫道，「書中傳寫譌悞，可以意會者，略為校正，其有日久漫漶者，不敢臆斷，悉留空格，以示闕疑。」[52]手稿其實狀況極佳，那些空白之處正是王夫之談華夷之辨的部分。[53]

但編輯以空格取代冒犯當道的字眼，而非更動那些字眼乃至刪除整個句子，其實反倒完整保留了原意。於是，在《讀通鑑論》中，讀者能找到如下一段：「五帝、三王，勞其神明，殫其智勇，為天分氣，為地分理，以絕□於□，即以絕禽於人（空格處分別為夷、夏）。」[54]在同一本書中，讀者能讀到王夫之譴責南北朝時期的司馬國璠和其弟率先投奔夷狄之事，「國之將亡，懼內逼而逃之夷，自司馬國璠兄弟始」，指出此舉所帶來的長遠影響，乃是使「中夏之士相率而不以事□為羞」，然後問道，「罪可勝誅乎？」[55]在名為《噩夢》一文中，讀者可發現，「宋之所以拱手而授天下於□□」。[56]而在《宋論》中，讀者能讀到在帝國北部遭入侵的女真游牧民族（滿人的先祖）占領後，創立南宋朝的高宗，「積漸以糜天下之生氣，舉皇帝王霸懋留之宇宙而授之□□，自此始矣（空格處為「異族」）。」[57]有意猜測空格中為何字者，應輕易就能發覺王夫之的反滿心態，儘管有此傾向的讀者要再過一個世代才會大量出現。

湖南人的興起

平定太平天國之亂後，許多人認為曾國藩可趁機奪取大位，但他本人無此意。他的女兒

58 憶及工人替曾家房子立屋梁時，邊幹活邊唱道，「兩江總督太細哩，要到南京做皇帝。」但他幾乎是平亂之後立即就解散湘軍，而此舉當然有其影響。步卒解甲歸田，軍官重拾書本，但儘管軍隊解散，這場漫長平亂戰役期間所建立層層效忠的關係並未立即被遺忘。湘軍的成功，留下一張涵蓋湖南鄉間、深植集體記憶裡、盤根交錯的關係網，將來自不同村子的農民結為同袍，且使他們與地位更高的本地學者和鄰近城鎮的士紳領袖連在一塊。事實上，湘軍把湖南省團結為一，使該省境內再怎麼偏遠地區的居民，都有了把彼此視為湖南人的憑藉，透過共同經驗所產生的宏大且深遠之影響，創造出一省的集體認同感。此外，這不只是支勝利之師，還是以儒家正統的捍衛者和帝國拯救者自居的正義之師。結果就是產生一前所未見而無比高昂的地區自豪感。

打贏太平天國，為湖南人入朝為官開闢了新通道，湖南的復興於焉展開。朝廷驚覺國勢日蹙、重建渺茫，於是按照軍功，而非根據傳統科考，授予官職和升遷。湘軍將領迅速躋身官場最高層，且安排自己的軍官舊部充任他們下面的職務。以新寧縣這個位於湖南偏僻南部、地近廣西邊界的地區來看，就可清楚看出此變化。一八五〇年之前的兩百多年間，即使是該縣最傑出的子弟，官職也不過是縣令（清朝最低階文官）。但太平天國之亂後的幾十年裡，新寧縣產生多達一百七十四位文官，包括三名統轄二或三省之軍政經事務的總督、一名巡撫、七十三名府尹等。新寧縣還產生一百六十七名統兵官，包括五十三名提督、五十八名總兵、五十六名副將和參將。這種情形並非新寧所獨有；中國七個總督，「湖南騾子」一度占了六個。這時期有六千多名軍官來自湖南，文官數目之多在各省中居第二位，其中大部分未有進士資格。湖南省內平民家庭地位的上升，反映了該省人士在朝為官人數的增加。十九世紀下半葉的湖南士紳，將近三分之二是平民背景出身的「新進」，比例之高居各省之冠。[59]

太平天國之亂後湖南人地位的上升，在華洋人士心裡都留下強烈且久遠的印象。有位外國觀察家在這場戰爭結束數十年後寫道，「湖南人是個剛毅且獨立的種族……尚武、急躁、頑強，同時又自尊心強、保守、倨傲。天生的衝勁使他們放棄更平和的人生目標，從而使中華帝國的軍隊大概過半數是湖南人。許多文職也由這些人把持，他們的性格使他們頭角崢嶸，成為這國家自然而然的領導人。」固執與頑強，他人眼中湖南人的「特質」，過去使他們有了「騾子」的封號，這時則反過來使他們成為「這國家自然而然的領導人」。[60]

有些習過經世之學的菁英人士，包括曾國藩和左宗棠，在平定太平天國之亂後繼續發光發熱，協助引領中國進入一段充滿生氣的帝國重建期。朝中一小群最高階官員，試圖運用洋人科技使國家「富強」，成為自強運動的核心人物，而曾、左就位列其中。他們從國外購買昂貴設備，開設現代兵工廠和造船廠，且雇請外國專家掌理。在教育方面，他們在北京創設同文館。那是教授外國科目的學校，以外國人為師資，學生則是經過挑選，準備將來從事外交工作的一群滿族學生。

郭嵩燾最初極支持這些改革。一八六三年，他晉任廣東代理巡撫，任上得到洋務歷練，上書請派聰敏的南方年輕官員到同文館習外語。郭嵩燾對外國人在華活動極感興趣，特別是最早成立的中文新聞機構。主持同文館的美籍傳教士丁韙良（William Alexander Parsons Martin），發行雜誌《中西聞見錄》（*Peking Magazine*），除了刊出以文言文寫成的科學、技術文章，還刊出中國境外的新聞。郭嵩燾為此雜誌寫了篇序，序中讚揚丁韙良將「西學」帶到中國的貢獻，把他與明朝時著名的耶穌會傳教士利馬竇相提並論。[61]

湖南未受到這些改革影響，出於數個原因。首先，湖南與北京朝廷以及沿海通商口岸的中西接觸地相隔遙遠，而這時改革主要發生於沿海，其次北京。重建也集中在受太平天國破壞最劇的地區（亦即華東），因此，湖南成功趕走叛亂勢力一事，意味著該省在戰後初期只得到朝廷少許關注。最後，施行已久的「迴避本籍」任官政策，禁止官員在家鄉省分任官，乃是帝國行政組織得以持久不墜的支柱之一。根據這政策，新近得意於官場的湖南人，這時在別的省分任職。因此，湖南人的崛起，意味著該省最有才華的人未服務鄉梓。曾國藩把此後的人生歲月投注於重建華東諸省。他與家人通信頻繁，留下著名的《曾國藩家書》，但客死異鄉，未返回湖南。左宗棠的軍旅生涯綿延三十餘年。他領軍赴新疆平定作亂的穆斯林，然後把全副心力放在其收復地區的發展上。自號「湘上農人」的左宗棠將棉花種植和其他新農業引進西北。但一如曾國藩，他的奮鬥事業對家鄉湖南幾無影響。力倡改革的三個主要湖南人中，只有郭嵩燾因職業之故回湖南。

郭嵩燾與船山祠

戰後，郭嵩燾與曾國藩仍很親近，一八六六年結為親家，他的兒子娶了曾國藩的女兒。[62]但郭嵩燾與日益窮兵黷武的左宗棠失和，導致他遭糾彈，一八六六年革去廣東巡撫之職，於是早早就退休回湖南。[63]太平天國之亂後，長沙的書院文化已根本瓦解。即使叛軍打過湖南時，未毀掉書院，也因為該省主要學者先是離鄉參與漫長的平亂，繼而受朝廷指派赴他省任官職，而使書院遭到棄置。一八六六至一八七〇年，郭嵩燾主持長沙古老的城南書院重建，將毀損的老建築翻修後，又進一步在該書院內建了一座新祠，以紀念湖南先賢王夫之。[64]在這座船山祠中，他立碑表達他的願景：王夫之所立下的榜樣將為湖南知識界的復興揭開序幕。曾國藩和歐陽兆熊使中國的學者得以讀到王夫之的著作，但眼下乃是郭嵩燾將王夫之帶回故鄉。

郭嵩燾的〈船山祠碑記〉，先是哀嘆自十二世紀南宋以迄現在，「兩廡之祀，相望於學，獨吾楚無之。」[65]書院格局遵循孔廟設計，兩道平行的長廊（東西廡）從大成殿延伸出去，廊上供奉有歷代大儒牌位。過去六百年裡「獨」湖南未有儒者躋身兩廡，乃是對該省歷來學問落後的另一個承認。

他接著說道，「意必有其人焉，而承學之士無能講明而推大之，使其道沛然施顯於世，若吾船山王先生者，豈非其人哉？先生生明之季，下逮國朝，抗節不仕，躬涉亂離，易簡以知險阻，通德達情，既誠以明，而其學一出於剛嚴，閎深肅括，紀綱秩然。」相較於唐鑒為一八四二年版《船山遺書》所寫的序，郭嵩燾更強調王夫之所處世界的破毀和他生在「亂離」之世這一事實——比起唐鑒所經歷的世事，郭嵩燾的晚近經歷，更貼近於「亂離」之世。

郭嵩燾也為王夫之的不仕新朝賦予新且不同的解釋。唐鑒婉轉表示王夫之的孤與貧合於道，因而「皆若固然而無足怪者」。但郭嵩燾表示，王夫之的孤獨與苦難，其實正是他得以「通德達情」透徹理解人類社會，他的學問之所以「一出於剛嚴，閎深肅括，紀綱秩然」的原因。此見解饒富深意，與王夫之在《禮記章句》中對隱士的看法若合符節。唐鑒絕未把王夫之的隱士生活當典範來提倡，但郭嵩燾幾乎讓人覺得就在做這樣的事。這一見解裡既含有郭嵩燾對自己無緣參與朝政的感受，也含有他對湖南在帝國裡孤立的感受。一八七〇年仍是戰後重建時期，因而此碑記的讀者會非常清楚什麼叫作置身於亂世。郭嵩燾未明言的主張，既暗示與這樣的世界直接接觸有礙於對真學問的追求，與不完美社會往來，本身就是汙染根源。因而，敗毀的世界不是研究主題（subject），而是研究對象（object）。

郭嵩燾以這一主旨為本，繼續鋪陳這一碑記。他寫道，「先生伏處窮山，無朋友之討論，無門弟子之推崇……慨然以斯道自任，無所求知於人。」郭嵩燾強調王夫之「無門弟子」，「無所求知於人」（兩者皆屬誇大之語），藉此再度表明王夫之的偉大與他的隱居密不可分，離群索居乃是使王夫之得以成為過去諸大儒的學問「真正」承繼者和延續者的原因。順著這思路推斷，王夫之若從他人那兒取得知識，不會悟到這真理，由此觀之，郭嵩燾也暗暗批評了王夫之那一代和此後數代的其他學者偏離了道。王夫之的避世獨居和他的拒斥學界，在郭嵩燾眼中，正是使王夫之得以獨一無二窺見儒家道統之真理的原因。

最後，郭嵩燾透露了他的最大使命：建此祠「將使吾楚之士知有先生之學，求其書讀之，以推知諸儒得失，而於斯道盛衰之由，國家治亂之故，皆能默契於心，又將有人焉光大先生之業……確然有以知先生之學非元明以後諸儒所能及也，儻亦先生之遺意也與」！因此，船山祠要做為號召湖南人奮起的工具，要做為郭嵩燾所摯愛之「楚」地受汙蔑的學者重振聲威的觸媒。

郭嵩燾建造船山祠，藉此延續並進一步闡發四十年前鄧顯鶴所抱持，重刊王夫之的著作「使湖湘之士共知宗仰」的夢想。那是他們兩人表達他們希望王夫之的著作能對湖南人產生衝擊時，都具有的一個重要特點，也就是他們只針對湖南人而發，非對所有中國人而發。

在他們眼中，王夫之是湖南人的，且是為湖南人的，因此與中國其他地方截然不同。到了一八七〇年，他的著作已全部付印，湖南人在清朝所掌有的權力高於此前任何時期，夢想已久的該省精神復興所需的物質條件終於完備。藉由船山祠，郭嵩燾給了湖南人一個重新發掘出的先賢（湖南本土的先賢之一），且是能在現在啟迪他們，為他們指引未來方向的先賢。郭嵩燾以此祠表彰王夫之的偉大，打算擴而大之將此祠做為湖南學問重現光采的開端，在楚地「草莽」中闢出的花園。而郭嵩燾透過王夫之為湖南提倡的治學模式，未局限於此祠所在的書院。這種治學模式，誠如湘軍諸領袖所認知的，乃是一種最終尋求投入、改造世界並賦予世界以秩序的模式。誠如郭嵩燾後來所說明的，「臣在籍時，主講城南書院……為夫之建立私祠，率諸生習禮其中，群懷感激興奮之意。」[66]

第二章

湖南復興的基礎

湘軍的勝利開啟了湘軍領袖的仕途，使湖南人名揚全中國，但戰後湘軍的解散也對該省帶來較不利的衝擊。就在湘軍高階軍官繼續為朝廷效力，飛黃騰達，曾國藩等將領出任要職，成為當時最有影響力的決策者之時，也有數十萬剛失業的湖南步卒返回他們已十年或更久未曾聞問的家鄉。多年來農村經濟在喪失其最年輕力壯的成員下勉強維持下來，一時之間無法迅速接納如此多解甲歸田者。失業率高漲，湖南境內基本民生物資的價格，相較於鄰省，一下子陡升，許多留在省內的人原本是僅足溫飽，這時則開始感受到日子難過。這些軍人最初日子過得並不苦；揮霍著他們的軍餉收入，且自傲其在外的冒險經歷，許多人不屑重拾種田生活，於是光靠儲蓄度日，或嘗試走他們沒經驗的經商之路，結果才幾年工夫也淪為窮人。[1]

為脫離困境，他們採取窮人和弱勢者的傳統辦法：加入祕密會社。祕密會社乃是常走上非法活動、甚至叛亂之路的民間互保組織，在中國存在已久，湖南當然也不例外。但曾國藩組織湘軍，率領其攻打太平軍前，第一個行動計畫，就是剷除當地的祕密會社，藉此磨練這支新武力。戰前勢力最大的那些祕密會社（天地會和齋教）遭消滅殆盡。但追隨曾國藩出去打太平軍的那些軍人，多年征戰期間彼此建立了深厚情誼。戰鬥艱苦，前途未卜，許多湘軍軍人加入源自四川且較晚成立的組織「袍哥會」。戰後他們把袍哥身分帶回家鄉，而在天地會和齋教遭肅清，尚無其他祕密會社出頭的權力真空時期，袍哥會的擴展未碰到多大阻礙。

貧窮的湖南農民和商人迅即入會，返鄉軍人靠其接濟度過苦日子。戰爭結束才幾年，湖南就成為袍哥會在中國最活躍的地方。[2]

中國地方社會的道德領導權，傳統上由擁有地產的儒家士紳把持，而此時，這方面也開始出現大變化。在湘軍中當過軍官的新進士紳，靠著多次征戰積累的錢財和他們與這時在朝為官者的關係，買下大片土地。這些新進士紳，整體來講，心態往往比舊士紳遠更保守——小心守護他們新到手的經濟權力唯恐失去，保衛他們新取得的道德權威。[3]太平天國之亂後，他們表明洋人，包括傳教士和商人，是對湖南之生活方式最嚴重的威脅。傳布基督教的傳教士可能削弱士紳的道德權威，洋商則威脅到他們的經濟權力。洋商倚恃炮艇，已改變了東部、南部沿海的經濟體。[4]

誠如這些新士紳所認為的，湖南人打敗受基督教啟發的太平叛軍，保住清朝江山，已藉此展現他們的特質。返鄉軍官和步卒都對外國勢力的威脅有過血淋淋的體驗，此刻他們能充當中國的捍衛者——不只使中國不受基督教侵犯，也使中國不受他們眼中來自外國的其他任何東西侵犯——藉此履行湖南的新使命。士紳與祕密會社向來相互敵視，但在湖南，他們在將洋人阻於境外上立場一致。由保守士紳提供意識形態方面的領導，袍哥會則組織人力，事實表明，湘軍征戰期間所塑造的層級性連結，在戰後數十年間，用來糾集民眾趕走外國傳教士和商人，同樣管用。在湖南任職的清朝官員，畏於湖南人在朝中的影響力，幾乎完全縱容當地好鬥分子為所欲為。[5] 於是，這個產生最親西方之清朝官員（自強運動諸領袖）的省分，讓人感到諷刺的，也以中國仇外心態大本營的形象為人所知。

太平天國之亂後，敵視洋人的心態普見於中國各地，但在湖南，這種心態之強烈已到了傳奇故事的程度。一八六〇年代晚期，即使租界已在沿海口岸牢牢扎根，即使洋人已受到強簽的條約保障，可在各省自由走動，仍只有少數洋人敢靠近湖南。有位大膽的英國地質學家，一八六六年時乘船遊歷該省（夜裡讓船悄悄漂流過大城旁邊），然後九死一生保住性命，得以活著向人訴說他的遭遇。他說，鄰省廣西的官員「一再問我們怎麼敢去那裡，那時只有一個洋人去過那裡；那個洋人僥倖躲過（廣西）人民；卻在進入湖南時遇害」。地質學家不理會警告執意前往，不久就遭「一大群手持火把的民眾」包圍，那些人「喊著『殺了他！殺了他！殺了這個洋鬼子！』」他的官方保鑣揚言把他們全砍頭，燒掉村子，群眾才散去。[6]

傳教士和其他四處走動的洋人，開始對湖南另眼看待，稱之為「封閉的省分」。他們把湖南與西藏拉薩、北京紫禁城同列為「現今世上少數讓外國人不敢進入的地方」。[7] 或者如某傳教士寫到長沙時所說的：「此城受到保護，不讓西方蠻人踏足玷汙。城內絕不可有外國人的蹤影。一如北京城裡座落著不讓漢人進入的韃靼人『紫禁城』，湖南境內仍有一座圍起的聖地，其城門始終不向異族敞開。」

郭嵩燾就置身該城裡。他是唯一返湘服務桑梓且具改革意識的湖南領袖，不久後就成為湖南當地仇外士紳的圍攻目標。他與曾國藩家交情甚深，但他在長沙的所作所為，幾乎件件遭到猜疑，而他高調支持改革運動，以及他與丁韙良之類洋人眾人皆知的友誼，使他在較暴躁易怒的湖南人眼中，就和洋人一樣危險，或比洋人更危險，因為（有人擔心）他具有權力，能做為洋人內應，使湖南敞開大門接受外國貿易和傳教士。長沙城裡謠傳，若不制止郭嵩燾，湖南會被入侵異族宰制。[8]

因此，郭嵩燾在城南書院的教學，並不如他所希望的那麼順利。他發現新一代的學生傲慢無禮，並把他們的目無尊長歸咎於在背後中傷他的士紳。[9]有一次，講解了《孟子》裡「萬物皆備於我」一句的意思後，郭嵩燾抓到學生在傳閱一副揶揄他的對聯：「萬物皆備孟夫子，一竅不通郭先生。」[10]郭嵩燾怒不可遏。他在日記裡回應道，「楚人好謠善謗，其端實自士大夫開之。」誠如他所認為的，湖南人心風俗日漸墮落。保守士紳帶頭宣揚仇洋心態，學生有樣學樣跟著仇外。

在郭嵩燾眼中，王夫之最了不起的地方，在於他瞭解禮，從而瞭解社會的道德秩序。因此郭嵩燾開始重振王夫之之學，以匡正湖南人的墮落道德。湖南學者和士紳群起抨擊想進入該省的少數洋人，一有機會就侮辱郭嵩燾，使他更加篤定認為他們得研讀王夫之著作才能得到挽救。這一重振作為有讓人倍覺諷刺之處，因為王夫之的排滿（即排外）著作，後來會被視為他最重要的著作。但那是後來的事，此時的郭嵩燾希望王夫之的著作能化解，而非加劇，湖南日益高漲的排外心態。

曾國藩死於一八七二年。那一年在長沙興建遼闊的曾國藩祠時，郭嵩燾利用其與曾家的深厚關係，在該祠裡另建一祠供奉王夫之。一位對他不滿的當地人阻撓施工，致使工程停擺了一段時日，但最終郭嵩燾還是將其建成。他將其取名為「思賢講舍」，而思賢講舍將是他一生志業的中心。此外，他在長沙推崇王夫之，使一場更廣大的運動露出曙光，王夫之衡陽縣家鄉的縣令效法郭嵩燾，一八七五年在該縣建造了船山書院。[11]

一八七四年郭嵩燾重回北京官場，不到兩年就爬到禮部侍郎之位。他利用此職務之便，更大力宣揚王夫之的成就，上疏奏請讓他從祀孔廟。從祀孔廟是儒者身後所能獲致的最高榮譽，就王夫之來說，那代表孔廟兩廡裡將擺上王夫之的牌位，而且不只北京的孔廟如此，各省州縣裡的每座孔廟和書院裡也將如此。[12]從祀孔廟代表王夫之被尊為至聖先師孔子的傳人，他的著作將躋身官定正統學問之林。

郭嵩燾在疏文裡讚譽王夫之的思想和其忠孝精神，但學問上、道德上那些成就，並非他立論的全部基礎。即使他上疏的對象是朝廷，仍在疏中強調王夫之的湖南出身，寫道「湖南自周子敦頤後，從無辦從祀成案，至今未敢陳請」。[13]郭嵩燾在疏文提到過去八百年來（周敦頤死於一〇七三年）他家鄉湖南未有賢人得到肯定，因此他奏請讓王夫之從祀文廟，也等於是在奏請肯定湖南。郭嵩燾並沒有以無私之心標舉王夫之，視他為湖南省對清帝國儒學的貢獻，這份疏文無意讓人覺得如此，而是緊緊抓著王夫之的湖南出身，以利用他來為湖南爭取朝廷的特別照顧。他的目標不是要讓儒學掛帥的國家更好，而是要讓湖南更好。

禮部後來明確駁回他的提請。但駁回之時，郭嵩燾已離開北京，他的仕途已有了戲劇性的轉折，而這轉折最終將對他家鄉湖南的未來有重大影響。一八七五年二月，英國通譯馬嘉里（Augustus Margary）在雲南遇害，引發長達一年半的外交糾紛。在接下來的談判中，中國最終答應英國所求，將破天荒派遣使節赴倫敦王廷。這趟出使被定位為致歉之行。而在馬嘉里事件發生後，只有一位中國官員建議此事件的最佳解決之道，乃是調查雲南巡撫有無失職，而非駁回英國方面的抗議，這人就是郭嵩燾。[14] 朝中百官認為，既然郭嵩燾這麼積極要平息洋人怒氣，那他就應是代表中國赴英致歉的不二人選。於是儘管極力推辭，郭嵩燾還是被任命為中國首任駐英公使。

在湖南，對郭嵩燾與洋人勾結的猜疑，多年來日益高漲，這時則終於爆開。長沙文人公開稱他「湖南之恥」，有副指控他向洋「鬼子」出賣中國人的對聯在四處流傳：

出乎其類，拔乎其萃，
不容於堯舜之世。
未能事人，焉能事鬼，

何必去父母之邦。[15]

九月，即他離華赴英「事鬼」之前兩個月，長沙盛傳郭嵩燾已邀外國傳教士來湖南。那時正值鄉試期間，長沙湧入許多自湖南各地前來應試的學子。聽聞這傳言之後，他們於九月十九日（鄉試一個星期前）晚集合以展現聲勢。有人宣布郭嵩燾打算將傳教士安置在不久前他協助重建的上林寺。學生憤慨於這一背叛湖南的舉動，洗劫該寺，放火將其燒個精光。為平息這場暴動，不得不動用官兵，但官兵抵達時，學生也已開始燒郭嵩燾的房子。[16]

改變、進步、適應

郭嵩燾出使英國，在外交方面未取得重大成就，但仍有大出英國人與中國人意料之外的表現。要瞭解他出使一事的特殊之處，最好從王夫之有關社會建制演化方面的基本理念切入。王夫之在這一主題上的想法，在中國傳統思想裡獨樹一格，似乎大大左右了郭嵩燾看待英國社會的非正統心態。

誠如王夫之在《讀通鑑論》裡所說明的，「以古之制，治古之天下，而未可概之今日者，君子不以立事；以今之宜，治今之天下，而非可必之後日者，君子不以垂法。」[17]王夫之深信，建制必須配合當下的時空環境，而時空環境不斷在變。他斷言，盲目堅守正統只會帶來敗亡，只有因應環境而變才能常存。在名為《噩夢》的作品中，王夫之依序探討了帝國的幾大建制（稅、官制、教育制度、軍隊和諸如此類者），以解釋明朝死守過時的建制，未隨著環境改變而變革，因而削弱國力，終至不可避免的敗亡。

郭嵩燾以王夫之為師。在《禮記》中有句云：「禮，時為大。」郭嵩燾的《禮記質疑》（完成於一八七六年，但更晚時才刊行），引述了過去學者對此行字的解讀：「鄭（玄）注言聖人制禮所先後也，孔（穎達）疏揖讓干戈之時於禮中最大，故云時為大。」郭嵩燾根據王夫之的見解，提出自己的解讀，寫道，「時」應該是指「一代之典章，互有因革，不相襲也」之意。他寫道，「生乎今之世，反古之道，則與時違矣。」[18]這是有力的根本見解，《禮記》的核心理念為改變以因應環境，而非模仿，使郭嵩燾特別能接受西方的進步與發展觀念。

但王夫之當然從未去過異邦，郭嵩燾就在這點上，不再只是跟著王夫之亦步亦趨。例如《禮記》裡有重要的一行字說道：「君子行禮，不求變俗。」[19]郭嵩燾在其《禮記質疑》裡引述了對此行字的正統注解：君子必須用心維護祖國的風俗，特別是君子前往他國之時，換句話，君子絕不可更改自己的習俗。但郭嵩燾的見解與這則注解南轅北轍，主張《禮記》這行字的意思和傳統注疏家的看法正好相反。他寫道，「不求變俗，正謂所處之地之俗，君子不求立異也。注反以去國用其故俗為言，則亦有意立異矣。」在郭嵩燾看來，君子所不該試圖改變或干預的習俗，不是他祖國的習俗，而是「所處之地」的習俗，不管處於何地皆然。換句話說，前往異邦的君子不該（如過去的注疏家和朝中保守派所認為的）死守自己國家的習俗，而該試著遵守所去之外邦的習俗。

於是，對郭嵩燾來說，出使外邦，自然該靈活變通，該盡可能瞭解英國的習俗，置身國外時該盡可能適應當地環境。郭嵩燾所提出的開明注解特別值得注意，因為是從根本上削弱了中國的守舊心態：也就是奉為圭臬的儒家注疏。郭嵩燾啟程探索英國社會時，他篤信他之所為完全符合儒家學說，而且篤信整個中國官場裡只有他一人能如此。

或許也該指出的，郭嵩燾對上述《禮記》經文的詮釋，不同於王夫之的詮釋。王夫之從維護先人之國的習俗角度，解釋這經文。換句話說，王夫之解讀這經文時，指的是國家在不同時間裡的變動，而不是在不同空間中的變動。但與王夫之不同的，郭嵩燾置身於鴉片戰爭後列強爭雄的世界裡，郭嵩燾對古典典籍的解讀，因此有所不同。這一不同當然也符合王夫之的一貫理念，因為不考慮到天下大勢的變動，死守王夫之的見解，將是「與時違矣」。整體來看，郭嵩燾接受王夫之一個地區在歷史中（多次改朝換代的中國）經歷不同建制的看法，然後將這些見解做地理上的擴大適用，以說明不同地區（中國與英國）同一時空存在的制度。郭嵩燾採納王夫之的見解，堅信建制必須配合情勢改變，但也不拘泥於王夫之的見解，從而認為外國模式或許和中國過去的模式一樣，經過改造可有益於中國的現在。王夫之一心欲藉由在歷史裡尋找較適合當世的建制，來拯救亡去之國，郭嵩燾則在當今的英國尋找適用的模式，以挽救其搖搖欲墜的祖國，做法上沒有兩樣，只是在新的領域裡尋找。

英國

出使英國讓郭嵩燾來到一個新奇的世界，那是與他同地位的中國人裡少有人能想像得到的世界，更別說是他那閉鎖的湖南鄉民們。在英國，他親眼目睹推動工業革命的引擎，不只看到其他中國人所已看過，只透過戰船呈現的引擎，還在真正的引擎母土上看到它們。他看到製造廠與紡織廠、貧民窟與醫院、學校、郵局與監獄，被長長的鐵軌和電線串連成環環相扣的系統。他參觀了博物館、圖書館和其他公共建築。並以令其目瞪口呆的高速在英國鄉間旅行，親身體驗到電報的用處。郭嵩燾去了水晶宮（Crystal Palace），向這座熠熠耀眼、占地八公頃多、做為英國工業實力之主要象徵的玻璃展覽館，獻上他的敬意。他會晤了已在現代化之路上奮進的諸國外交官；來自日本的大使（這時明治維新已十年），介紹他認識亞當斯密、約翰·穆勒（John Stuart Mill）的思想。他抱著強烈好奇心觀看了科學成果，主動拜會當時最頂尖的幾位科學家：演化植物學家胡克（Joseph Dalton Hooker）爵士；實驗物理學家丁鐸爾（John Tyndall）爵士；生物學家和達爾文的主要反對者歐文（Richard Owen）爵士。他甚至從內部探查了英國的上流社會，與貴族共進晚餐，參加白金漢宮的舞會，時時將當地習俗和禮儀細心筆記下來。維多利亞女王接見了他，也特別接見了他的太太。在一八七七年的倫敦上流社會裡，郭嵩燾和其隨員，據某評論家所說，是「當紅名人」。[20]

對於並不存在於中國的器物和思想，中文裡並沒有對應的詞彙，因此郭嵩燾所看到、學到的東西，有許多乃是他無法用言語向其國內同胞表達的。他得自創詞彙，於是隨意以中文字代表英文字的音，將英文字拙劣音譯為中文的數個音節，導致出現只有他自己看得懂的中文短語：把 deputation（代表）譯為德比爾得升，把 school board（學校董事會）譯為斯古洛波爾克，把 barrister（出庭律師）譯為巴立西得爾，把 civilized（文明的）譯為色維來意斯得。對某些詞語，例如以恩伯臘指稱的 emperor（皇帝），以京指稱的 king（國王），他本可以使用同義詞。但他未這麼做，此舉表示他不認為它們「相同」。西方的恩伯臘明顯與中國的皇帝不同義，因此需要以不同的詞語指稱。還有些詞語，他借自日文，而其中某些詞語會在後來沿用（civil right 的今日中文譯名「民權」，最早就出現於郭嵩燾的日記裡）。他書寫日記時，書中每個讓人一頭霧水的字，都使他與自己同胞更加隔閡。[21]

令郭嵩燾始終興趣不減的事物，乃是英國的社會建制（學校、郵局、法院和諸如此類者），此舉正與王夫之對他的影響一致。他思索要怎麼將它們移植到中國，並在這一工程上找到志同道合者，一位名叫嚴復的學生。在自強運動贊助下，一小群中國學生赴倫敦學習海軍兵法，而嚴復是其中（在郭嵩燾眼中）最聰明者。這時嚴復對造船工程的計算，已遠不如對支撐起英國科技、政體的豐富理論來得感興趣。兩人一老一少，一個是政治家，一個是學生，數日朝夕相處，常在倫敦法院裡消磨，旁聽一連串案子的審訊，然後討論那些案子直到深夜。嚴復把他至這時為止所已學到的光學和聲學、物質運動、對數理論向郭嵩燾說明（欽佩西學之博大精深的嚴復說道，「苦窮年莫能殫其業」），郭嵩燾則把嚴復所講全記在日記裡。[22]

某次交談時，嚴復嚴正表示，中國有三件當務之急，「一曰除忌諱，二曰便人情，三曰專趨向。」[23]前兩者是歐洲啟蒙運動的基本口號，第三者（讓中國人民向同一方向邁進），則是民族主義的根源。郭嵩燾大表贊同，回道：「可謂深切著明。鄙人生平所守，亦不去此三義，而以是犯一時大忌，朝廷亦加之賤簡，誰與知之而誰與言之！」要瞭解中國人能做（但未做）的事，郭嵩燾和嚴復只消看看在英國留學的數百名日本學生。那些學生在英國孜孜矻矻學習技術和法學理論、經濟理論，乃部分展現了日本這個小國銳意革新之精神，而日本當時人口三千萬，只比湖南人口多一半。[24]

郭嵩燾在英國與嚴復的交談特別重要，因為兩人用中文交談。郭嵩燾的官方通譯是蘇格蘭人馬格里（Halliday Macartney）。馬格里曾在金陵機器製造局任職數年，中文講得還可以。但郭嵩燾抱怨，透過馬格里，他只能瞭解官方會議裡所言的「四、五分之一」。[25]但嚴復是中國人，因而他們的討論能天南地北無所不聊，涵蓋極複雜奧妙而非郭嵩燾的官場生涯所能理解的學科，只有嚴復尚未努力研讀的學科，才未談到。幾十年後，嚴復以其將西方知識譯介給中國而著稱於世，他的譯作將讓一整代的儒家學者得以認識孟德斯鳩、赫胥黎、亞當斯密、史賓賽、穆勒的著作。但對這時的郭嵩燾來說，年輕的嚴復是專屬於他的獨特窗口，讓他得以一窺建構英國社會之根本思想與原則。而對這時的嚴復來說，郭嵩燾則是唯一有身分地位又能理解他的中國人。兩人理念相契，結為莫逆，分手後還書信往來多年。這個學生後來以既欽敬又同情的口吻憶及這位政治家，寫道，「惟公負獨醒之累」。[26]

郭嵩燾透過嚴復瞭解英國的學校和思想，同時也研究公民社會的各種運動，亦即英國的公眾人物如何改變英國政府的政策。對郭嵩燾後來的改革工作特別重要的，乃是他與「英華禁止鴉片貿易協會」的接觸。這是英國的公共會社和遊說體團，一八七四年（他來英之前兩年）創立於倫敦。這個會社的目標，乃是促成中、英兩國在鴉片問題上的合作（因此在會名冠上「英華」）。誠如該會祕書長所寫道，「中國人自己得取締中國境內的鴉片買賣。我們的任務是移除為了阻止他們這麼做，我們所加諸的障礙。」[27]但該會祕書長也親自向郭嵩燾解釋，誠如他們所瞭解的，中國境內貪汙太猖獗，官員習於收受賄賂，「（中國人）不只無力禁止鴉片，也不想禁止鴉片。」[28]的確，到了一八七〇年代晚期，中國在查禁鴉片上實際上似乎已舉雙手投降。鴉片進口與日俱增，於一八八〇年中期達到史上最高峰，甚至中國國內的鴉片產量還遠高於進口量。境外觀察家估計，國內產量至少是透過外貿進口的鴉片的兩倍，甚至可能是四倍。[29]

透過在該會裡的熟人，郭嵩燾讀到在中國的外國旅人所寫鴉片猖獗的文章。有位英國旅人聲稱，四川三分之一的可耕地用於種植罌粟。他報告道，以罌粟為食的野鴨，吃了毒品，神情恍惚，走路搖搖晃晃，可從路上輕易抓得，或趁牠們睡在田裡時撿拾到手。這現象極為普遍，致使野鴨成為四川一道名菜：「鴉片野鴨」，據說是吸整筒鴉片煙時最佳的佐菜。[30]不管這類記述是否有誇大之嫌，它們讓郭嵩燾從外國人的角度瞭解自己祖國的道德墮落，讓他只能嘆道「吾甚愧之」。[31]

郭嵩燾兩度上疏建請皇上禁絕境內鴉片，兩疏都寫於他與這群人的代表會晤之後。第一疏強調「英國士紳設立公會，勸止販運」[32]，接著說明他們認識到鴉片大大傷害中國，因而有此作為。他把他兩疏中的想法歸功於該會第一任祕書長沙夫茨伯里伯爵（Earl of Schafsbury）的啟發。[33]郭嵩燾從其與該會會員的交談推斷，只有英國人關注中國的鴉片問題，而在中國，「無一人引為疚」。[34]他認為遠在地球另一端的英國菁英分子，比清朝朝廷還更關心中國人民的福祉，且這想法將縈繞他心頭，使他更加相信中國的改革不可能始於朝廷。

公使返國

公使之職實際上是郭嵩燾在中國官場生涯的句點。他觀念不僵固，願接受新思想新事物，令英國人驚訝且敬佩，但這一性格也為他招來自己國人的憎恨和嘲笑。誠如上海英文報紙《北華捷報》（*North China Herald*）的主編所說的，這位公使「在英國贏得許多支持……（卻）已無疑使他自己成為食古不化中國人的眼中釘。」[35]中國境內謠言滿天飛，指郭嵩燾夫婦違反中國風俗：他的妻子與男人一同用餐，郭嵩燾在某個冷天將西裝外套套在他的中國袍服之外。[36]

郭嵩燾有寫日記的習慣，其中部分日記在他派駐海外時發表，以一饗他北京朝中的官員。結果，不只保守派，就連他的友人，都毫不留情痛批。郭嵩燾的日記裡有諸多（在他們眼中）離經叛道之處，其中之一就是在朝廷正要把中國唯一一條鐵路，由洋商行建造的鐵路，買下來以便拆除之際，該日記鼓吹建造鐵路。[37]他建議鋪設電報線路、電線、開礦，間接表示當時西方社會在某些方面優於當時中國社會，甚至說英國當今的繁榮猶如中國夏商周三代已無法復返的盛世。郭嵩燾盛讚英國的物質進步，但也稱頌顯然不符中國國情的英國社會建制（而這在國內人眼中是十足不可原諒的部分）。他公開表達對英國議會的激賞，特別是對議會多黨制和辯論精神的激賞。他想讓國人共享他對技術學校和法院的著迷之情。郭嵩燾日記的第一冊於國內刊行之後，招來官場人士嚴厲的批評，致使清朝皇帝於一八七七年夏下令燒掉該書的雕版。[38]郭嵩燾黯然返華，深信一旦回到朝中，敵人可能不利於他，於是完全不去北京，托辭有病，請假回湖南。

郭嵩燾回湖南所受到的對待，最能生動說明湖南士紳和官員對他敵視之深。載著他從上海返鄉的汽船靠上長沙主碼頭時，兩名官員現身，要求該船立即駛離湖南，不得放下任何乘客。他們聲稱遵照省府禁止洋人和洋人船隻入境的命令行事，儘管這船上的乘客全是中國人。但郭嵩燾返鄉之事，幾乎人盡皆知，他們阻止乘客下船，似乎是當地士紳早就計劃好，意在羞辱他。郭嵩燾勃然大怒，對他們吼道，「吾以請假三月回籍，不宜在外久延。」經過整整兩小時的力爭，官員才軟化立場，這位退休的公使踏上他睽違三年的湖南故鄉土地。只有兩人在碼頭接他。其中一人解釋道，「湖南官吏素尊，不能邀迎。」[39]

郭嵩燾的想法在駐英那幾年大幅改變，但家鄉湖南的守舊心態未變，而且他發覺就連他的長沙老友都已不再瞭解他。返鄉後某夜，郭嵩燾想向一位志氣相投的友人說明他對中國對外關係之弊病的新看法。郭嵩燾解釋道，只消看看左宗棠在福建的工程，話中提到自強運動最先進的建設。「左季高近日在德國購買機器、織布、織羽呢，招集西洋工匠至兩百人。」他主張，這「猶捨其本而務末，即其末節，亦須分別輕重緩急。織布、織羽呢，何關今時之急務哉」？郭嵩燾坦承，他知道不會有什麼人願意聽進他的話，但還是告訴他的友人，他仍得努力讓人相信他「所見的真實處」。他說道，「實見洋人無為害中國之心，所得富強之效，且傾心以輸之中國，相為贊助，以樂其有成。」在中國（更別提在湖南），這大概是與主流觀點最背道而馳的見解。郭嵩燾講完後，那位友人只是一臉不可置信望著他。當場兩人都無語。那天夜裡，郭嵩燾在日記裡忿忿寫道，「所據世俗之見，無足取也。」[40]

返鄉後的頭幾天，郭嵩燾都忙著查明一八七六年他家遭焚毀究竟是怎麼一回事。據他的線民所述，其實是當地士紳鼓動學生圍攻他的房子。他們毀了郭嵩燾的房子後，巡撫非常高興，「急據之以為士氣，從而嘉獎之。」知府奉巡撫之命，把此事全怪在上林寺一名倒楣的和尚頭上。該和尚遭逐出自家，然後被捕，巡撫隨之宣布此事已無進一步調查的必要。[41]

郭嵩燾還得知，受他本人的拖累，他力倡讓王夫之從祀孔廟之事已觸礁，至少部分觸礁。禮部發送《船山遺書》給三十名湖南官員，要他們就是否支持此事寫下意見呈報禮部。郭嵩燾回長沙後，得知與他為敵的當地士紳李桓去找過這些官員，力陳王夫之不配從祀孔廟，勸他們不要支持郭嵩燾的從祀主張。湖南士紳和官員認同李桓的看法，或者說被他嚇得不敢出聲，因為沒有一人支持郭嵩燾這個注定失敗的提案。憤懣的郭嵩燾覺得自己和王夫之同是天涯淪落人：「其待兩百年前向鄉先達、理學名儒如此，於并世之人何有哉！」[42]

但就在他掌握到一八七六年事件的這些線索時，有新的謠言開始流傳。有人說他要把上林寺改建為天主教會，有人說郭嵩燾已鼓吹讓一群洋人從鄰省廣西進入湖南。還有人說，湖南將有四個城市開放對外國通商，並已指派郭嵩燾掌管這四城。三年一次的鄉試又要到來，許多人等著三年前的亂子重演。因此，當郭嵩燾遣使赴上海辦一件不相干的事時，城裡傳言他正安排赴上海接受洋人保護，躲掉即將到來的考生。他需要暫時離開塵囂，於是包了艘小船，打算到長沙附近走走，清靜數日，卻因大雨而作罷。結果，街頭上傳出，那艘小船就是暴民一旦再作亂，郭嵩燾要逃走的工具。[43]

郭嵩燾對湖南人也是滿懷憤恨。在湖南人眼中，他代表了外面世界令他們鄙視之所有事物的化身，而在他眼中，湖南人則代表了中國所有弊病的集大成。他曾在一怒之下宣布，「即令聖賢生於其間，非漸摩滌蕩數十百年之久，殆難與化此積習也。」他主張，當世的湖南人是全中國最傲慢、不忠、最腐化、無知的人。他嚴正表示，他們「囂」、「猾」、「無理」，「相與毀其室以為快」。在另一個場合裡他忿忿道，他們「用其鼠目寸光，谿壑褊小之心，而傲然自以為忠孝，慢上無禮，漠不為恥」。晚上與朋友在家中閒聊，常變成激烈討論湖南人心風俗為何以及如何變成全中國最敗壞者。在敵人環伺的長沙城裡，他常提到別人如何與他心有戚戚焉，例如有位痛惡楚人的北京高官曾告訴他，詆毀鄉人者「大抵皆楚人也，他省持議，不如是之刻」。[44]

但儘管飽受謠言、中傷、侮辱之苦，郭嵩燾仍留在湖南。畢竟他無別處可去。但從歷史的角度看，有此遭遇者不只他一人，他由此得到些許慰藉。返鄉幾個月後，他登嶽麓山。

嶽麓山隔著湘江與長沙相對，從山上可將這城廓圍繞的城市一覽無遺。嶽麓山具有神聖之氛圍；歷史悠久的嶽麓書院座落於其山腳，湖南的偉大先賢葬於該山林中小徑旁。他登嶽麓山那天是陰曆九月九日重陽節，有老人登高的習俗。郭嵩燾往上爬至賈誼祠。賈誼是遭貶謫的漢朝大臣，在屈原的精神中，為自己的孤獨找到安慰，為自己遭踐踏的忠心找到寬慰。在賈誼祠，六十一歲郭嵩燾的心境與古人遙相呼應，有感而發，寫下如下這首詩：

生年與世兩銷磨，
歲歲登高奈老何，
海外人歸秋色盡，
城南野曠夕陽多，
賈生祠宇疏泉石，
楚國風騷托嘯高，
蓮社攢眉終待入，
隄防醉語更傳訛。[45]

受同時代人的辱罵，自我放逐，遠離朝廷，郭嵩燾回到他的「野曠」之居。從歷史的視角望去，湖南是楚，而他認為湖南一直是不容於當世的先知和遭讒的忠臣避難之地。寫這首詩時，郭嵩燾把自己放進這一先知忠臣不得志的傳統裡，自認是他所處時代的受害者，像賈誼、屈原一樣受中傷，無助看著周遭的世界銷磨至盡。他無望於逆行他如秋之時代的衰退，一如他無望於反轉自己老朽之軀的敗壞，而且「楚國風騷」也為他送來悲意。

但每個讓郭嵩燾不由得鄙視他湖南鄉人的理由，也成為他獻身重振湖南往日榮光的理由。他所蒙受的每個羞辱和中傷，都進一步證明「楚人」已墮落到何等地步，證明湖南一地道德人心的修復何等迫切。如果說湖南是全中國最糟糕的地方，那就沒有比湖南更適合植下改革種子的地方。他已不再相信清廷和官員有能力或意願引領中國人民，把啟動改革視為己任。湖南是他的家鄉，一如它是王夫之、賈誼、屈原的家鄉；如果他不照顧湖南人，他認為沒有人會願意攬下這責任。於是他下定決心不只要留在湖南，還要用其餘生革新該省的風俗人心。

校經堂和思賢講舍

郭嵩燾以一八七二年他在曾國藩祠裡建造的思賢講舍和講舍裡的船山祠為基礎，展開新的湖南復興計畫。自英返鄉後的他，這時利用該祠做為湘楚認同信仰的中心，推崇湖南四位先賢：屈原、周敦頤（八百年來唯一從祀孔廟的湖南儒者）、王夫之、曾國藩。[46] 郭嵩燾挑出這四人做為湖南傳統思想的總代表，沿用鄧顯鶴在《楚寶》裡的譜系架構，並如鄧顯鶴處理更早之明朝著作的方式，將這譜系往更晚近擴延，把與他同代的曾國藩納入先賢之列。此外，把曾國藩納入先賢之列，有助於把湘軍重新界定為濫觴自屈原的新興湖南精神的自然產物，使湘軍不致成為鼓動排外的膚淺藉口。

在思賢講舍裡，郭嵩燾打造了他眼中中國理想未來的縮影。他一再揭櫫的原則，乃是當地改革要從下而上（與朝廷改革的由上而下背道而馳），且常以《孟子》中的一句話證明此原則持之有故，言之有理：「天之生此民也，使先知覺後知，使先覺覺後覺也。」接在這句話後面的句子，郭嵩燾通常未引述，但凡是受過經學教育者，都了然於心：「予，天民之先覺者也；予將以斯道覺斯民也。非予覺之而誰也？」身為已「覺」者，他要啟迪人心，直到全天下人都改頭換面，並把自己和他的講堂打造為這一啟蒙運動往外擴展的運作核心。

郭嵩燾全心投入兩項同時進行並彼此緊密交織的事業：一方面改革教育，一方面促使德高望重的士紳投入當地的政治活動和道德活動。第一項源自他與嚴復的幾次交談、他本人對英國的觀察心得與他非正統的中國歷史檢討結果，第二項既以過去不容於當道之中國先賢為榜樣，也以英華禁止鴉片貿易協會為師。這兩項事業都以湖南做為當下的施作對象，兩者都在思賢講舍裡，在王夫之肖像的注視下進行。王夫之被郭嵩燾選為湖南精神的鼻祖和讓改革名正言順的憑藉，乃是湖南獨一無二之命運的崇高象徵。

郭嵩燾志向遠大，但他的時間表，如果不耐心以對，就等於沒有時間表。他深信，「要用其百年之力以滌蕩舊染；又用其百年之力，盡一世之人才而磨礱之；又用其百年之力，培養漸積以使成，以今日人心風俗言之，必有聖人接踵而起，垂三百年而始有振興之望。」也就是說總共要花上三百年，他的振興計畫才會有所成。[47] 在他看來，中國的改革是遙遠之事，且在這之前要先進行湖南的改革。他無意將改革局限於湖南一地，但把湖南的改革視為優先，也就是先啟迪「楚」，可能的話，再及於中國其他地方。

他從教育體制開始下手。他推斷道，「西洋政教、製造，其源皆在學校。」透過這一觀察心得，他指出英國學校賦予學生理論基礎（特別是科學與數學，如他從嚴復處所得知的），學校教出來的學生能發明和使用不只汽船、電報之類的東西，還有議會、法院之類的建制。相對的，當時的中國學生，在郭嵩燾眼中毫無根基可言，他們所受的經學教育無用於現實世界。他寫道，「中國招收虛浮不根之弟子，習為詩文無實之言，高者頑獷，下者傾邪，悉取天下之人才敗壞滅裂之。」在他看來，一個世代前還是湖南經世學問傳統之基石的書院，這時已是道德淪喪，學生墮落；那些燒掉他房子的學生就是明證。

郭嵩燾想把西方學校的精神帶到中國。他嚴正表示，「稍使知有實學，以挽回一世之心，允為當今之急務矣。」[48]他在舊書院不再受歡迎，他也不想管舊書院的事，因為那些地方多的是與他為敵者。他重建思賢講舍時，也與理念相契的湖南學政合作，重啟已停辦而注重經世之學的精修學校「湘水校經堂」。郭嵩燾和左宗棠一八三〇年代都在這裡讀過書，那時它附屬於嶽麓書院，但一八七五年，這名學政將它遷離嶽麓書院，在城南書院舊址將其建為獨立學校（城南書院則已搬到更好的地區）。[49]郭嵩燾從英國返鄉時，兩人一起制定了該校課程。

這所新學校強調中國傳統學問的實用一面。一如郭嵩燾那一代，學生讀四書五經不是為了學作詩、通過科考，而是為了從中找到解決農業、資源管理、軍事策略、政府方面之難題的辦法。[50]校經堂重建時郭嵩燾想待在幕後，但他的角色還是被人發現，有份名為《偽校經堂奇聞》的匿名小冊子四處流通，罵他是「內奸」，指他建了「不講時文試帖，而講天文算學」的學校。[51]但至少沒人把它燒了，有二十四名學生入學，郭嵩燾把這視為好的開始。他寫道，「湖南校經堂課實開偏隅風氣之先。」[52]

校經堂啟用招生之後，設於思賢講舍的學校於一八八一年二度開校，他稱這所學校「講求徵實致用之學」。這所學校和校經堂同是他教育改革行動的重要一環。他寫道，這兩所學校的建立，都為「求一挽學校之陋」，兩者的資金都來自湖南當地鹽專賣之所得。對於這兩所學校，他說思賢講舍與他個人關係較密切，因為那是他講學授課的地方，一八八一年建成後，他住進那裡。五年後，他的兒子、孫子都進入此校就讀，也住在那裡。這所祠堂兼學校位於神聖的曾國藩祠堂裡，且曾國藩仍是年長湖南人尊崇的鄉賢，靠著與曾國藩和曾家人盡皆知的終身友誼，郭嵩燾得以在該祠堂的保護牆後如願施展抱負。[53]

嚴復為郭嵩燾概括說明了英法兩國全國教育體制的課程和共同綱領，在他的協助下，郭嵩燾試圖於思賢講舍的課程裡「摘取」該教育體制的「大要」。他在日記裡寫道，這一前所未見的模式，「已若浩如煙海，使中土人視之茫然莫知其涯涘！」他貶低考試準備課程的重要性，引入以科學和數學為基礎的實學課程。郭嵩燾找到一位數學與製造學老師，並聘請他到該校任教，那是第一個教這兩個科目的老師。[54]

他這兩所新學校也都強調禮的持續實踐。在這點上，他遵循了王夫之《讀通鑑論》中的以下見解：「夫禮之為教，至矣大矣，天地之所自位也，鬼神之所自綏也……人禽之所分辨，治亂之所司……舍此而道無所麗矣。」[55]郭嵩燾深信，中國的書院已失去其應有的禮之功用——亦即透過行禮來讚頌儒家的結構與層級體系——而沒有這一基礎，書院無法充當有秩序之社會的基礎。但就郭嵩燾所欲透過行禮來賦予秩序的「社會」範圍來說，在此應該指出，他學校的禮，不是讚頌帝國的那些禮，而是讚頌湖南與村子的禮；該校主要的行禮活動，乃是適宜村子實行，在四位湖南先賢誕辰時崇祀他們的大禮，加上每年初一時崇祀王夫之與曾國藩的那些禮。那是只針對湖南的儒家社會而打造的禮之基礎。

四位先賢中，王夫之地位最尊，郭嵩燾把王夫之視為最崇高的湖南精神原型。郭嵩燾稱思賢講舍是「專祀船山先生」之地，為配合安座之禮（把王夫之像安立在學校大堂中的儀式），還特別把開館儀式延期。郭嵩燾把一幅複製的王夫之自畫像掛在牆上，並題詞曰：「二百餘年，星日昭垂，私心之契，曠世之師。」禮成，王夫之像安座於講堂中，這所學校實質上成為這位隱居文人之生平與著作的禮拜堂。郭嵩燾的所有授課與演說，還有他門生的研讀功課，都在王夫之的注目下進行。[56]

因此，郭嵩燾在思賢講舍的學校，比他欲藉由樹立榜樣來改革的那些書院，既更保守，又更進步。從向傳統取得權威的角度看，它較保守，因為郭嵩燾更深入探索歷史，以從中找到他深信他的同時代人已忘記或腐化的禮之正統性。從引入與傳統格格不入的元素來看，它又較進步，因為他所制定的課程，在「實學」中尋找治國與社會秩序之道，大大越出中國古典典籍的範圍，探索外國學問領域。這一走向具爭議性，但郭嵩燾在思賢講舍裡的教學，在曾國藩的羽翼下進行，因而外人不敢動他。

禁煙公社

郭嵩燾致力於開設新校時，也將他在長沙所能找到的少數支持者組織起來，成立一由省中耆老組成的新會社，以為改善湖南而努力。這個會社，一如學校，以思賢講舍為基地，也以王夫之為其依歸和典範。這個會社聚會時，先行崇祀王夫之禮，再行議事，第一次聚會舉行於一八七九年十月十五日，王夫之兩百六十歲冥誕之日。會員全是他那一輩的老士紳，大部分已從官場退休（如果曾當過官的話）。有些會員是交情久遠的世交好友，大部分人與湘軍有關連。有少數人和郭嵩燾一樣感興趣於中國之外的世界，且重拾他們年輕時的嗜好，彼此交換由通商口岸的傳教士譯成中文，談外國歷史、地理學、醫學的書籍。例如，有個郭嵩燾老友，名叫張自牧，嗜讀外國歷史、地理學方面的書，曾夢想書寫將中、英與法三國的歷史熔於一爐的世界歷史。另一位老友朱克敬，打過太平軍，一八七一年因病退居長沙，以寫作度過餘生，並得到郭嵩燾等友人金錢濟助，而他則把郭嵩燾的外事奏疏抄寫進自己的著作裡。與郭嵩燾合作者，乃是湘軍意氣風發那一代尚存人世者，有時老邁將軍來長沙，此會社均歡迎他們與會。有位名叫李元度的會員，甚至是一八四二年版《船山遺書》的主編之一。[57]

郭嵩燾把這個會社稱作禁煙公社，會名和他為英國的同性質會社所取的中文名幾乎一模一樣，表明有意將兩者搭上關係。郭嵩燾的會社是禁煙公社，那個英國團體是禁煙公會。「社」與「會」基本上是同義詞，都指「協會」，但郭嵩燾選擇替他的團體冠上「社」之名，賦予它更多晚明中國文人結「社」的意味。因此，「公社」一詞代表結合了過去中國不見容於當道之文人所結的民間會「社」和英國遊說團體的「公領域」行動主義。郭嵩燾的禁煙公社與這兩種模式都有相通的重要特性，它獨立於政府之外：他向該社宣布，「蓋原知官法之無可恃，姑求一二同志者躬自董率，行之鄉黨宗族。」[58]由於有志於影響湖南道德風氣與政治的非官方人士入會，這個會社有心成為走英國公會路線的公民社會團體。它把重點放在湖南一省，因而成了一個世代後在湖南大行其道的地方自治建制的先聲。

鴉片主要是道德問題，而該社聚會的主題，與「人心風俗」有關。郭嵩燾說，人心風俗為立國之本，並引用宋儒蘇軾的話說，「夫國家之所以存亡者，在道德之深淺，不在乎強與弱；在風俗之厚薄，不在乎富與貧。」因此，他駁斥自強運動人士追求國家富強這一基本原則，因為這原則使他們著重於技術的改變，而非文化或道德的改變。

曾國藩祠的主庭院是長沙城裡最大的開放空間之一。因此，它為郭嵩燾的最根本計畫——將學校的年輕學生與會社的年長學者（分別代表湖南之未來和過去的人士）聚於一堂，以為湖南共同奮鬥——提供了充足的空間。他排定每年辦兩次會講，日期分別為王夫之誕辰與屈原誕辰，對象包含學生和學者，演說時敦促「親師取友以求共學之益，讀書務實以立為學之程」。[59]

郭嵩燾從其位於思賢講舍的講壇闡明教育改革的理念，並一再強調教育改革是社會秩序與道德的根基。鴉片、學校、中國國力的衰落三者密切相關。誠如他在某次演說時所說明的，

「誠欲禁鴉片煙，必自挽回人心風俗開始。誠欲挽回人心風俗，必自學校始。兩千年來，人才所以日下，由學校之不修也。此關天下全局。」[60]

郭嵩燾研讀過儒家經籍（特別是《禮記》），推斷三代時有供各階層人民就讀的全民職業學校。[61] 誠如他在思賢講舍某次演說時所說明的，中國的士農工商四「類」人，原都各有自己的學校，學校教學以實事為基礎，他們在那裡學習各自的手藝。他說（以《禮記》為證據），「盡天下之人皆納之學，八歲入學，至於十五之年，其學已有立矣！」並說，「凡為士者，以致用也」，四類人沒有等級高下之分。但在那之後，士大夫崛起，手上權力大增，於是學校完全交給他們。人人都想成為學者，技藝學校遭廢。這促成中國現今考試取向之教育體制的誕生，而在這樣的體制裡，士以外的其他諸類人擡不起頭，且無知。他向聽眾問道，繼續這樣下去，「民安得不窮，國安得不弱？」郭嵩燾提議恢復教育體制原初的樣貌，以修復該體制：讓所有人同受教育，且以為了工作和成就而學的實學為基礎，而非以為了當官、逸樂的目的做準備。

他以當代英國為借鑑，說明過去中國原來的樣貌和（以思賢講舍、校經堂為起點）中國可以再度成為的樣貌。他接著說道，「竊觀西洋以商賈為本計，通國無一閑。」換句話說，所有人學「實學」的概念（中國原初教育體制的基礎），在西方大行其道，而西方如今享用它所帶來的好處。他在和嚴復的交談中已斷定，西方強盛的根源，不在其科技，而在其學校（類似中國三代盛世時講究全民就讀和實用主義的學校），現在他則把這看法告訴他的湖南聽眾。順著這一思路走，向西方取經，就不是走洋人的路子，反倒只是在拿回原屬於中國的一套原則。於是他推斷，要找到改革之道，中國必須望向大洋另一邊，以拾回中國自己的過去。

郭嵩燾也利用他的講臺痛批湖南省聞名於外的仇洋心態。例如，在一八八四年於禁煙公社的某次演說中，郭嵩燾探討了外貿的重要。他不合於流俗的觀點認為，不管中國人如何極力否認，中國人受惠於與外國通商已兩千多年。他嚴正表示，「西洋布及時辰表沾被中國，未嘗不利賴之」，「所最為害中國者，鴉片煙而已。今人相與沉溺鴉片煙之中，而侈口詬罵洋人，竟莫測其何以為名……今紛紛無識之議論，盈堂盈室，朝廷為之茫然，封疆大吏及當事者亦皆茫然。」[62]郭嵩燾「竟莫測其何以為名」這句話，照搬自英華禁止鴉片貿易協會的宣言，表明他有意從湖南內部宣揚他們的計畫。郭嵩燾禁煙公社最引人注目之處，或許是他設址於長沙一事，畢竟長沙以「圍起的聖地，其城門始終不向異族敞開」之形象著稱於洋人圈。但就在那些城門後面，為城門外的任何人所不知的，郭嵩燾宣講他眼中的現代世界和與外國合作的主義，那是與外人（乃至城裡人）眼中的湖南格格不入的東西。

郭嵩燾歷次的演說，一再重申兩要點，那是貫穿他諸場演說的中心思想。第一個是鴉片是中國與外國人交往唯一帶來的有害東西；所有的戰爭、不平等條約、被迫在通商口岸劃出土地成立租界，基本上是中國想阻擋全球通商這個不可避免且有益之浪潮所致。第二點則使他的演說暗含煽動意味：清朝和其所有官員昧於真正的世界大勢，從而成不了事。

在另一場談中國人民道德水準每下愈況的演說中，他再度表達其對清廷和中國官員階層的鄙視。他滔滔講述國內的亂象，並以湖南這個最亂的省為例說明，然後根據宋儒張載（王夫之所大為敬佩的儒者）的一段話，說明誰該為此亂象負責：「仕者入治朝則德日進，入亂朝則德日退。」[63]言下之意，郭嵩燾不只將清朝斥為「亂」朝，更重要的，他還堅定表示替清朝效力的學者只把情況弄得更糟。這是已背棄朝廷，此刻試圖在演說中說服周邊之人跟進的放逐者，發出的心聲。郭嵩燾不主張革命，但他的確認為清廷無能，無法照顧老百姓，因此，他的會社要努力讓湖南人起來掌理自己的事。

與王闓運合作

即使是支持郭嵩燾的湖南人，都常難以接受他那不合世俗的觀念和計畫，與郭嵩燾合作最密切的王闓運就是其一。他們兩人都是禁煙公社聚會時的龍頭，都在思賢講舍授課。兩人的友誼既長久又不盡契合，在許多問題上，特別是如何對待洋人，意見不合。王闓運稱郭嵩燾的海外日記「殆已中洋毒」。[64]他本身認為中國比郭嵩燾認為的要強大得多，外國威脅其實不大，因此，除了軍事科技，夷人沒什麼值得瞭解之處。[65]

更糟的，兩人對王夫之的看法並不一致。王闓運一八六九年第一次讀王夫之著作時，覺得平凡無奇。誠如他在那年冬天所寫的，「船山論史，徒欲好人所惡，惡人所好，自詭特識，而蔽于宋元明來鄙陋之學，以為中庸聖道。適足為時文中巨手，而非著述之才矣。」[66]王闓運是「今文」學者，深信自漢以來使用的經籍都是偽造。他特別批評王夫之承繼宋朝理學一事，照王闓運的想法，宋朝理學乃是建立在訛誤的經文之上。因此，他也對郭嵩燾在長沙崇祀王夫之一事心存懷疑。王闓運於一八七〇年，郭嵩燾剛在城南書院建造他的第一座船山祠後寫道，「筠仙（郭嵩燾）力推船山，真可怪也。」[67]

郭嵩燾則欽佩王闓運的學問，但對王闓運受邀撰寫的《湘軍志》內容不表贊同。王闓運在這部多卷本著作中呈現的湖南豪傑，讓某些人（特別是邀他撰寫的曾國荃）覺得貶低了他們的成就。郭嵩燾讀後大為不悅，還先於曾國荃斥責此書作者。他寫道，「文人以筆求逞，則王壬秋（王闓運）是也，一以詆毀鄉人為快。」他在禁煙公社的聚會上直接批評王闓運，寫道「常疑壬秋高材博學，為吾楚之傑……然其流弊亦足以貽害人心風俗」。對於這一引發爭議的湘軍史著作，郭嵩燾的解決辦法，若想到他在英國所寫之日記的遭遇，倒令人覺得諷刺；他要王闓運把雕版交給他，然後將之燒毀。[68]

雖然常起齟齬，兩人對爭吵倒是淡然處之，且兩人都是堅持己見且壞脾氣之人這點，大概是他們友誼不輟的主要原因。為了維繫良好關係，他們忘掉彼此間的不快，例如一八八〇年春某個晚上兩人在郭嵩燾家暢談法律時所表現。郭嵩燾闡釋他的觀點，認為建立良法並教導人民尊重良法乃是好政府的關鍵。他想讓王闓運相信，英國的法律制度是該國治理如此成功，甚至比中國三代時還要成功的主要原因。誠如王闓運在日記裡憶述此次夜談所寫道，他大部分時候聽郭嵩燾長篇大論，同時只是點頭稱是，回以「真有此事？」[69]後來他在寫給某個與他們兩人都相識的友人信中談到此事，「筠仙盛談夷務。筠仙言政事好，立法度，望人遵守，以夷國能行其法為不可及……鋪陳久之。余以為法可行於物而不可行於人，人者萬物之靈，其巧㩁百出，中國以之一治一亂。彼夷狄人皆物也，通人氣則詐偽興矣。使臣以目見而面諛之，殊非事實。未敢多辯，聊曰唯唯諾諾。」[70]

同樣的，對於對方的怪異行徑，他們也照老朋友的相處之道，以偶爾禮貌性的視而不見對待之，例如一八八八年春某晚王闓運順道登門拜訪郭嵩燾時所表現的。王闓運登門發現屋主正在院子裡忙著做他在英國時養成的一個怪習慣：運動。當地人稱之為「打洋拳」。王闓運悄悄不告而別。[71]

然而兩人在許多事情上合作，郭嵩燾初想到組織禁煙公社時，就請王闓運和他一同主持。王闓運受湘軍將領出身的四川總督丁寶楨之聘，主持成都尊經書院（《湘軍志》雕版被郭嵩燾燒掉後，就由該書院學生出資重刻刊行），但只要他人不在四川，就是禁煙公社的支柱之一。王闓運每次回長沙，郭嵩燾都敦請他赴思賢講舍執教，在在說明郭嵩燾對這位對手打從心底的敬重。一八八二年，郭嵩燾提議此事，王闓運婉拒，一八八三年再提，王闓運再婉拒，一八八六年又提，王闓運不改初衷。一八八七年，郭嵩燾不死心再提，王闓運不敢四度拒絕，終於答應。王闓運於一八八七年搬進思賢講舍，接任該校首席講師，至一八九〇年為止。[72]

那些年期間，郭嵩燾似乎已讓王闓運認同他的看法，因為王闓運一八九〇年辭去思賢講舍的教職，乃是為了去接掌衡陽縣的船山書院。王闓運此舉擴大了郭嵩燾所開創，書院崇祀王夫之之風。[73]船山書院經費不足，直至一八八二年，連一位老師都請不起，協助郭嵩燾重建校經堂的那位湖南學政因而在該年開始找湖南要人支持該書院。曾國荃捐贈該書院圖書館大筆現金，還有南京版《船山遺書》的雕版。一八八五年，湖南衡陽出身的湘軍將領，與郭嵩燾也交情甚厚的彭玉麟，為該書院搬遷至東洲村更大校地所需經費募款。東洲是衡陽的聖地，王夫之年輕時求學的地方。[74]

東洲的船山書院，一如思賢講舍，是愛鄉情懷的產物，彭玉麟寫道，「臣與夫之生同里閈，親讀其書，私淑其人。」[75]一如郭嵩燾對其長沙思賢講舍的描述，彭玉麟和王闓運兩人都稱這座新書院「祀船山」。[76]對於郭嵩燾在長沙重振王夫之湖南先賢地位一事，王闓運最初並不盡贊同，但在王夫之的出生之地，即使王夫之地位的重振尚有限度，他也勉力為之。

王闓運在接下來二十五年執教於衡陽船山書院，確立其做為當代中國大教育家的名聲。郭嵩燾一八九一年去世後，出於對郭嵩燾和王氏後人的忠誠，王闓運攬下由郭嵩燾所開啟一年一祭王夫之的責任。[77]

郭嵩燾的遺緒

郭嵩燾一八八〇年代在長沙推動的改革運動，有了令人樂觀的開始，但他和禁煙公社其他會員全都已進入暮年一事，使這運動蒙上陰影。他的兩所學校會營運下去；校經堂於一八九〇年擴大為完備的書院，學生增加一倍為四十四人。思賢講舍會繼續大步向前，學生人數在十五至二十人之間。但長者逐漸凋零，第三次王夫之祭日會講時，原始成員裡已有三人辭世。接下來幾年有一些新會員加入，大部分是創始會員的親戚；較年輕的會員，如果才華洋溢，都已因為踏上仕途離開長沙。除了該公社會員，還有哪些人出席聽講，未有紀錄可查。到了第五年，集會不如往來頻繁。一八八四年，只有五名會員出席，郭嵩燾的演說意興消沉。他告訴這寥寥幾名聽眾，「至今五年，人事之遷流運會，風俗之日趨於汙下，但見有壞處，並不見有好處。」他在日記裡透露：「即同社諸君，死者數人，在遠不能合併者又數人。存者且相率引避，較之前數年人懷欣翼之心，今皆無之。」到了一八八六年，會員恢復到十二人，但靠著減少集會頻率，出席人數才變多；一八八五年沒有集會，即使在王夫之祭日那天亦然。一八八六年祭王夫之的聯合集會變成最後一場集會；但郭嵩燾繼續行祭祀這位先賢之禮，即使祀祭禮後沒有辦演說。[78]

王闓運於一八九〇年離開思賢講舍後，郭嵩燾以另一位也姓王的湖南大學者代之。這兩人人稱「二王」，找到他們執教該校，乃是郭嵩燾的一大成就。該校新任校長王先謙，在一八六六年平定太平天國之亂後不久中進士。他在文風鼎盛的江蘇省當過學政，在那裡以擔任數個書院的山長而成名。他還因為直言批評官府濫權而名噪一時，也因此早早退休回湘。王先謙和郭嵩燾在長沙時交情日篤。郭嵩燾一八九〇、一八九一年的日記，記載了兩人幾乎每日見面，無法見面時則以書信往來。後來，王先謙晉升為長沙書院界的龍頭老大，一八九一年郭嵩燾去世後，他先後接掌城南書院和嶽麓書院。他還繼續掌理思賢講舍，後來在該校創辦了一家出版社。[79]

郭嵩燾本人不可能知道自己對後世的影響，但他在思賢講舍確立的模式，獨一無二且經久不衰：他欲建立一統一的教學制度，向所有學生教授受西方啟發的「實學」，他欲以非官方身分引領湖南的道德、政治風氣，他欲以本省耆老取代非本省官員來照顧百姓，還有他不斷標舉王夫之，不只將其視為學者，還視為湖南的守護神，全都將產生重大影響，且會在他死後幾年即開始迅速發展。

郭嵩燾對湖南的貢獻，包含播下數個信念的種子成為他之後湖南改革派思想的基礎：他們相信，湖南人獨一無二且有別於其他中國人；湖南的學校和學者組成的協會同心協力，乃是落實湖南本地共有文化的關鍵；湖南人注定要負起啟蒙中國之責；湖南人為王夫之的後代，因而注定要履行他不服當道、踐實履行的遺風。這些強健有力的信念，是郭嵩燾在王夫之指引下習得的古典典籍學問、他對英國公民社會的探索心得、他個人有關湖南和湖南歷史的堅定見解，三者和合的產物。

郭嵩燾的學校、禁煙公社、公開演說、船山祠，整個代表了以中國文化為基礎，追求現代化之民族主義的早期、局部模式。這模式一方面欲在中國（在此則指湖南）的「傳統」思想和民族國家林立的十九世紀世界現實之間找到合適的道路，另一方面則想找到方法來推廣、散播此種混種文化，並將該文化視為一族群共有的遺產和歸趨。王夫之的本土根源是躲避不了的，因此郭嵩燾的計畫是應湖南（楚）在中華帝國裡持續不斷的困境而生，受該困境驅動，且與該困境不可分割。這是湖南人未來民族主義的模式——受一湖南先賢的啟發，由一湖南學者予以發揚，且為了湖南人的福祉而開展。

郭嵩燾死時，名聲還未得到平反，李鴻章奏請朝廷宣付史館為他立傳，結果朝廷迅即降旨不准刊印他的任何著作。[80]但他挺身反抗衰弱中央政府的姿態，和他持續不輟為湖南和王夫之發聲的作為，的確讓認識他的人大為佩服。誠如在他晚年受教於他的學生易翰鼎所說：「仰見船山氣質剛毅，勇於造道……韜晦四十餘年以終其身……而天下莫及知。」易翰鼎發現他的恩師與這位先賢有相似之處，而這對湖南的未來是件好事：他寫道，「湘陰郭養知先生嵩燾，忠誠篤實，剛健沉雄，質性與船山相似，實湘中近今豪傑也。」[81]

第三章

湖南維新運動

郭嵩燾晚年待在長沙期間，有位也屬於行動派學者的同道中人，但此人的目標和動機卻與郭嵩燾的目標、動機最為背道而馳。此人名叫周漢，從一八八四年到一八九一年郭嵩燾去世這段期間，他與郭嵩燾同在長沙。左宗棠帶兵西征時，周漢是其麾下的下級軍官，一八八四年周漢遷回湖南，然後，與郭嵩燾之作為截然相反的，他把全副心力放在刊行那些小冊和傳單，以宣傳誅殺所有洋傳教士和協助他們的中國人。一如郭嵩燾，周漢以湘軍的經歷來證明其作為正當有理，但他對湘軍經歷的解讀有別於郭嵩燾，把太平天國之亂歸咎於外國思想（具體地說就是基督教）作祟，從而認為湖南的排外心態乃是湘軍真正的遺緒。

周漢在名為《鬼叫該死》的小冊子裡寫道，湖南青年或許已忘記，但太平軍（因剪掉辮子抗清故稱「長毛」）作亂的真正禍首乃是洋教。他在此文中要「你們年輕人不曉得長毛反的情形，你們問問年老人看，長毛賊以前發的書是鬼叫不是吆！他們鬼子孫都稱玉帝為『天父』，稱耶穌為『天兄』，其餘豬屁還不知多少」。[1] 老一輩湖南人組成湘軍，打垮受基督教啟發的太平軍，當前這一代因此也該組織起來打擊基督教經文的新散播者——傳教士和因他們皈依基督教者。

周漢的目標或許和郭嵩燾背道而馳（周漢鼓吹要誅殺洋人，郭嵩燾呼籲理解與和解），但兩人所鎖定的宣傳對象卻是同一批人：湖南人。他們把湖南人視為自成一體、可與中國其他人分開的群體來宣說。在另一本名為《湖南通省公議》的小冊子中，周漢直接抨擊郭嵩燾在湖南的改革。他把郭嵩燾、曾紀澤（曾國藩兒子，繼郭嵩燾之後出任駐英公使），與禁煙公社的兩名會員朱克敬、張自牧稱作腐化湖南的「四鬼」：「近二十年來，為郭嵩燾、曾紀澤、朱克敬、張自牧四鬼所煽，邪鬼日熾，正氣日衰，湘人漸多變鬼。今郭、曾、張、朱四鬼隨若天誅，餘黨猶蔓不絕。」[2] 周漢把郭嵩燾的改革說得收效甚大，郭本人晚年若評價自己的改革成果，肯定遠不如周漢所認定的這麼大；郭嵩燾想必從未認為他的努力已創造出如此持久不衰、「猶蔓不絕」的網絡，更別提認為他那寥寥幾個年長的追隨者氣焰「日熾」。然而在周漢的想法裡，要修補郭嵩燾和其黨羽所造成的傷害，只有一途，即凡是與洋人交往者，一律「全家誅戮，房屋焚毀，土地充公，永作湖湘滅鬼之費」。

周漢的反基督教傳單和郭嵩燾的改革，不只鎖定同一批對象，還都具有欲團結那些湖南人反抗衰弱之中央政府的基本意圖。在周漢眼中，洋人橫行中國，乃是因為朝廷無能，未能將他們拒於門外；因此，湖南人得團結起來不讓他們入境。另一方面，在郭嵩燾眼中，所謂的外國威脅，全是北京昧於洋人的真正意圖和國際法的影響力所致；因此湖南人得帶頭展開以西方為師，啟蒙人心的改革。於是，周漢和郭嵩燾出於不同原因都把錯怪在清廷頭上，對這問題提出南轅北轍的對治辦法，兩人都歸咎於北京，都主張解決之道必須以團結湖南人為開端。「作湖湘滅鬼之費」正屬於郭嵩燾和其夥伴眼中那種由本地人贊助的公益事業。它或許愚昧無知，但它終究宣稱是為湖南人的福祉而成立的組織，完全不受中央政府左右，就這點來看，它和禁煙公社相仿。

周漢所用媒介與郭嵩燾所用媒介之南轅北轍，就和他們兩人思想的差異一樣大，而那媒介將是讓周漢引領風騷的決定性因素。因為郭嵩燾的學校和公社，在會員和發揮影響力的場所上都有所局限，而周漢則以印刷品這個大眾媒體宣揚他的理念。郭嵩燾最風光時，宣講的對象一次頂多可能只有五十個觀眾，而周漢的一本小冊子，據知就印了八十萬份。[3] 隨著商販將這些小冊子帶出湖南，大量散播到長江下游地區，這些小冊子也融入民間文化。有位派駐漢口（鄰省湖北的最大長江港市）的英國領事報告，孩童在漢口街上四處晃蕩，嘴裡唱著來自某本小冊子的打油詩，文中講述天主教徒如何將男女小孩開膛剖腹。那位領事費了好一番工夫，蒐集到許多傳單，但覺得其中大部分傳單太駭人，不適合全譯為英文呈報母國外交部。[4]

周漢的努力似乎沒有白費。郭嵩燾一心一意欲打造正面看待洋人的民意，做為湖南全面道德重振運動的一環，但就在一八九一年他去世那個夏天，中國發生迄當時為止最嚴重的排外暴動。整個長江下游地區，暴民燒掉教堂，殺害洋傳教士和他們的中國信徒。攻擊出現的地點正好與周漢宣傳小冊子從湖南往外散播所循的貿易路線相一致。[5]

但周漢的勝利是慘勝，因為他宣傳小冊的成功，激起對湖南組織性排外行動強烈且持久的反彈，從而最終為郭嵩燾版的改革開闢了道路。一八九一年亂民的暴行激怒西方列強，勇敢的傳教士楊格非（Griffith John）追查海報與小冊子的來源，查出源自長沙。他把調查結果告知英國政府，英國政府即向北京的總理各國事務衙門施壓。總理衙門隨之要湖廣總督張之洞將周漢捕獲處決。湖南的官員首度得正視這個內地省分的排外心態，其對列強的挑釁將危及帝國本身的存亡。

總督張之洞進退維谷，後有要他將周漢捕殺的朝廷，前有湖南境內將他奉為英雄的青年學子。他向總理衙門陳訴，周漢在湖南支持者眾，而猶如要證明他所說為真似的，一八九二年夏長沙學生暴動，力挺周漢這位宣傳家。在這同時，英國人提出更多要求，要求湖南開放洋人入境住居，在長沙設領事館以防再發生類似騷動。英國人以動武為威脅，終於迫使張之洞採取行動，鎮壓當地人。他下令將周漢軟禁於寧鄉，事情就此平息了一陣子。周漢雖然被捕，他的出版品幾年後再度開始流傳，一八九七年他離開寧鄉自宅，回長沙重操他的出版事業。大量新的小冊子出現，呼籲湖南人燒掉教堂，但這是他的最後之作；一八九八年，他試圖從長沙潛回寧鄉時被捕，判終身監禁。[6]

譚嗣同與更多支持郭嵩燾復興理念的人士

並非所有年輕一輩的湖南人都傾向於支持周漢。來自長沙東邊瀏陽的年輕學者譚嗣同，跟洋人一樣痛惡周漢。一八九五年，在其三十歲時，他痛批湖南的守舊心態，措詞猶如郭嵩燾：他在寫給友人的信中說，「各省之毀教堂，打洋人，湖南之阻礦務，阻電線。以天子之尊，不能舉一事。官湖南者動色相戒，噤口不敢談洋務。加以周漢之稗士亂民煽惑之，快私志於一逞，而陰貽君父以危辱。」[7]

譚嗣同知道郭嵩燾欲重整湖南人心風俗之事，且支持郭的志業。在同一封信中，他寫道郭嵩燾從西方返國，深信歐洲的繁榮昌盛與中國上古時不相上下，結果此說「幾為士論所不容」。[8] 譚嗣同的立場明顯偏向郭嵩燾，站在當時湖南人的對立面。在兩年前的另一篇文章中，他甚至把郭嵩燾與曾紀澤（周漢「四鬼」中的兩鬼）譽為本有可能喚醒他們特別落後之省民的唯二湖南人：「湖南獨以疾惡洋務名於地球……然聞世之稱精解洋務，又必曰湘陰郭筠仙侍郎、湘鄉曾劼剛侍郎，雖西國亦云然。兩侍郎可為湖南光矣，湖南人又醜詆焉。」[9]

譚嗣同對郭嵩燾的敬佩，在他小時受教育時就植下。譚嗣同父親是任職於北京的高官，譚嗣同本人的早年歲月大部分在京城度過。但他父親的家也充當旅京瀏陽同鄉的會館，因此，譚嗣同的私人教師也來自瀏陽。雖在北京長大，他仍能掌握到源於長沙的部分知識界動態，而他的三個主要老師碰巧都是郭嵩燾重振船山學的擁護者。

譚嗣同的諸位老師中，任教最久且影響他最大者是歐陽中鵠（與歐陽兆熊無親戚關係）。歐陽中鵠於一八七三年中舉後不久遷居北京，住在譚家，同時擔任朝中內閣中書，一八七五年開始當譚嗣同老師，當時譚嗣同十歲。[10]他是對譚嗣同日後發展影響最大的人士之一，他本人曾寫道，譚嗣同之敬他，「如子之敬父」。[11]歐陽中鵠以瓣薑為筆名，「瓣」指廟中燒香一事，「薑」則指王夫之有時使用的筆名「薑齋」。因此，歐陽中鵠的筆名有「王夫之的崇拜者」之意。[12]歐陽中鵠未在長沙生活過，但郭嵩燾從倫敦返鄉後，拜訪過歐陽數次。在一八七九年的日記中，郭嵩燾稱歐陽中鵠「極肯向學，誠篤士也」，還說「于鄉人得歐陽節吾……稍令人意醒」。[13]郭嵩燾很少讚美本國人，更別提讚美湖南同鄉，由此可見對歐陽中鵠的欣賞。

譚嗣同諸老師中聲名最顯赫者是劉人熙，一九一一年辛亥革命後此人將在湖南的教育、政治方面扮演吃重角色。劉人熙在一八八九年開始教譚嗣同，是個進士學者，且在一八六七年時就靠湖南鄉試第一而聞名於世。劉人熙崇尚程朱理學，但學術成就主要來自對王夫之學說的研究，曾說王夫之的著作提供了「救世之道」。[14]他也熱愛湖南文化，景仰鄧顯鶴，一八八四年刊行清時湖南學者重要著作目錄，並取名《楚寶目錄》，以向六十年前鄧顯鶴的《楚寶》致敬。一八九三年起，他開始有計劃地尋找未被南京版《船山遺書》收錄的王夫之著作予以刊行。[15]

劉人熙和歐陽中鵠兩人交誼甚深（歐陽中鵠的兒子後來娶了劉人熙的女兒），兩人雖都欣賞王夫之著作，卻對王夫之著作各有所偏好；歐陽中鵠偏愛王夫之的《俟解》，劉人熙則著重於王夫之注解程朱理學《四書》的著作。另一老師涂啟先，譚嗣同在一八七九至一八八二年旅居瀏陽時曾受教於他。太平天國之亂初期，涂啟先因組織十村鄉勇抵抗而名噪一時，其安排的課程著重於王夫之著作和數學。[16]

譚嗣同的三位恩師讓他大略瞭解王夫之學問的重要，他則將這些教誨融合為博雜的學問，從中既反映了他本人遊歷各地的閱歷，也反映十九世紀晚期中國通商口岸匯集了多樣的片斷外來影響。青春期時，譚嗣同足跡遍及中國各地，隨升官的父親來到甘肅，但也常回湖南、北京。他涉獵佛家、道家、西方科學著作、詩歌和今文經，而今文經是根據重見天日的經籍注解賦予儒家典籍新的闡釋。他讀遍他買得到的通商口岸西書譯作，特別是以科學、宗教、歷史為主題的譯作。但對他影響最深者，終究是王夫之。他皈依王夫之（如果可以這麼說的話）是在一八八九年，那年他在臺灣的哥哥突然去世，那時的他極為抑鬱。他把自己關在書房裡，讀完整部《船山遺書》，一個月後出關寫下名為〈王志〉的文章。此文已佚，但譚嗣同三十歲時所寫的自傳談到該文，「〈王志〉，私淑船山也。」[17]這一宣示在他的餘生迴響不絕。有位摯友憶道，譚嗣同一再說，「五百年來，真通天人之故者，船山一人而已。」[18]

重思湘軍

在省外生活多年，譚嗣同已如同自英返鄉後的郭嵩燾，和湖南鄉親有了隔閡，像是局外人。兩人都敞開心胸接受在湖南罕有人聽聞的外國思想，而郭嵩燾遭迫害的經歷令譚嗣同痛心。但譚嗣同與郭嵩燾是不同世代。譚生於一八六五年，即太平天國覆滅的隔年，他所知道的家鄉湖南，乃是湖南籍官員叱咤中國官場的光榮時期。與郭嵩燾不同的，他記憶中的湖南不是受冷落、落後的地區。而且郭嵩燾因與曾國藩交誼深厚，得以將湘軍的改革遺緒與湘軍遺留給湖南文化的仇外心態分別開來，而譚嗣同沒有這份交情。譚嗣同將這兩者融而為一，而其對湖南敵視洋人心態的厭惡，使他推斷（郭嵩燾極力避免的推斷）湖南的排外完全得歸咎於湘軍和其諸位領袖。

譚嗣同認為湘軍的征戰與湖南省內仇洋心態有直接的因果關係（而至少在這點上，他與周漢看法完全一致）。他寫道，「湘人守舊不化，中外仇視，交涉愈益棘手，動召奇禍。」[19]譚嗣同表示，湘軍不只該為湖南人的仇洋心態負責，還該為全中國的仇洋心態負責，「獨湘軍既興，天地始從而痛絕之（洋人）。」譚嗣同不只和郭嵩燾一樣認為湖南人是中國境內最粗魯、最壞、最頑固之人，還把中國整個排外現象全歸咎於他們。

據譚嗣同的說法，湖南人排外心態的反轉點出現於一八九四至一八九五年，那場中國慘敗收場的中日甲午戰爭。日本人擊沉中國北洋艦隊，使清廷幾無力抗拒日本的割土要求（包括要求割讓臺灣）。甲午戰爭的戰敗，嚴重打擊了中國各地文人，但譚嗣同在此中找到對湖南前途的可能衝擊，特別是因為有湖南鄉勇掛著熟悉的「湘軍」旗幟參與了這場戰爭。他在此戰結束後不久寫了封信給恩師歐陽中鵠，信中說清朝的失敗使中國的所有部隊無一不敗：旗軍、淮軍、湘軍、粵軍和來自其他諸省的團練，無一倖免。他寫道，「即威名赫耀之湘軍亦敗，且較諸軍尤為大敗。」[20]其他地方的文人皆暢談清朝這場慘敗予中國的教訓，對譚嗣同來說，這慘敗乃是預料之中的必然結果。不過自曾國藩那一代起即以中國保護者自居的湖南人竟也戰敗，在譚嗣同眼中，乃是具有特別意涵的大事。

然而湘軍的「大敗」不只重挫湖南人虛妄的自負，在譚嗣同看來，它還是中國挫敗中的一線曙光。他寫道，經此挫敗，「湖南人始轉側豁寤，其虛驕不可向邇之氣亦頓餒矣。」[21]那一「虛驕不可向邇之氣」正是湖南省的排外心態。譚嗣同把周漢此人的產生歸咎於它，把它斥為中國仇洋心態的根源，認為它阻礙了郭嵩燾對湖南人心的啟迪，且在他看來，它就是中國對外關係走到大難臨頭地步的原因。因此，誠如譚嗣同所認為的，中國敗於甲午之戰，預示了守舊自大心態的終結，長久以來這始終是湖南改革的最大阻力。至少從那個層面來說，他樂見中國的戰敗，將其視為光明未來的跡象。[22]

王夫之與湖南的改革傳統

甲午戰爭後，王夫之的身影浮現在譚嗣同腦海。一如郭嵩燾在太平天國之亂的頭幾個月，在自己的人生與明亡後的王夫之生平之間找到相似之處。譚嗣同這時也把王夫之視為天下崩壞時學者處世的典範。他說他從恩師歐陽中鵠那兒學到這道理。歐陽中鵠送他王夫之的《噩夢》，以讓他瞭解「萬無可為之時，斯益有一息尚存之責」。譚嗣同把自己所處的時代與王夫之的時代相提並論，得出與郭嵩燾一樣的結論：亦即王夫之的所有思想和行動肯定牢牢建立在現實世界上。他在一八九五年寫道，「然今之世變，與衡陽王子所處不無少異，則學必徵諸實事，以期可起行而無窒礙。」他呼籲重拾經世致用之學，譴責他同儕好玄虛、空談之風：「若徒著書立說……不可施行於今日，謂可垂空言以教後世，則前人之所垂亦既夥矣。」[23]

郭嵩燾是自行得出那結論，是在山中獨自奮鬥所得出，而一八九五年時的譚嗣同則把王夫之的這一精神——「徵諸實事」的做學問精神和在「萬無可為之時」承擔責任的精神——視為在湖南師徒相承的一個傳統。誠如他在給歐陽中鵠的信中所說，「為天地立心，為生民立命，以續衡陽王子之緒脈，使孔、孟、程、朱之傳不墜於地，惟夫子（指歐陽中鵠）與劉夫子、涂夫子自當任之。」

此文中的關鍵字是「惟」。譚嗣同三十歲時就推斷，孔子思想的真義，透過王夫之和譚嗣同的幾位老師，（如他所認為的）是單靠湖南人保存下來。中國的其他學者是否也覺得對天下生民負有責任，無關宏旨；譚嗣同的陳述指出至少為他和他的恩師所抱持的一個主觀看法，即身為湖南人，他們都肩負延續王夫之生命與著作（「緒脈」）的使命。這正是郭嵩燾於長沙初建他的船山祠時，所希望在他的湖南鄉民裡培養的信念，而到一八九五年時，它已表現為眾所認可的當地傳統，至少在譚嗣同眼中是如此。

譚嗣同對王夫之的回應，一如郭嵩燾對王的回應，皆汲取自王夫之的生平和其學問：王夫之的放逐生活提供了抵抗、堅忍精神的典範，他的著作則為改革提供了正當理由。但郭嵩燾的興趣集中在王夫之的《禮記章句》，譚嗣同對形而上學的興趣，則把他帶進王夫之受宋朝理學家張載啟發的哲學著作裡，特別是《思問錄》。譚嗣同一再引用《思問錄》的句子，以證明制度、政府的全面改革順天應人，而他在本書的核心內容裡找到的基本觀念，乃是一旦存在著適合「道」之實踐的物質條件，「道」必然顯現。

王夫之有「道不離器」之說，而誠如譚嗣同對此說的解釋，「無其器（適合的物質條件）則無其道，無弓矢則無射之道，無車馬則無御之道。」[24] 譚嗣同對王夫之觀點的闡釋，乃是抽象的「道」要具體可見，必須有讓「道」可藉以實行的「器」（下自船、工具或身體，上至社會或國家之類一整套物質條件的各種東西）。沒有「器」，「道」將不可見，只做為潛能存在。譚嗣同進一步解釋道，「信如此言，則道必依於器而後有實用，果非空漠無物之中有所謂道矣。」於是，那不似道家、佛家的「道」，後者的「道」存在於另一個領域。如果「道」必依於器而後有實用，那麼「器」就必須改變，才能抓住「道」。在這一觀點裡，天地間充斥著許多潛在的「道」，只有為它們創造了合適的物質條件，它們才可能具體可見。

譚嗣同把此觀點延伸為涵蓋整個人間社會的一個假說，亦即社會本身可視為一個器。他寫道，「今天下亦一器也，所以馭是器之道安在耶？今日所行之法，三代之法耶？周、孔之法耶？……故變法者，器既變矣，道之且無者不能終無，道之可有者自須亟有也。」於是，據譚嗣同對王夫之思想的詮釋，要擁有這潛在的「道」，從而享有和平與繁榮，首先得改變社會。

從另一個方向，他繼續說道，「道」只能透過提供適切的器才能抓住，而且不只如此，要瞭解「道」只有透過研究物質世界之變化一途。他主張，「器既變，道安得獨不變？變而仍為器，亦仍不離乎道，人自不能棄器，又何以棄道乎哉？」[25]譚嗣同從其多方的求索中推斷，瞭解那一變易過程的最佳辦法乃是透過科學和數學，即郭嵩燾在湖南所推廣的實用科學，用以對治一個世代前的抽象哲學與以考試導向的教育。中日簽訂馬關條約結束甲午戰爭，之後三個月，譚嗣同忠於這一信念，回到故鄉湖南瀏陽，創立研習數學的會社（算學社），藉此開啟湖南知識改革計畫。[26]

湖南本地的改革機構

譚嗣同回瀏陽時，湖南已在大變之中。一八九二年壓下周漢氣焰後，清廷已開始派新官員至湖南，以防止排外暴力再生，避免此類暴力活動招來列強反彈。甲午戰爭後，更積極將新官員引入湖南；搖搖欲墜的清廷禁不起湖南境內再爆發仇洋暴力事件的衝擊。湖南省的領導階層換血，數名與郭嵩燾有直接或間接關係且大部分極敬重他的新官員上任。最後——而且令人覺得諷刺的，主要得歸功於周漢——郭嵩燾的變革計畫將成為注目焦點。

兩位最重要的新省級領導人是巡撫陳寶箴和擔任其首席幕僚的兒子陳三立。兩人都與郭嵩燾關係密切；陳寶箴於一八八〇年代常拜訪郭家，通常是和禁煙公社的幾個會員一起去。郭不在湖南時，陳寶箴常和郭嵩燾書信往返，兩人聯繫不斷直到郭去世。陳三立曾在長沙師事於郭嵩燾，據他兒子為他寫的傳記，他以郭嵩燾的教誨為基礎，發展出對改革、對外關係與科學重要性方面的看法。陳三立欽佩這位老政治家全心投入振興船山之學，曾為友人的《船山師友錄》寫序道，「顧其（王夫之）書久而後顯，越二百有餘歲，鄉人湘陰郭侍郎嵩燾始尊信而篤好之，以為斯文之傳，莫大乎是。」郭嵩燾則對陳三立懷著誠摯的敬意，在日記中極讚譽他的文采。[27]

陳寶箴於一八九五年十月接掌湖南巡撫時，陳三立已四十三歲，父子二人合作無間，因而後世學者無法斷定這位新巡撫以長沙為大本營施行的維新計畫，究竟出自父子中哪一人的構想。[28]不管出自誰的構想，他們於一八九五至一八九八年施行的改革，處處可見郭嵩燾的影響。這些改革涵蓋了郭嵩燾於一八七〇年代開始就鍥而不捨提出（且少獲採納）的所有主要提議。一八九五年上任後，陳寶箴幾乎是立即就奏請創設湖南礦務總局，且獲准。然後，在當地士紳協助下，他創辦了和豐火柴公司。這是湖南第一家實業公司，俗稱洋火局。隔年二月，在礦務總局開設之後，陳寶箴獲湖廣總督張之洞允許，將一條電報線從漢口一路拉到湖南長沙。[29]這些都是（如譚嗣同所論道）過去遭湖南民眾阻攔的改革，而陳寶箴的創舉竟未遭到反對，既要歸因於周漢事件後隨時可能落下的懲罰，也得歸功於這些新官員的推動。陳寶箴的改革不只在工業發展方面，他昭告大眾他也願接受政治改革。誠如湖南某士紳所說，陳寶箴一在湖南上任，就決意整頓當地政府。[30]

受郭嵩燾影響者，除了新官員，還有士紳。曾任郭嵩燾思賢講舍之主講的王先謙，這時已是嶽麓書院山長，長沙士紳界的大老之一。新巡撫一表達其贊同之意，王先謙即糾集士紳支持維新。一八九六年，他協助創立寶善成機器製造公司。這是湖南最早的機器製造廠，隔年生產了湖南第一個可用的發電機。[31]不久，他帶頭規劃從廣州經長沙到漢口的鐵路建設，一八九六年立即動工（但要花上四十年才完工）。[32]一八九七年，王先謙甚至協助創辦了一家汽船公司，銜接湘江沿岸的湖南城鎮和洞庭湖邊的港口，實現了郭嵩燾和王闓運多年未竟的志業。

在新任省級官員中，地位次於巡撫陳寶箴父子者是新學政江標。江標畢業自北京同文館，來長沙時已滿懷推動經世之學和西式科學教育的熱情。他驚訝發現該地已被郭嵩燾用心經營過，特別讚賞郭在思賢講舍和校經堂（此時為校經書院）的新教育制度。江標將校經書院的持續發展視為他的主要施政項目，一八九五至一八九七年間在該書院設立中西書圖書館，擴大該校的西學課程，將地理學和外語納入其中，並自掏腰包設立獎學金和從上海購買化學儀器等科學器材供實驗室之用。[33]這些作為均與郭嵩燾對該校的原始構想一致。王先謙仿效江標做法，將數學和外語教學納入嶽麓書院的課程。這是對古典教育課程的一大修正，實現了郭嵩燾欲以新學校開風氣之先，來改造古老書院的願望。

郭嵩燾以為改革要花上數百年才能成，但此刻，每隔幾年、幾月，就有一番新氣象。周漢和其黨羽遭彈壓後，湖南官員大換血，然後，在郭嵩燾去世才五年的現在，原被公認是中國最保守省分的湖南，搖身一變，成為公認的中國地方改革先鋒。這是中外人士都熱切觀看的一場試驗，而對那些不知道郭嵩燾已辛苦打下基礎的人，或不知道他個人對官紳領袖之影響的人來說，那就像一夜之間突然冒出來似的。

湖南維新的構想

官紳在湖南展開迅速的制度變革和工業發展，但把文教方面的變革交給較年輕的該省學者掌舵。這些學者以譚嗣同和其瀏陽同鄉好友唐才常為首。譚嗣同遊歷多省期間，唐才常是唯一帶給他慰藉的人士。一八九五年譚嗣同深情寫道，「二十年刎頸交，紱丞（唐才常字）一人而已。」[34]一八七七年，兩人都還小時，譚與唐首度結識，當時兩人短暫住在譚嗣同的瀏陽家裡，同在歐陽中鵠門下受業，唐才常十歲，譚嗣同十二歲。後來，譚嗣同回瀏陽住了更久時間（一八七九至一八八二），兩人結為終身不逾的至交。唐才常公認聰慧過人，一八八六年十九歲時，在村、縣、府三級考試均拿第一，為兩百年來拿下此佳績的第一個瀏陽學生。靠這一優異成績，他於一八八七年進入長沙校經堂就讀，一八九一年才離開，而這期間正好是郭嵩燾在世最後四年。[35]

一八九五年譚嗣同搬回瀏陽，唐、譚兩人重聚，並合力創辦瀏陽算學社。兩人以此為起點，在新學政江標鼓勵下，促成以學習西方思想為宗旨的學會在省內各地與日俱增。到了一八九八年，已有校經書院的算學社、地理學會，數個學習國際法和民法的法律學會，一個討論婚姻改革的湖南不纏足會，數個軍事研究團體，一個推廣儉樸生活習慣的延年會。經營有成的較大型學會，在較偏遠地區設立分會，整個維新運動紅紅火火，引起上海報紙注意，稱湖南這些學會如雨後春筍般興起。[36]位於長沙、瀏陽的學會，全是譚嗣同、唐才常、江標共同創立。[37]

在這股突然想把西方思想、科學、西式改革弄明白的氛圍中，江標從上海引進湖南第一個鉛字印刷廠，在校經書院的校園裡創立湖南第一份報紙。[38]他請唐才常和同樣畢業自校經堂的何來保擔任首批主筆，不久譚嗣同也加入主筆群。他們推出兩份刊物，先是旬刊《湘學報》，繼而日報《湘報》。《湘學報》報導學術性主題（主要是科學和數學），《湘報》則含有來自湖南和國外的新聞和啟事、轉抄過來的該省諸學會動態、當地學者寫的勸勉文、廣告和價格報導與探索維新派思想為主旨的一個問答專欄。

王先謙於一八九七年建請陳寶箴巡撫開設結合中西學科的全新學校。唐才常、譚嗣同、陳三立與他一同規劃新課程，大體上剔除傳統書院科考取向的經籍課程。陳寶箴樂觀其成，並將其取名為時務學堂。他以雀躍之情回應那些眼中只知湖南是周漢排外刊物之發源地的外人，宣告時務學堂正證明「內地之講求西學者，湘人士實導其先」。此外，陳寶箴以該省新設的礦務總局收入做為時務學堂的經費，這一自給自足的創舉，超越郭嵩燾時代以食鹽專賣所得為經費的做法，預示了這場維新運動的最後目標：本省自治。因為賣鹽收入來自成立已久的帝國專賣事業下轄的該省分支機構，採礦收入則來自湖南本身，不受更大型機構管轄。[39]

時務學堂諸創辦人聘請了一位非湘籍人士擔任此校的中文總教習，即廣東政論家梁啟超。二十四歲的梁啟超，這時已是備受敬重的社論撰寫人和政治改革的鼓吹者。他是今文學家康有為的門生，而康有為已推出一新理論，聲稱孔子是托古改制的改革家。唐才常也是時務學堂的師資成員，梁啟超則成為《湘報》的定期撰稿人。時務學堂匯聚各路英才，由梁啟超介紹來自沿海地區最新改革派思潮，譚嗣同和唐才常則投注於湖南本地思潮。誠如梁啟超描述其與譚嗣同的幾次交談時所說的，「或徹夜廢寢食，論不休。每十日不相見，則論事論學之書盈一篋。」[40]這三個年輕人掌控了湖南維新運動主要文化機構（報紙、長沙諸學會、時務學堂）的知識內容。

湖南維新運動期間流通的理念，藉《湘報》的「問答」專欄得到充分體現。不到十年前湖南省還是保守心態當道，因而這一專欄所談的主題格外令人吃驚：警察制度、鐵路、度量衡、科學方法、博物館、日蝕、女子教育、國際法、民主，只是其中犖犖大者。學者、官員、學生都發文來問，參與這一論壇，而主筆的回覆則大部分出自譚嗣同之手。

但譚嗣同答覆時措詞非常謹慎，所以最大膽的見解往往要看提問。例如，二十八歲學生楊昌濟（日後毛澤東的老師和岳父）致函《湘報》，提出一有關民主的問題：「愚觀泰西新史攬要，專發明民主之益，即湘省士林中，亦多有言民主為五大洲公共之理，至當不易，牢不可破者。」[41]然後楊昌濟列了長長一串可能的民主制度：由統治者與人民共享權力的制度，由數位統治者共享權力的制度，有總統或無總統的制度，只有人民掌權的制度。他思索哪種制度可在中國施行，如何施行。對於楊昌濟二十六行洋洋灑灑的提問，譚嗣同的答覆只有簡短四行，且主要引用了一段晦澀難解的經文回應，未具體談及民主。但譚嗣同的因應之道有其用處，因為將這提問刊印出來本身，就把民主議題帶進公共論壇，而含糊的回覆使譚嗣同不致因這主題招禍。

身為主筆，譚嗣同和唐才常深知大眾傳播媒體在打造共同體團結意識上的潛力。唐才常在其為《湘報》創刊號所寫的序中探討了這主題，寫道：「是一舉而破兩千年餘之結習，一人而兼百人千人之智力，不出戶庭而得五洲大地之規模……凡官焉者，士焉者，商焉者，農工焉者，但能讀書識字即可觸類旁通。」[42] 通商口岸有商報，但當地此前唯一的此類刊物，乃是數年前周漢的小冊子。而一如周漢，《湘報》主筆群致力於贏得三教九流之讀者的認同。周漢已向世人證明，出版物不是文人的專利，從某種程度來說，這些報人在追隨他的腳步。

譚嗣同為《湘報》寫的序，比唐才常的序晚十天刊印，強調湖南維新運動在中國絕無僅有，從而表示湖南人有獨一無二的能力帶領中國邁入現代國家之林。誠如譚嗣同的激動呼聲，「大言新於今日，其惟吾湘乎！其惟吾湘乎！」[43] 他寫道，這份報紙將有助於把省會的知識運動帶到本省更偏遠地區，並說，「報紙出，則不得觀者觀，不得聽者聽，學者之所教，可以傳於一省，是使一省之人遊於學堂矣！……學會之所陳說，可以傳於一省，是使一省之人晤言於學會矣。」郭嵩燾生前有心建立彼此關連的學會、學校，《湘報》則是他這一願景的擴延，是一個能將學校的論述散布到湖南全境的第三機構。這個「新學」、「新政」最終或能拓展到中國其他地區，但第一階段只限於湖南，而從它矢志贏得所有湖南人的認同來看，它大有助於湖南省發展為有自我意識的共同體。

在湖南維新運動的論述中，「中國」之未來與「湖南」之未來兩者的區別，充其量是不分明的。在《湘報》中，這兩者往往混為一談。譚嗣同在這篇序的末尾寫道，「吾見《湘報》之出，敢以為湘民慶，曰諸君復何憂乎？國有口矣。」譚嗣同在此用「國」而不用「省」來指稱湖南（這畢竟是《湘報》），實饒富深意，若非間接表示應把湖南人視為自成一體、不受更大之帝國管轄的族群，就是間接表示湖南人的心聲就是中國的心聲。

湖南維新運動做為具自我意識的省復興運動，其巔峰隨著一八九八年初期譚嗣同和受敬重的學者皮錫瑞創立南學會而到來。這是全省性的學者協會，定位為翼護其他學會運作的傘式組織。一八九八年二月南學會於長沙第一次集會，集會前夕皮錫瑞在日記裡透露了他對於該會影響湖南的寄望。他寫道，「惟望將來人才輩出，風氣大開，使我湖南再出曾文正、左文襄、羅忠節之偉人」，並表示如果他們再度擁有王夫之、魏源之類大思想家，那會是因為他們今日所創的這個學會辦得有聲有色。[44]第一次集會引來三百多人出席，包括巡撫、學政，王先謙等大士紳，以及湖南所有學者、學生。接下來幾個月裡上場主講者，則包括歐陽中鵠、巡撫陳寶箴（陳利用此次開講批評了周漢的追隨者）、皮錫瑞與譚嗣同。

某次演說時，譚嗣同幾乎從頭至尾圍著地球是圓的一說打轉，以讓臺下的湖南學者、官員、學生相信該說。此事或許最能說明南學會的新奇之處，說明觀眾的出身與該會主事者的雄心之間的扞格不入。為讓觀眾信服，他引用了多部中國古籍的內容，以拼湊出古代中國人就已認為地球是圓的，從而現代中國人該把這部分的「西洋」觀念視為中國傳統思想的一部分來接受。在中國古籍裡找出西方科學起源，這個辦法早有前例可循，最早的例子就是十七世紀來華的耶穌會傳教士。而就眼下此事來說，把這當作宣導改革的起點，的確很高明。因為他不只展現了他淵博的國學素養（以堵住那些心存懷疑的學者之口），還闡明了將在他後面幾場演說裡不斷回蕩的一個根本論點：不管是哪個地區，從而不管是哪個文明，都不能以世界的中心自居，中國尤其不能。[45]

梁啟超於一八九七年寫了〈南學會敘〉，概括說明了此時湖南人予人的印象。他寫道，「湖南天下之中而人才之淵藪也」，意指郭嵩燾振興湖南的夢想終於漸漸實現。「其學者有畏齋、船山之遺風；其任俠尚氣與日本薩摩、長門藩士相仿彿；其鄉先輩若魏默深（魏源）、郭筠仙、曾劼剛諸先生，為中土言西學才所自出焉。兩歲以來，官與紳一氣，士與民一心……其可以強天下而保中國者，莫湘人若也。」[46]

湖南不久前還被視為守舊排外心態大本營，這時已改頭換面，致使梁啟超覺得那是唯一能讓來自中國其他地方的改革者（當然包括梁本人）盡情一展所長的地方。但梁啟超所賦予湖南人的身分，不只改革龍頭這個新身分，因為梁啟超把湖南學者比擬為薩摩、長州兩藩的武士，從而編造出一個將會自行發酵擴大的一個類比。日本的薩摩、長州兩藩一八六七年領導叛亂，推翻了德川幕府，為追求現代化的明治政權的出現揭開序幕。這時清朝存世只比已倒臺的德川幕府短十年，梁啟超宣告湖南人「任俠尚氣與日本薩摩、長門藩士相仿彿」，形同表示湖南能推翻死氣沉沉的清廷，為現代國家的建立揭開序幕。

湖南自治的暗示

一如湖南的工業改革乃是為了使該省經濟得以自給自足，維新運動的知識層面改革最終也聚焦於湖南如何才能在政治領域也取得自主的問題上。誠如梁啟超在長沙與譚嗣同一起奮鬥時所解釋道，「專以……完成地方自治政體為主義」。當時皮錫瑞在日記裡說明，譚嗣同創立南學會的真正用意，乃是為湖南議會奠下基礎。到了一八九八年，《湘報》已公開發表〈建立湖南民議會〉、〈籌保湘省私議〉之類以政治改革為題的文章。有位來自長沙的士紳說，「令聽講所至之人議之，一日不能盡者，數日以伸之，斯可收西人議院之益矣」，另位士紳則不耐煩地說道，「廢此學（會）而改議院，以廣招徠。」[47]

這一計畫並非只有學者或士紳知情，因為譚嗣同和梁啟超把此計畫當作翔實的政策建議呈給巡撫陳寶箴。梁啟超寫了〈南學會敘〉後不久，也寫了封洋洋灑灑的信給陳寶箴，信中以湖南應做好自治準備這觀點為中心鋪陳。他寫道，「不欲湖南之自保則已耳，苟其欲之，則必使六十餘州、縣之風氣，同時並開，民智同時並啟，人才同時並成，如萬毫齊力，萬馬齊鳴，三年之間，議論悉變，庶幾有濟。」[48]他措詞的猛烈（「萬毫齊力，萬馬齊鳴」），賦予開展新政治時代一事革命的意味。他接著說道，欲開啟民智，要從設立湖南的現代學校開始。從時務學堂畢業的學生能在省內其他地方創立分校，散播「新思想」，最後使全省人心都得到喚醒。開啟民智則會使本地民主政體得以誕生，他預期一年之後「（學）會中人可任為議員者過半矣」。[49]

梁啟超最撼動人心的結論，乃是如果中國與列強的關係繼續惡化，湖南就該準備完全獨立。他主張，自給自足之現代社會所應具備的元素，在湖南不是已具備，就是已在計畫階段。他提到鐵路、開礦、汽船、練兵、巡捕、報館、學校、學會，以說明湖南已具備的現代化事物，認為湖南人所欠缺的，就只有獨立自主且民主的政治意識。對於一八九八年成立的南學會，他說道，「蓋當時正德人侵奪膠州之時，列國分割中國之論大起，故湖南志士人人作亡後之圖，思保湖南之獨立。而獨立之舉，非可空言，必其人民習於政術，能有自治之實際然後可，故先為此會以講習之，以為他日之基。」[50]因此，南學會的首要角色，乃是訓練人民熟習民主，以建立可讓湖南在中國亡於敵人之後，可保住自己的湖南民主。梁啟超（廣東人）推斷，湖南一旦獨立，就能為華南其他地方領路，南學會之「南」因此而來。

時務學堂

談本省主權和民權之事極為敏感，坐鎮湖北省會武昌管轄湖南湖北兩省的湖廣總督張之洞，過去即表明他要制止梁啟超倡言湖南主權和民權之事。[51]因此，相較於梁啟超寫給陳寶箴巡撫的那封信，做為大眾媒體的報紙和南學會的演說，皆噤口不言此事。但張之洞位在遙遠的武昌，無法時時掌握湖南的動態，因而梁啟超等人在較不公開的論壇裡能有很大空間暢談其主張。最暢所欲言的討論（最起碼那些被記錄下來的討論），出現於時務學堂師生之間。梁啟超保存了該校學生所寫的一批札記，一九二〇年代予以發表，以證明在中國，「新舊之哄，起於湘而波動於京師。」[52]學生的札記，主題極為廣泛，包括不同形式的議會、民主、今文經《公羊傳》、孟子論政的思想、國際上與中國當前面臨相似危機和可能之前途的國家、女子教育與演化。

這些札記的基本觀念打破傳統，極為激進。例如有位學生建議廢除千百年來形塑中國文人心智的科舉制度。這一基本建議與許多老一輩學者的主張相一致，但這名學生接下來的建議，卻讓這些學者瞠乎其後。他以既玩笑又惡毒的口吻建議道：「各府州縣修學究院一所，考驗其年在四五十以上受帖括之害最深者入內，歲給蔬膳，懷撫羈縻，無使為會匪之續，此亦時政之大者俟。學究卒後，即將院改為學堂，是一舉兩善備矣，未知可否？」[53]

這名學生建議將老一輩學者終身監禁在美其名曰「學究院」的機構裡，以阻止他們的觀念戕害新社會，對此，老師的回覆乃是，「此亦是一法，林文忠在廣東禁烟，有老癮者聽其報名仍准吸食是也。此等無用廢物，視之與鰥寡孤獨同例，稍恤其無告亦未為不可，至謂恐其生異心為會匪之續，此是過慮，諺稱秀才造反三年不成，此雖雅謔亦可以見時文為害之烈矣。」

另一名學生就鮮明的政治主題發問，提出中國民主與主權的問題。他寫道，「《春秋》張三世之義也。治天下者有三世：一曰多君為政之世，二曰一君為政之世，三曰民為政之世。」他寫道，「今中國非民為政之世固矣，抑為多君為政之世乎？為一君為政之世乎？如曰多君則中國故儼然一國也，如曰一君則中國固隱然十八省十八國也。」[54]

由此文可知，將中國分割為數小國的想法，已在學校裡流傳。這名學生的札記間接表示了一個較不為人所樂見的可能，即湖南只是混亂中國的一省。但從較樂觀的角度看，湖南也可以視為本身是處於第二世的一個獨立國家，已在邁向民主之路上。就第一種狀況說，進步將促成中國統一於一個統治者之下（從而使處於「一國」狀態的中國從多君為政的第一世邁入一君為政的第二世）。但就第二種狀況來說，進步將藉由湖南一地的實行以民為政來達成（從而使處於「一國」狀態的湖南從第二世邁入第三世）。後一可能狀況當然與當時已在進行的維新運動最若合符節。

但梁啟超回道，「中國現時可謂上無權、下無權之世，凡天下無論君權之國、民權之國、君民同權之國皆可以強，惟無權之國不能強。今謂隱然十八君，譯不類彼，督撫亦未能行一事也。書曰：為億萬心，今中國幾為四萬萬心矣，可悲也矣。」因此，他主張，即使湖南被視為當之無愧的國家，除非擁有武力，談主權毫無意義。

另一個學生就湖南本省武力這主題發表了另一種看法，提出建立本省民兵部隊的構想，表示古時寓兵於農，軍隊平時靠務農養活自己，戰時則可自保。他寫道，「中國苟欲自強必先自練民團始，蓋民團之法隨地可行，一鄉之民團足以保一鄉，一縣之民團足以保一縣，且可省軍餉、固人心，豈不兩全其美哉，敢問練民團之法須若何而后可行？」[55] 值得注意的，這名學生未舉曾國藩為先例。但梁啟超這麼做，且回道省民兵部隊是湖南人所首創。他說：

曾羅諸公以鄉團為湘軍起點，遂定天下，中國民兵之將復其機，實兆於此，今日欲練民團，則必先上下之情相通，紳士有權而解事，然後可又必道路大通，阻力甚少然後可。又必養民之政略，備民能聊生，而後可。仍在諸君之成學與否，而已。

由此，梁啟超表示，曾國藩透過湘軍實現的在地化軍事組織構想，其實是建立本土民主政府的理想起點。換句話說，在地武力必須做為當地政治改革的後盾。梁啟超已在其論南學會的文章中宣布，學者和士紳「同心」。因此，根據他上述評論裡的陳述，湖南已做好民為政的準備，只缺軍隊。

湖南境內竟有人討論這些想法，乃是很值得注意的現象。但更值得注意的，乃是討論這些想法者是一群年輕學生和他們的二十四歲老師，其中無一人超過三十歲，而會出現這樣的交談，或許那正是原因所在。梁啟超後來說在中國「新舊之哄起於湘」，而此說的含義可在這些年輕學生（其中大部分是青春期少年）破天荒自願拋開傳統與討論政治變革，好像那是自己的責任一樣，好像自己的想法可以付諸實現一樣。在這所獨一無二學校裡師生的討論，正是一早期且重要的例子，標示主動權和權威正逐步轉移到年輕人手上，而這一轉移則代表即將到來之革命時代的發端。事實上，將在那一未來時代裡叱吒風雲的偉大軍事將領蔡鍔，此時就在梁啟超的班裡。年方十五歲的他是那個班裡最年幼的學生。

重新詮釋王夫之

譚嗣同把王夫之譽為湖南改革的先驅，而當湖南維新運動的政治發展軌跡偏向本土自治時，他也在王夫之的著作裡找到支持民主的理論依據。據譚嗣同的說法，民主不是西方的概念，而是中國的概念，而且是只有王夫之一人予以正確理解的中國原則。在給歐陽中鵠的信中，譚嗣同主張孔子的學說最初分化為涇渭分明的兩大支。譚嗣同說，以孔子弟子曾子為開端，然後傳給孟子的那一支，「暢發民主之理」。另一支濫觴於孔子弟子子夏，傳給道家哲學家莊子，「痛詆君主」，遁世而「不為時君之民」。他推斷，孔子學說的真義支持民治，無法達成民治時，則遁居山中。不管是哪種情況，孔子學說都不支持後來出現於中國歷史上的那些集權、強勢的皇帝。他說，「三代以下無可讀之書」，唯清初仍忠於明朝的大儒之著作例外。其中，「惟船山先生純是興民權之微旨」。[56]

譚嗣同在王夫之著作裡找到民主原則，更具體地說，最有可能是在王夫之的政治性著作裡，受孟子思想啟發的那些段落中找到。那些段落強調統治者的存在完全是為了人民。在《讀通鑑論》中有這麼一段，回顧秦始皇行郡縣制之前原本的封建制度。王夫之寫道，「天之使人必有君也，莫之為而為之。故其始也，各推其德之長人、功之及人者而奉之，因而尤有所推以為天子。」[57]王夫之深信，最早幾位皇帝是人民所選出，而正是在這類段落裡，譚嗣同能找到王夫之著作中「興民權之微旨」之處。

唐才常把譚嗣同對王夫之民主思想的詮釋，帶進時務學堂的教室裡。據在該校就讀的唐才常之弟唐才質所述，唐才常崇拜船山著作，他的授課內容有許多以王夫之等忠於明朝之學者的著作為基礎，從而灌輸學生以天下為己任的志向。特別值得一提的，唐才質證實他哥哥帶頭於教室裡激烈討論王夫之的《噩夢》和《黃書》，以「發揮民主、民權之說而引申其緒，以啟發思想」。[58]

王夫之的《黃書》出現於時務學堂的課堂上一事頗值得細究，因為王夫之對華夷雜處最嚴厲的譴責，有一部分出現在這本短小的著作裡，包括「仁以自愛其類」之類無情的話語。[59]這是最常被提出來證明王夫之的早期民族主義思想的著作，且是鄧顯鶴未刊印的著作之一（曾國藩刊印此作，但留下許多空格）。此書末尾說道，「延首聖明，中邦作闢，行其教，削其闢，以藩扞中區，而終遠口口，則形質消隕，靈爽亦為之悅懌矣」，話中迴盪著無比的悲憤之意。[60]選用此書為教材，大大說明了唐才常是如何喚醒學生之心，且有助於說明那些學生最後為何和他們前輩的想法分道揚鑣，亦即為何他們不只質疑帝國集權統治的正當性，還從種族的立場上要求徹底推翻滿人統治。

自嚴復翻譯的赫胥黎《天演論》（*Evolution and Ethics*）於一八九六年出版後，西方的種族分類說這時才剛開始在中國知識分子圈裡流通。《天演論》為達爾文的物競天擇說提供了社會性的詮釋，告訴讀者世上諸種族處於無所逃的生存競爭中。[61]但那本書談的種族競爭，是「黃種人」對「白種人」的種族競爭，而非漢人對滿人這種族群競爭。浙江學者章太炎一八九九年後將成為反滿種族主義最有力的鼓吹者，但此時還未將其想法付梓，而很有影響力的改革者康有為，此時正力倡漢人、滿人其實系出同源的觀點。[62]

但早在一八九六年開始撰寫主要著作《仁學》時，譚嗣同思想裡就存有明確的反滿種族主義（此作在他死後才出版）。在此作中，他與梁啟超以及此時差不多其他所有人的看法均背道而馳，斷定曾國藩湘軍的勝利無異於支持異族滿人的統治而殺害漢人叛亂分子（太平軍）。在某個用語極尖刻的段落中，譚嗣同問道：「奈何湘軍乃戮民為義耶？」後面則寫道，曾國藩和左宗棠「正孟子所謂『上刑者』，乃不以為罪，反以為功，湘人既挾以自驕，各省遂爭慕之，以為可畏恃以無敗」。[63]在《仁學》更後面的段落，他嚴正表示：「中國之兵，固不足以禦外侮，而自屠割其民則有餘。自屠割其民，而力受大爵，膺大賞，享大名，瞷然驕居，自以為大功者，此吾所以至恥惡湘軍不須臾忘也。」[64]

譚嗣同對湘軍的評價乃是此前所未有，郭嵩燾那一輩人（乃至周漢）若聽聞此說，大概萬萬無法接受，但會在此後數十年贏得革命志士的肯定。譚嗣同表示，湖南人從不是中國的救星，其實正好相反——湖南人是中國人民的壓迫者。曾國藩、左宗棠殺害同族兄弟以保住異族政權，因此，應把他們視為晚近歷史上最罪大惡極之徒。但中國人民反倒把他們當英雄來崇拜，因為老早就忘掉自己與滿人間的族群差別。但藉由閱讀王夫之著作裡有關滿人的見解，也就是藉由讀出曾國藩版《船山遺書》中那些「空格」裡隱含的意思，他們仍能懂得滿漢的差異。

據梁啟超的說法，譚嗣同思想裡的這一種族主義成分，征服了學生的心。拜譚嗣同之賜，他們首度讀了王夫之原就希望讓人一讀的論滿人之著作。譚嗣同和梁啟超把王夫之的著作當小冊子在學校裡散發，學生則熱切地拜讀。[65] 誠如梁啟超所說，「自將《船山遺書》刻成之後，一般社會所最歡迎的是他的《讀通鑒論》和《宋論》。這兩部自然不是船山第一等著作，但在史評一類書裡頭，可以說是最有價值的。他有他的一貫精神，借史事來發表。他有他的特別眼光，立論往往迥異流俗。所以這兩部書可以說是有主義有組織的書……『攘夷排滿』是裡頭主義之一種，所以給晚清青年的刺激極大。」[66] 這正是曾國藩先前列為王夫之最出色的兩部作品，但如今它們卻令人吃驚地以完全不同的方式被讀解。

因此，老一輩湘軍和新一代湖南學生把他們大相逕庭的意識形態都溯自湖南同一先賢，即王夫之。整個湖南維新運動期間，郭嵩燾的老友（暨批評者）王闓運都在衡陽旁觀，在船山書院教書，抗拒學生要仿效長沙學校更改書院課程的倡議。他行祭祀船山之禮，如郭嵩燾初創此祭禮那般。有位學生數年後回顧此一時期，在這一現象中看出一極盡諷刺之事。他寫道，「闓運主船山講席于衡州，自命正學，斥近世排滿之道。東南督撫倒屣以迎，而不知船山當日學派乃湖南排滿之元祖也。」[67]

維新失敗與逃往日本

一八九八年五月，王先謙的一名門生無意中拿到時務學堂學生的部分札記，拿給王先謙看。倡議創立時務學堂的王先謙看過札記後大為震驚，寫道：「是何肺腑，必欲傾覆我邦家也。」[68]他立即呈請巡撫陳寶箴解散該校，辭退該校老師。

但對長沙時務學堂的強烈抗議聲，不久就被北京情勢的重大轉折淹沒。年輕的光緒皇帝首度抗拒其姨母慈禧太后的意旨，下令變法革新。一八九八年六月，他把幾位改革派大將召來京師，包括康有為、梁啟超、譚嗣同，並安插譚嗣同入軍機處任職。譚嗣同於一八九八年六月下旬前往京城，因病在父親的湖北老家留了一個月。八月底終於抵京，住進他小時候在瀏陽會館的家。九月五日，皇帝召見，隔天譚嗣同赴軍機處上任。[69]

但這場後來人稱「百日維新」的運動，不到兩個星期就戛然而止。慈禧太后透過政變重掌大權。她將光緒帝軟禁，然後開始搜捕改革派。梁啟超和他的十一個時務學堂學生逃往日本，不久，唐才常和其他多位來自湖南的老師、學生也赴日避難。譚嗣同於九月二十四日在北京被捕，距其獲皇帝召見不到三星期。四天後，他的學生抵日時，他遭到斬首。

以王先謙為首的湖南士紳立即與朝廷合作，拆除湖南維新運動在文教方面的建制（但實業方面的建制，特別是開礦，大體上毫髮無傷）。報館遭勒令關門，學校恢復原本的傳統課程。南學會遭廢，陳寶箴遭革職，未再任官，不到兩年即去世，他兒子陳三立絕意仕進，選擇以詩人身分度過餘生。為維新運動效過力的其他非湘籍官員，仕途也受阻，王先謙和其門生開始刊印著作，旗幟鮮明駁斥梁啟超、譚嗣同、唐才常的改革派思想。[70]

譚嗣同遭處決僅三個月，梁啟超在日本出版譚的《仁學》，並在序中寫道譚嗣同是「中國為國流血第一烈士」。[71]這一歷史定位將永遠跟著他，他將以中國民族主義第一位烈士之名永遠銘記於後人心中。但在譚嗣同生前，何為「中國」民族主義？當時「中國」的政治單位是帝國，而譚嗣同為帝國效力只有十九天。

《仁學》的內容為這個問題提供了另一個解答之道。譚寫道，「民既擯斥於國外，又安得少有愛國之忱。何也？於我無與也。繼自今，即微吾說，吾知其必無死節者矣。」[72]譚嗣同不屑於為不民主之帝國盡忠的觀念，深信只有讓人民可以參與的國家，才值得為其死節。但最初讓譚嗣同起而行，促使他接下他的湖南恩師傳給他的「孔孟程朱之傳」，延續湖南先賢王夫之之「緒脈」者，乃是改造湖南的想法，而非改造帝國的想法。透過他在《湘報》的主筆心血，他所試圖予以開化的地方，乃是湖南。也是在湖南，他透過南學會試圖實現建立參與型民主國家的理想。在他看來，只有讓人民終於可以置喙的國家，才是值得為其一死的國家。譚嗣同雖短暫效力於光緒帝，但他最念茲在茲的盡忠對象還是維新時期的湖南，而非清帝國。如果要把他當成為初萌的民族主義殉難的烈士來緬懷，如果（按照譚嗣同本人襲取自王夫之的形上學來說）「民族主義」的抽象原則得有一具體的政治單位（「器」）來藉以顯現於世，那麼那肯定既是中國初萌的民族主義，也是湖南初萌的民族主義。

但不管譚嗣同盡忠的對象是湖南還是帝國，梁啟超和其追隨者始終深信，隨著譚嗣同的橫遭處死，王夫之的遺緒裡喪失了重要東西。梁啟超後來寫道，「船山學術，二百多年沒有傳人。到咸、同間，羅羅山澤南像稍為得著一點。後來我的畏友譚壯飛嗣同研究得很深。我讀船山書，都是壯飛教我。」但由於譚的壯烈捐軀，梁啟超推斷，「船山的復活，只怕還在今日以後哩。」[73]

譚嗣同遭處決後，湖南維新運動的衝勁，將由避難日本的那些師生傳承下來。這新一代湖南人，由來自時務學堂的師生、在南學會集會場上聆聽過演說的年輕學者以及在湖南內地研讀過《湘報》的年輕讀者組成，已見過令他們難忘的湖南新政府、新生活、新社會。在日本，他們繼續發揚不管中國其他地方願不願追隨湖南人腳步，湖南人都注定要帶頭走向未來的信念。但清廷終結維新運動手段之粗暴（譚嗣同遭處死即為最鮮明的象徵），使許多原本以為改革有望的年輕改革派滿腔悲憤，報復心切，堅定認為湖南將再起。因此，譚嗣同的死代表了湖南改革的一個轉捩點，此後，那些自認為「湖南精神」之化身者，大部分將揚棄郭嵩燾和譚嗣同所開啟的本土草根改革策略，轉採更為激烈的變革之道。於是，譚嗣同捐軀後不到兩年，唐才常返鄉不是為了創立學會，而是創立軍隊。

第四章

在日本重整旗鼓

在一八九八年四月八日的《湘報》中，譚嗣同發文回應了南學會某會員的看法。該會員擔心中國將有大難，譚嗣同的回應，則以引用王夫之詩詞的一個對句做為開頭：「抱孤心，臨萬端。」就王夫之在此詩中所表達的堅定決心，譚嗣同寫道，「然因君又引出我無窮之悲矣！欲歌無聲，欲哭無淚……會須與君以熱血相見耳。」[1]

譚嗣同此文是在回應畢永年。畢永年是長沙人，譚嗣同的至交好友和共同奮鬥的同志，長沙公法學會的創辦人。畢永年對湖南改革能否持續感到悲觀，在譚嗣同寫下上述回應文後不久就東渡日本。他似乎把譚嗣同要像王夫之那樣以「熱血」面對中國難題的建議記在心裡，因為就在他的同鄉於長沙把湖南維新運動搞得最紅火的時候，他已在東京尋找更積極、更快收到成效的變革之道。

由是，畢永年加入孫文的圈子。孫文是來自廣州的醫生，在香港、夏威夷受過教育，夢想以革命推翻滿清政府，代之以美式共和政體。當時，與孫文交情最深的追隨者是幾位年輕有錢、贊助他革命事業的日本人。他總愛和他們在東京的藝妓屋裡就著清酒談革命。他在日本、夏威夷、北美向有錢華僑募款，如願募到大筆經費，但儘管他在一八九四年出資創立了第一個反滿中國革命會社（興中會），一八九九年時他在中國本土仍沒有追隨者。孫文的追隨者是日本人和海外華僑。畢永年加入興中會時，這個組織裡除了他，只有一個成員是在中國大陸召募得。那人是來自廣州的十四歲男孩，全是因為父親的要求而加入該會。畢永年與內地的深厚關係，代表孫文革命前途的決定性轉折，使孫得以和不滿於清廷、有志改革的學生搭上線。[2]

於是，在唐才常於譚嗣同遇害後逃離中國，經香港、新加坡來到日本時，畢永年已足以扮演興中會與湖南維新運動殘餘異議分子之間的橋梁角色。唐才常的要求著眼於個人恩怨，他要替他最好的朋友之死報仇，而且在時務學堂的諸學生和其他痛恨清廷粉碎維新運動的人裡，他有一批現成的追隨者。透過梁啟超，唐才常還在一八九九年夏見了康有為，康承諾資助其大筆經費。[3]孫文是反滿革命家，康有為則提倡在清朝的體制裡改革；不久，兩人會在爭取經費和支持者上互為最大競爭者，但在唐才常身上，他們找到合作的機會。兩人都支持唐才常報仇，而為了報仇，唐才常計劃於華中起事。唐才常所揭櫫的起事目標是自相矛盾的綜合體，既要實現孫文的革命夢想，又要實現康有為的改革理想：先以暴力革命推翻滿清，再將被捕的光緒皇帝迎回，擔任獨立新中國的國家元首。

畢永年於一八九九年晚期返回湖南，不久唐才常和兩名來自時務學堂的學生也返鄉。他們開始招兵買馬，以成立一具有民政、軍事部門的大型組織，並將此二部門分別取名為自立會、自立軍。選擇「自立」一名，暗指梁啟超上書陳寶箴，當中要湖南自立為獨立政治單位的主張（「必有腹地一二省可以自立，然後中國有一線之生路」）。自立會吸引到許多會員，一九〇〇年七月以「國會」之名在上海英租界開會。為鼓勵外國支持這場叛亂，會中選出兩位與海外有深厚淵源者為領袖。會長容閎是第一位畢業自美國大學（一八五四年畢業自耶魯大學）的中國人，副會長嚴復是郭嵩燾在英國時即結交的老友，這時剛開始出版其翻譯的西書。唐才常是總幹事。[4]

但即使自立會得到孫文、康有為等多方勢力的支持，且吸引到中國沿海地區數位名人入會，湖南人還是占會員最大多數。自立會一百零六名核心成員中，至少六十七人是湖南籍，包括十名時務學堂畢業生和四名校經書院畢業生。[5]這場叛亂打出跨地域的國際革命運動旗號（也藉此得其財源），但大體上是湖南人的叛亂。[6]在湖南人心目中，這是為替譚嗣同報仇的行動。

湖南革命分子善加利用了哥老會成員對清廷的不滿。太平天國之亂平定後，哥老會已從湖南擴散到華中諸省。畢永年於一八九九年從日本返國後，與華中各地哥老會首領建立密切聯繫。他居間奔走，促成這兩個群體合組一名叫「富有山堂」的新組織，將許多哥老會會眾納入堂中，並與自立會代表成聯合領導。[7]他們相信海外多方人士所承諾提供的大筆經費會如期送來，組成以學生為首，且由農民祕密會黨成員組成、號稱四十個營的兵力，打算在湖南、湖北、四川、安徽四省諸大城同時發難攻打官府。

就在他們準備起事期間，華北農村爆發拳亂，給了唐才常和其集團起事的良機——不是因為拳民與自立會站在同一邊，而是因為拳民站在另一邊。拳民想扶清滅洋，趕走洋人，而當拳民於一九〇〇年圍攻北京使館區，慈禧太后在背後支持他們時，容閎、唐才常即利用列強的憤怒與震驚，懇請列強支持他們的反清大業。他們擬了一份英文宣言知會國際社會，要他們勿將自立會與拳民混為一談，自立會反對拳民所欲保住的滿清政府。該宣言寫道，「我們，中國自立會的會員，已舉兵起義，在此向你們保證：我們不再承認滿清政府為有資格統治中國的政治組織。」[8]這是個高招；拳亂已使清廷和外國的關係降到最低點，而排在第一位的自立會宣言簽署人容閎，在西方名氣很大，由他取代滿清，建立對歐美友善的新政府，西方人信得過。

但這份宣言於一九〇〇年八月二十四日散發給列強時，拳亂已垮掉。海外資金未如期送來，唐才常不得不將起事日期延後。但延期消息未送達以安徽大通城為基地的一支七百人部隊。該部隊統領，來自時務學堂的一名學生如期起兵，不知其他單位皆按兵不動。這支起義軍很快就兵敗被捕，首領遭處決，隨後總督張之洞殘酷鎮壓，搜捕同謀。張之洞的探員追查首謀，追到唐才常，將其逮捕。張之洞下令處死，懸首示眾數日以儆效尤。唐才常的軍隊共有二十多人與他一起被處死，包括他數名時務學堂的學生和曾助他主編《湘學報》的一名校經書院同學。[9]難怪張之洞把此次叛亂的罪魁禍首，歸於不久前關掉的長沙時務學堂所傳授的邪說。[10]畢永年從此不問世事，逃到廣東某寺，隔年死亡，死因不明。[11]

這次起事雖然失敗，影響卻很大。對中國人（特別是為官的中國人）來說，它標誌著以學生為領袖的改革開始退位，革命開始居上風。但受此事件影響最深者是湖南人，湖南人為此又多了一批烈士。自太平天國之亂起，湖南人就被灌輸他們負有為中國之前途開路的使命，而此次起事的失敗使他們更加堅定此信念。因為，誠如許多湖南年輕人所認為的，不正是湖南人策劃了二十世紀這第一場反清的大叛亂，一如他們於一八九〇年代帶頭改革，一如他們於一八六〇年代拯救中國於太平天國之亂？愈來愈多事例證明湖南的不凡。

教授民族主義：嘉納治五郎和宏文學院

自立會起事慘敗之後，進入重整期，這期間愈來愈多湖南學生東渡日本求學。他們成為全中國海外留學運動的一部分；其中有些人自費，但其他人是在清廷的支持與同意下過來。對那些還不會講日語的留學生來說，留學生活非常孤單，生活圈往往局限於同鄉。第一批湖南留學生大部分跟著梁啟超求學，就讀於他所創設的華語學校「大同高等學校」。但有位曾在時務學堂受業於梁啟超的湖南人，用心學習日語頗有所成，而得以跨進日本人的社會。此人叫范源濂，靠著頗流利的日語，進入東京高等師範學校就讀，受業於該校校長嘉納治五郎之下。自一八九六年中國政府展開極小規模的海外留學計畫起，嘉納即受命掌理此計畫在日的施行。認知到拳亂之後自費到日本求學的人數劇增，范源濂說服嘉納在東京設立一所專供中國學生就讀的純日語學校。嘉納將其取名為弘文學院（後改名宏文學院），一九〇二年創校。嘉納本人擔任校長，並從東京高等師範學校借來許多教職員，范源濂則擔任日語老師對中國學生的翻譯。[12] 宏文學院不久就成為日本最大的中國留學生教育機構之一。[13]

嘉納專為中國學生開設一校的動機不易探明，但從他個人獨特的一些興趣最有助於釐清。他不只是東京高等師範學校的校長，還是將日本民族主義教育現代化的最重要人物之一。此外，他的文教活動與他的武術活動密不可分，他被譽為日本現代體育之父和柔道之父，在這方面的成就比他的教育創新之處更為後人所推崇。嘉納把柔道視為日本古代武術的現代化產物：把科學運用於武士的格鬥作為上。他按照同樣的模式將日本教育現代化，把「現代」科學教育嫁接在日本傳統與歷史的道德元素上。嘉納受德國體操風氣啟發，深信讀書與運動（文與武、心與身）的正確結合，乃是國家強大的基礎。此外，嘉納的民族主義信念認為，現代國家的創建，必須透過用科學與理性消弭古代國家的迷信與傳統才能達成。穿白色武術服、經科學改造過的柔道，與殘忍的日本武士柔術具有某種關係，而組織嚴謹的日本現代學校和儒家武士書院之間，也重現了上述關係。從更大的格局來看，這一模式同樣出現在現代明治日本與江戶時期古日本之間的關係上。

至於嘉納治五郎的日本民族主義為何會促使他創立學校培育中國留學生，那是因為他不只深信日本版民族主義的某些部分可出口外國，還深信照類似方式構築的中國民族主義將有助於遏阻西方在東亞的擴張，從而增強日本的實力。嘉納從其講道館出版名為《國士》的刊物，一九〇一、一九〇二年刊出數篇談中日兩國命運密不可分的文章。這一關係常以「自他共榮」一詞表述，而「自他共榮」是柔道的基本原則之一，充當說明群體生活和對外關係的現成比喻用語。一九〇一年六月十日，就刊出一篇這樣的文章，名為〈清國之話〉。文中，有位日本學者寫道，中日兩國前途「唇齒相依……因此凡是關心我國前途者，也必須思考中國未來的路」。[14]嘉納自己於一九〇二年五月，宏文學院創立五個月後，寫了篇名為〈清國〉的文章。文中他主張，「中國整體的保存和發展攸關東亞和平的維持，因此，出於比我們的利潤與私利更為重要的理由，我們必須設法讓中國變強。」藉由這番陳述，嘉納批評了日本不斷要求中國給予更多貿易特許一事，表示還有遠比商業利潤更需關注的事。此外，他在同一篇文章中主張，在協助保住中國並強化其國力上，日本占有絕無僅有的有利位置，因為兩國都以儒家思想做為道德文化的基礎，兩國文字相近甚於中國與歐洲諸國文字的相近。他解釋道，日本有其利害，也有職責、有能力保住並強化中國，而這正是他創立宏文學院的原因。[15]

因此，宏文學院的課程設計，以訓練中國學生瞭解日本的民族主義教育制度，使他們回國時把該制度一併帶回中國為目標。日語教學當然列為首要，因此，第一年九十九個授課時數，有五十六個小時用來教日語。但授課時數僅次於日語的科目是體育（十五小時），再來是地理學和數學（各十小時）。接下來幾年，隨著日語授課時數減少，體育仍是第二重要的科目，另外加進代數、算術、化學、自然科學通論、幾何、地理學、英語（選修）。[16]

據一九〇三年的某份湖南學生協會名冊，一九〇〇至一九〇三年，留學日本的湖南人有一半以上就讀宏文學院。[17]就連時務學堂的授課都極偏重儒學典籍（儘管是以非正統的觀點予以解讀），因此，就讀宏文學院一事代表首度有許多湖南學生接受非以中國傳統學問為主的教育。這將帶來長遠影響。嘉納對湖南留學生影響亟大，一九〇二年晚期，一群湘籍學生準備返國時，他數次邀他們晚間閒談，討論他對中國教育改革和其與民族主義之關係的看法。學生將這些談話的內容集成小書出版，名為《支那教育問題》，並送回國內傳播。[18]在談話中，嘉納針對中國人（在此指湖南人）修改了他的民族主義教育思想，對湖南這個已在一八九七至一八九八年被公認為中國教育、知識改革先鋒之省分，這本書成了輸入嘉納哲學的一條重要傳輸線。

值得注意的，《支那教育問題》中嘉納的基本建議，竟有許多早在二十年前郭嵩燾就已提出。一如郭嵩燾，嘉納提倡讓社會各階層人士都受教，並針對大部分人開設職校，針對少數有意成為教師、學者的人設立專門的獎學金。一如郭嵩燾，嘉納提倡以自然科學、數學為主要基礎的課程，並搭配以儒家倫理的德育課程，以從下往上建立新社會的基礎。因此，嘉納的論點，不算新的論點，有助於支持並強化已在湖南運行二十多年的觀念。

但當然還是有差異。例如，嘉納在知識、道德之外，在課程加上第三個同樣重要的支柱，也就是體育。而誠如王闓運所發現的，郭嵩燾在體育方面只自我要求，未加諸其學生。此外，嘉納特別強調孩童教育的重要，視其為公民教育最根本的基礎，主張小學老師是國家復興最重要的憑藉。他說，小學教育完善，其他一切會跟著變好。[19]一如梁啟超和之前的郭嵩燾，嘉納主張一整套的教育制度，從而整個開化的社會，可從一粒種子長出，一校的學生畢業後，仿母校的方式自辦新校並以母校的方式教學，於是以一個學校為起點，最後打造出整個國家。循著這個思路，他向學生解釋道，中國教育最迫切的要務，乃是發展師範學校培育師資。嘉納把師範學校與民族主義改革掛鉤的主張，將隨著聽過他講課的學生返國在湖南紮根，使湖南的師範學校日後在生產革命分子上，和在培育師資上，成就同樣亮眼。但這同樣也只是對於一主要見解的增飾，而非一全新的見解。早在郭嵩燾從英國回來起，就一直有一些湖南人深信該省的未來繫於省內學校的改革上。拜嘉納之賜，這些在日本師事於他，學成返國，延續這一傳統的湖南人，得以從界定明確的民族主義、現代愛國精神的論述裡延續該傳統。

王夫之與中國民族主義的根源

嘉納治五郎把日本民族主義的形式——使國民得以思想、行動一致的全民教育，全民健身，全民道德——傳遞給他的中國學生。但那是變質的民族主義，有形式而無實質。他告訴他們什麼令民族國家強大，卻未告訴他們什麼構成「民族國家」。或者換個方式說，他告訴他們二十世紀初期世界許多民族主義共有的特徵，卻未告訴他們那些民族主義因何彼此有異。日本有其天皇膜拜儀式和重獲重視、解釋日本古代歷史的神話，而這些東西，一如德國或法國民族主義的象徵、飾物，完全不適用於中國。

中國要呈現什麼樣貌——中國公民要如何有別於他國人，中國要從何處取得其權威，要如何理解中國的過去，以及要如何構思中國的未來——得由來自清帝國的學生自己去摸索（或設計）。這是個很浩大的工程，不只是在宏文學院受教於嘉納的學生的志業，也是所有認為外界有中國可效法之處的中國學生的共同志業。他們開始探究世上其他許多國家的模式，以從中找出適合本國的模式。[20]而他們這麼做時，有個極具影響力的觀念浮現，那就是應以同一民族為基礎建立國家的觀念——為漢人且只為漢人存在的中國。

鼓吹純漢族民族主義最力者是浙江人章太炎，他聲稱這一觀念並非源自外國，而是源自王夫之的著作。章太炎曾任梁啟超在上海所辦報紙的主筆，也是一九〇〇年唐才常所辦國會的一員。他曾在國會開會場合當眾剪掉辮子，以表達反對讓光緒皇帝復位的計畫。[21]他聲稱早在一八七九年十歲時就開始讀王夫之的著作。照他所述，那是在他外公朱有虔領他讀經讀到曾靜案時開始的。曾靜是湖南籍私塾老師，陰謀刺殺（編按：曾靜應為策動推翻雍正，而非刺殺）滿人皇帝雍正帝被捕。[22]章太炎說，他外公拿這故事來教導他「夷夏之防同於君臣之義」，亦即夷人統治中國，就如臣民弒君一樣為天理所不容。章太炎問其外公，「前人有談此語否？」他外公答：「王船山、顧亭林已言之，尤以王氏之言為甚。」[23]多年後，章太炎說「余之革命思想伏根於此」。[24]

接下來二十年章太炎研讀王夫之著作，到了一八九七年，他已將王夫之的《黃書》大力吹捧為反滿教科書。他說其他改革者讀顧炎武、黃宗羲之類忠於明朝之大儒的著作，但章太炎認為那些大儒不夠反滿，因為他們生前對清朝並非百分之百否定，而王夫之的隱居山林證明他是堅定不移仇恨入侵外族的真正典範。章太炎寫道，「康氏（康有為）之門，又多持《明夷待訪錄》，余常持船山《黃書》相角，以為不去滿洲，則改政變法為虛語。」[25]沒有可通融之處。在章太炎眼中，王夫之思想的精髓就在其仇滿心理的絕對，且在《黃書》之類著作裡得到理論性的探討，而這一觀念似乎為漢人與其他族群的水火不容提供了理論依據。

一九〇二年四月，章太炎試圖召集中國留學生在東京一家飯店舉行「支那亡國二百四十二年紀念會」，並藉此會悼念唐才常等殉難的自立軍成員時，就提出這一觀點。誠如此會會名所表示的，章太炎準備向與會者說明，「支那」（意指由漢人當家作主的中國），在滿人入主中國之時就亡了。因此，人人都在談論的中國是否即將被外國強權滅亡一問，根本是沒意義的問題：他主張中國已遭外國（即滿人）入侵，滿人已奴役漢人兩百多年。[26]

由於日本警察的阻止，這場集會未能如期舉行，但他所準備的演說文還是以印刷品形式四處傳播。[27]在演說文中，他慷慨激昂的表示，「支那之亡，既二百四十二年矣。民今方殆，寐而占夢。」他問道，「覺寤思之，毀我室者，寧待歐美？」[28]接著他說，王夫之已給了他們從集體夢境中醒來，瞭解他們之真正遭遇的方法。誠如他在此演說文中所寫，「衡陽王而農有言，民之初生，統建維君，義以自制其倫，仁以自愛其類，強幹自輔，所以凝黃中之絪緼也。今族類之不能自固，而何他仁義之云云，悲夫！言固可以若是。」「自固」的「固」在完整版《黃書》中有解釋：「民之初生，自紀其群，遠其害沴，擯其異類，統建維君。」在曾國藩版的《船山遺書》中，「異類」二字以兩個空格取代。[29]

《黃書》認為人與萬物本就有異，且必須維持這天生差異以使大千世界欣欣向榮，全書就以此理論為基礎。王夫之在《黃書》中寫道，不同品類、群體會逐漸發展以適合自己的環境（包括實質環境和文化環境），於是，一如魚不該在陸上生活，非漢人也不該在中國的文化—地理區裡居住。[30]在某些人眼中，這理論等於是王夫之的演化論。放在一九〇二年章太炎演說的時空環境中，這意味著只要滿人控制中國（也就是說只要漢人未能「自固」），中國的傳統道德觀念就毫無意義。於是，「仁」與「義」是只適用規範漢人與漢人之間行為的道德原則，漢人與蠻人打交道時，就不適用。[31]章太炎以古希臘人、波蘭人之類的民族未能建立其基礎（「不能自固」）而亡國為例結束演說，間接表示除非漢人聽進王夫之的示警，否則下場會和他們一樣。

與梁啟超、唐才常二人志同道合且關係密切的章太炎，是譚嗣同在世時少數讀過譚之《仁學》手稿的人士之一。他從譚嗣同重新評價湘軍之遺緒時的戛然而止之處，接續闡發他個人的看法。[32]譚嗣同斥責曾國藩和左宗棠為了保住異族政權殺害同族漢人，但章太炎更進一步去正視他眼中譚嗣同這一推斷核心處存在的弔詭：他問道，如果曾國藩是滿人統治者的奴隸，他怎會刊行王夫之的反滿著作？

針對曾國藩這一奇怪的矛盾之處，章太炎提出兩個解釋。首先，曾國藩藉刊行王夫之著作來彌補他對本族同胞所犯的罪行。[33]後來章太炎甚至更主張有更為外人所難以察覺的因素，聲稱曾國藩和太平天國領袖洪秀全其實有志一同於讓中國擺脫滿人統治，唯一差別在於緩急，「曾緩而洪急」。[34]因此，曾國藩征討太平天國只是為維持儒教國家之穩定的權宜之計，嚴格來說不是為支持滿人。

循著這一思路，曾國藩的刊印王夫之著作就堪稱是意識形態的定時炸彈。這位湖南領袖將骨子裡反滿的哲學思想重植於中國土壤裡，藉此欲讓滿人無法永遠統治中國。因此，章太炎對曾國藩之剖析的真正結論，乃是將反滿動機拐彎抹角地擺入曾國藩刊行王夫之著作一事裡，藉此將這位已死的偉大將軍歸入革命陣營。他基本上表示，曾國藩是個自己都不知道自己在革命的革命分子。章太炎的推斷或許背離史實，且建立在一有待商榷的前提上，就是他對王夫之的反滿詮釋乃是唯一可靠的詮釋，但此推斷似乎對當時中國年輕人很具說服力。[35]

章太炎深信王夫之是有獨到見解的中國民族主義者，此信念充斥於他許多出版物裡，且延伸進當時一本影響甚大、傳播極廣的反滿宣傳小冊《革命軍》。《革命軍》出自十八歲的四川學生鄒容之手，章太炎為此書寫了序，序中稱讚「舉義師」的太平天國，同時譴責曾國藩、左宗棠等湘軍領袖阻擋他們實現大業。在序中，他評價了一八六〇年代王夫之著作重獲重視一事，特別指出此事令人倍覺諷刺之處：湘軍諸領袖「雖有衡陽之書，而視之若無見也」。[36]有份設址於上海公共租界的上海報紙，一九〇三年夏刊出此序，使章太炎、鄒容聲名大噪，卻也把他們送入公共租界監獄。清廷要求從公共租界引渡此二人，但公共租界當局破天荒申明通商口岸享有治外法權，使章、鄒二人未落入清廷之手，免於人頭落地。公共租界當局申明其治外法權，則是不久前某自立會成員在北京監獄遭打死一事令洋人大為震驚，而有此動作。[37]

湖南人的民族願景

隨著更多湖南學生進入東京的宏文學院等校就讀，原以來自時務學堂的湖南人為核心的湖南留學生，一九〇三年時成長為人數一百多人的更大組織。一九〇二年晚期，幾位湖南留學生創立湖南編譯社，翻譯論政府、教育、科學、歷史的外文書，供國內的湖南鄉親閱讀（《支那教育問題》是其中最早問世的譯作之一）。同一群學生也在日本創辦了名叫《遊學譯編》的月刊，一九〇二年秋首度問世。刊名很籠統，但它是由中、日兩國境內的湖南學生撰稿，且是為這兩國的湖南學生而寫的湖南人刊物。它是日本境內第一個以個別省分為焦點的中國留學生刊物。這兩項事業都得到官方支持，也就是得到一八九〇年代陳寶箴所創立的實業改革機構支持，其中在陳寶箴下臺後仍繼續運作的湖南礦物總局，出了大筆經費給這分刊物，充當該刊在長沙的發行所。該刊第一期宣告，「有精神而後有物質，有理論而後有事實，有學術而後有政治」，所刊的文章涵蓋學術與教育的許多面向，全是為了實現政治改革這個最後目標。[38]

《遊學譯編》的三個主編，代表了將湖南學生帶到日本的三股涇渭分明的潮流。一個是楊毓麟，曾任時務學堂老師，唐才常的至交。楊毓麟代表了曾親身參與湖南維新運動，後來東渡日本避難的學生。另一位是楊度，他在一八九五至一八九八年就讀衡陽船山書院時，是王闓運最喜愛的學生，因而代表了旁觀湖南維新運動（欽佩但未參與該運動）的學生。王闓運極力反對楊度赴日留學，因而他也代表了受過正統儒家教育、與湖南當地有深厚淵源、卻透過赴日留學與此前活動徹底劃清界線的學生。最後則是黃興。黃興一八九七年自較守舊的長沙嶽麓書院畢業，後來就讀湖北的兩湖書院。兩湖書院是張之洞所創辦，以推動被郭嵩燾斥之為流於表面的自強改革為創辦宗旨。黃興未因湖南維新運動的瓦解改變原立場，他拿公費赴日求學，因此他代表了因中國境內由上而下進行較保守的改革，從而赴日的學生。對他們來說，赴日求學與他們先前在中國大陸的活動和關注的事物完全不相牴觸，且還受到後者的支持。

這三股潮流匯聚於宏文學院，使原本因地域和受教經歷分化為不同圈子的湖南學生在東京共聚一堂。《遊學譯編》是海外湖南留學生的喉舌，代表了他們諸多觀點的合流。在這同時，它也是把他們對更廣大湖南鄉民的願景落實的媒材，一如一八九七至一八九八年《湘報》為湖南鄉民所做的。透過日本報刊和國外報刊，這些學生痛切體認到中國在當今世界裡的衰弱。他們看到周遭的日本人生活在當世其中一個最成功的民族主義社會裡，與中國的情況呈強烈對比。凡是來到日本的中國留學生，都受到日本強、中國弱之強烈對比的衝擊，但湖南學生根據自己對本省歷史與命運的獨特理解，和他們對晚近湖南改革、反抗之經歷的認識，回應這衝擊。其中有數人還曾在這改革、反抗的歷程裡扮演過某種角色。

一如在日的其他許多中國留學生，《遊學譯編》的撰文者開始構想如何為中國創造民族主義，如何利用日本社會的強，來造就自己社會的強。但對湖南學生來說，他們構想的主要對象乃是湖南省本身。由於中國日後能否保持領土完整還在未定之天，湖南再度成為旗幟鮮明的排外大堡壘。誠如他們所認為的，湖南人已把洋人拒於門外數十年，也平定過太平天國之亂，無疑也能阻止這些想把中國瓜分的帝國主義者。

就在非湘籍人士章太炎，開始把王夫之視為所有漢人的共同財產來宣揚時，聚集於日本的湖南學生開始更猛力地想將王夫之據為己有。他們這麼做，其實是在追隨譚嗣同、郭嵩燾、鄧顯鶴的腳步，由此觀之，他們三人多年來的推廣似乎收到成效。到了一九〇〇年代初期，凡是湖南人所寫描述湖南人性格的著作，鮮少不把王夫之視為他們的精神領袖。王夫之同時扮演了兩種角色，既是中國民族主義者的先驅，也是現代湖南子弟的祖先。這兩種看法直接助長了湖南人的自豪感，儘管是以不同的形式、出於不同的原因而助長這種自豪感。但在湖南學生的著作中，最有力的看法，乃是這兩種看法的交融為一：把王夫之視為湖南民族主義之父。

有數人對這一新湖南民族主義提出了有系統的闡述，其中之一是蔡鍔。蔡鍔曾是時務學堂最年幼的學生，後來成為自立軍一員。一九〇三年一月十三日，他在《遊學譯編》第三期發表〈致湖南士紳諸公書〉，勾勒他所構想的湖南未來。此信以湖南人所共有，且經由此前幾十年的情勢發展，已在湖南形成的一個信念為前提：湖南人注定要帶領中國進入現代世界。蔡鍔在此信中，自信滿滿寫道，「湖南一變，則中國隨之矣。」[39]

梁啟超認為湖南可扮演中國薩摩藩的角色，亦即扮演逼中國進入現代世界之省分的角色，而蔡鍔寫此信，就是欲說服湖南士紳揚棄上述觀念，轉而追求更宏大的目標。他寫道，「自戊戌政變來，湖南則漸媿薄有薩摩人之譽……（但）綜湖南全部可以敵日本……然則薩摩何足況湖南？」於是蔡鍔提出另一種看法，建議湖南人不要再把自己比擬為日本的諸藩，而應自成一體。（編註：蔡鄂的文章也有不同的解釋可能，將湖南類比薩摩，也可能有「中國變法失敗，湖南愧對薩摩之譽」的意思。）

蔡鍔未擔心湖南在中國的地位，反倒表示湖南應把心思擺在思索湖南可如何獨力將中國文明帶進未來。他寫道，「夫湖南僻在中國南方，政教學術，大抵取索于中原，而非已有矣；則湖南者，亦猶羅馬之英法，可謂能有新機耳。特湖南省也，英法國也，同異之間，如是而已。」

因此，湖南可以成為從古帝國的廢墟中崛起的現代國家。做為有著內陸文化與思想的純內陸地區，湖南看來已避掉在沿海或有洋人居住之地區的文化混雜。事實上，蔡鍔寫信時，長沙這個大城仍然禁止與外國通商。照他的類比，如果未來的湖南等於英國或法國，那清朝其他領土的下場，就會如羅馬帝國的殘餘一樣四分五裂且各無關連。蔡鍔的文化「中國」觀，不只背離把「中國」視為一地區的地理觀，也背離章太炎以共通的族群身分界定「中國」的種族觀。基於蔡鍔的觀點，中國的邊界和其人民都是可變的。湖南則不然。

湖南代表最純粹的中國內陸文明，然則湖南文化所指為何？蔡鍔接著寫道，「歐之化，其理想胎于文，其精神胎于武……湖南素以名譽高天下，武命自湘軍占中原之特色……文想則自屈原濂溪船山默深。」因此，湖南「精神」誕生自湘軍，湖南「理想」，據蔡鍔的說法，誕生自郭嵩燾從英國返鄉後在思賢講舍裡祭拜的那些湖南先賢（湘軍將領曾國藩屬於「軍事」範疇而非「文化」範疇）。未親炙郭嵩燾教誨的蔡鍔，竟重述了郭嵩燾對歷史上湖南性格的原始陳述，說明了在郭嵩燾去世十年後，他的努力已得到認同。

九個月後的一九〇三年十月四日，出現對新湖南民族主義的另一種闡述，執筆者是曾在船山書院受教於王闓運門下的《遊學譯編》主編楊度。一九〇三年秋，《遊學譯編》刊出最後一期，此時已有不少學生返鄉。楊度在這一期發表了長詩〈湖南少年歌〉。[40]那是在學子即將返國的焦躁不安和日本正與中國展開新一輪締約協商，要求開放長沙供日本人通商、居住的氣氛中，鼓勵湖南人愛國的呼聲（此詩發表四天後，清廷同意日本的上述要求）。

此詩開頭寫道，「我本湖南人，唱作湖南歌」，然後歌頌湖南的自然奇景（湖南的山川湖泊）。此詩寫到「湖南自古稱山國」，藉此為湖南的反抗搭好舞臺。它探索湖南人的愛鄉歷史，以屈原的事蹟（「為哭將來民主稀」）為開端：

亡國遊魂何處歸，
故都捐去將誰屬？
愛國心長身已死，
汨羅流水長嗚咽。

不考慮當下的時空背景的話，此詩中屈原「亡國」的楚國，或許暗指中國。但就此詩的時空背景，特別是就當下一時的時空背景來看（發表於中日締結條約開放長沙對外通商的四天前），「亡國」指的是湖南。「故都」代表長沙，「亡國遊魂」是返湘的湖南學生。屈原溺死汨羅江兩千多年後，屈原的「愛國心」仍存於這些學生心中。一如屈原無法魂歸其已亡失的楚國，這些湖南學生回到即將亡於帝國主義的湖南。因此，屈原的「為哭將來民主稀」，乃是楊度對湖南和湖南人民前途的擔憂。

在屈原之後，此詩繼續寫道，「此後悠悠秋復春，湖南歷史遂無人。」接著向宋朝理學家周敦頤簡短致意（周「空談未救金元辱」）之後，楊度轉向王夫之，以整整一個詩節描述他：

惟有船山一片心，
哀號匍匐向空林。
林中痛哭悲遺族，
林外殺人聞血腥。
留茲萬古傷心事，
說與湖南子弟聽。

楊度筆下的王夫之，與此前之人所構築的王夫之形象稍有不同。一如郭嵩燾或唐鑒，他特別強調王夫之的自我放逐幽居，但比起郭、唐所喚起的王夫之，他筆下的王夫之痛苦與憤怒之情大有過之。楊度想用王夫之（個人而非學者身分）做為湖南人反滿民族主義的龍頭，因此，在這情況下，王夫之的學問未讓人覺得是哲學，而讓人覺得是「萬古傷心事」，要人想起滿人所帶來的苦難。楊度在船山書院受教於王闓運門下時，肯定仔細研讀過王夫之的著作，但在此詩中（或者在他其他出版的著作中），完全看不到他曾認真鑽研過王夫之思想的跡象。這是個重大的轉折，而且在赴日留學的較年輕一輩湖南人中普遍可見。王夫之的歷史地位，一時之間完全建立在他一生反抗當道所樹立的榜樣和他的反滿著作上。原被視為改革派哲學家的王夫之，此時搖身一變成為湖南當地反滿、反帝國主義的典範。但不管是被視為何者，他仍一如一八二九年鄧顯鶴所盼望的，乃是湖南人「宗仰」的典範。

因支持清廷而令楊度遺憾的湘軍那一代，在〈湖南少年歌〉中則成為湖南無可匹敵之武力的明證。這支武力不只平定了太平天國之亂，還在此後建立偉大功業；楊度寫道，左宗棠後來帶兵平定西部的回亂，把清帝國遼闊的西部地區變為「湖南殖民地」。至於這支湖南武力未來會走向何方，楊度追隨蔡鍔等人的腳步，從民族主義的角度，以全球史為類比，闡述湖南的命運。他寫道，「歐洲古國斯巴達，強者充兵弱者殺。雅典文柔不足稱，希臘諸邦誰與敵？」同樣的，「區區小國普魯士，倏忽成為德意志。兒童女子盡知兵，一戰巴黎遂稱帝。內合諸省成聯邦，外與群雄爭領地。」

這將是湖南為中國扮演的角色。誠如此詩接下來所說，「中國如今是希臘，湖南當作斯巴達，中國將為德意志，湖南當作普魯士。」湖南將是年輕、尚武的國家，將振臂而起，改造其周遭地區，打造出由它領導的新帝國，帶領其他省（如有必要不惜動用武力）組成一新聯邦，建立以湖南為典範（且受湖南保護）的中國。一如蔡鍔，楊度深信中國的未來基本上繫於湖南一身。也和蔡鍔一樣，深信湖南人是中國賴以抵抗外國帝國主義者的唯一憑藉。誠如他接下來所寫道，此詩最著名的句子：

若道中華國果亡，

除非湖南人盡死。

這位湖南青年在此喊出他的心聲：湖南人是中國抵禦外侮的唯一支柱，湖南人會是最後一個倒下者，湖南人比其他人更能頂住帝國主義者的進犯。

但在「中國」究竟意指地理中國，還是文化／民族中國，此詩並未明確交待。如果他所指的是地理中國，且真正目標是驅逐洋人和滿人，保住中華帝國的疆域，那麼把湖南類比為普魯士、斯巴達一事，就表示湖南人應征服中國，並按照湖南的模式重建中國，也就是基本上要推翻積弱不振的清朝，在清朝原有的所有疆域上建立一新帝國，而在這新帝國中，湖南人能將其他省統合為一新聯邦。湖南人將趕走列強，繼續擔任新中國的領袖和守護者。

如果他所指的中國是個文化實體或民族實體，此詩就在暗示，注定要拯救同胞者，乃是湖南的漢人民族主義者，即整個漢民族裡，獲選擔負拯救任務的一群人，角色類似薩摩或長州藩的日本人。至於可能性如何，此詩最後幾行暗示，「中國人」不是單一不可分割的實體。湖南人要先救湖南，再救中國：

憑茲百戰英雄氣，
先救湖南後中國。

……

諸君盡作國民兵，

小子當為旗下卒。

「小子」當然是指此詩名中的少年：湖南少年。因此，此詩考慮到湖南與中國間的層級關係，位於中國民族主義之下的湖南民族主義，湖南的愛國志士將先建立他們自己省的主權，然後為中國其他省建立主權。最後，楊度此詩雖未排除一統中國的可能，卻把那視為次要目標，視為拯救湖南的首要目標達成後的下個目標。薩摩、長州的情況則不然，他們的叛亂把矛頭指向帝國中樞，而非局限於地方。在楊度的詩中，湖南人先當「湖南子弟」，再當中國人。

自治與漢人省

除了蔡鍔、楊度等人提出的文化性籲求，也有談湖南與中國獨立的關係這類政治性更明確的文章。一九〇三年五月號的《遊學譯編》，就出現〈湖南自治論〉這樣一篇文章。[41] 此文章標題中的「自治」，在明治時期的日本，乃是很常見的詞。在明治日本，自治代表以立憲君主政體為基礎的制度，且在這政體裡，省和地方的權力乃是由天皇往下逐步授予。地方「自治」係以德國制度為本，配合當地條件改造而成，減輕中央政府負擔，使地方政府能因應當地情況，藉此達到行政效率的目的。那是重複於各種行政領域的一種模式，就連宏文學院的教科書都以很長的篇幅描述所謂的學校自治體制。在這一學校體制下，地方小學將按照中央的指令治校，做法一如地方在完全配合中央政府的需要下料理本地事務。[42]在日本的中國學生將這種自治模式譽為可搬至中國施行的改革措施[43]，而晚清和中華民國的行政體系改革者，將一再試圖改造這一日本—德國模式，藉以精簡中央政府對各省州的治理。在現代中文用語裡，自治一詞幾乎無一例外的，指這種把中央政府的統治權擺在第一位的模式。[44]

因此，《遊學譯編》中所鼓吹的那種自治模式竟與此背道而馳，就是極值得注意之事。〈湖南自治論〉的不知名作者，一開頭先誇稱（這時已是稀鬆平常之舉）湖南具有獨一無二的自立能耐，問道，「進可以戰退可以守者，非湖南乎？礦產之富足敵泰西一國土地，所入歲有餘饒者，非湖南乎？士氣堅毅，民風強悍，勇敢之風為各省之冠者，非湖南乎？」舞臺就此搭下：湖南的勇武歷史使它成為帝國裡最有戰力的防衛力量，湖南地理和湖南人性格的完美搭配（一方面有豐富的礦藏和農產，另一方面人民勇敢），表明湖南在實質上和文化上的自立乃是合理之事。此文作者主張，湖南人強悍、堅毅的性格，使湖南成為中國境內獨一無二的地區，成為公認衰弱的中國裡唯一的異數。他論道，「各省容有患，湖南自無患也。」

於是，湖南又是抵抗外力入侵時，堅不可破之堡壘。

鑑於帝國主義列強瓜分中國，此文作者建議湖南人不應費心為帝國賣力，而應對中國其他地方死了心，應自治，走自己該走的路。在此作者的自治構想中，權力不來自上，而來自下，從個人的自治開始做起：「由箇人自治而至於府縣自治，由府縣自治而至於闔省自治，至於闔省自治，則基礎固矣。」

做為起點的「箇人自治」是最棘手的部分，因為這與以孩子順從父母、臣子順服君主為基礎的儒家社會秩序相牴觸。此文作者搬出盧梭的《民約論》，視此為另一條可行之路，主張必須揚棄舊的家庭制度，必須讓每個人成為自己的主宰。個人一旦擺脫父母的控制（從而擺脫儒家層級體系的控制），那麼國家也能得到重建。各級自治單位（個人、村、縣、州、省）能陸續得到建立，一個帶一個，最後「府一國也，縣一國也，村一國也，鄉里村與箇人皆各為一國也」。諸個人結合為村，諸村結合為縣，依此往上結合，最後諸省結合在一塊，一個「大聯邦」誕生。在日─德那種自治模式裡，行政權責是透過範圍愈來愈廣的建制下放，上述的自治絕非這種自治，而是草根自治。

這位湖南籍作者的自治觀，似乎源自美國南方。〈湖南自治論〉這個標題，暗指幾個月前湖南編譯社出版的《自治論》。《自治論》譯自英文，很可能是透過日譯本轉譯過來，原書是一八五三年出版的《論公民自由與自治》（*On Civil Liberty and Self-Government*），作者是美國南卡羅來納州學者利伯（Francis Lieber）。《遊學譯編》常宣傳此譯作，該刊物的讀者應該很熟悉此書。此外，《遊學譯編》和湖南編譯社兩者的主編，幾乎是同一批人馬，因此，〈湖南自治論〉似乎是一個為湖南人改寫的《自治論》，而且譯者和改寫者可能是同一人。

《自治論》譯本現已佚失，但比較利伯的原作和這位不知名姓的湖南學生的文章，可看出端倪。利伯是德裔，在德國的耶拿受教育，一八三五至一八五七年在南卡羅來納學院教政治經濟學。[45]一八五三年，美國內戰的醞釀期時，利伯寫了《論公民自由與自治》。在咸認聯邦將出手干預，進而會在不久後逼使南方脫離自立的緊繃氣氛中，利伯以和聯邦權力背道而馳的個人自由、自決觀念為基礎，闡述自治理論。到了一八七〇年代，此書已成為美國境內論自治的制式教科書，到了一八九〇年代，此書的影響已遍及全球。一八七四年，耶魯大學校長伍爾西（Theodore Woolsey）為此書第三版寫了序，序中哀嘆內戰後，州自治權遭犧牲，並得接受更強勢聯邦政府的趨勢。他寫道，利伯此書「告訴世人，除了受到監督與保障的自由，除了得到清楚說明的自由，除了靠本地自治機構來教育所有人民，並節制行政權的自由，除了在某些界定明確的範圍內讓州權抑制美國聯邦權的自由，沒有萬無一失的自由」。[46]

利伯在此書本文清楚解釋道，「自由絕非政府的施捨，政府的權力必須得自人民。」[47]此外，自治是「自由的必然結果」，「在干預的大原則占上風之處」，自由「不可能存在」。在此他所謂的干預，指的是政府的干預，也就是「行政管理部門欲……以其行動取代個人與次要活動與取代自立的整體傾向」。[48]因此，自由與中央政府的干預無法並存，自治基本上是民主的，自治權來自個人固有的自主。

〈湖南自治論〉照搬利伯的看法，一開始就斬釘截鐵地表示，自治的最重要精神，乃是絕不可允許上層干預下層的運作，「自治」的基本原則不是授權，而是自主。也就是說，村的需求絕不可侵犯個人的自主，聯邦的突發其想絕不可侵犯省的自主。對利伯來說，是小我授權給大我，而非大我分權給小我。把這一自治觀用在湖南身上，未來中國聯邦的成立，就是有前提限制的、視條件而定的，且得在滿足省的切身需求後才追求之。因此，這一自治觀與中國近代史上所普遍認知的自治觀，乃是相對立的。[49]

諸省組成「大聯邦」是遙遠的夢想，其形式就和世上任何一個從古帝國脫離出來的現代國家一樣不可預測。此文作者寫道，如果他們挺身戰鬥，「舉湖南而皆為斯巴達，庶能生存於二十世紀之秋。」他警告道，如若不然，「憑故墟而弔波蘭，悵萍蹤而憐猶太，是則湖南之肖影也。」他主張，「言中國自治而必始於湖南自治，猶言湖南自治必始於個人自治也。」他在結尾時寫道，「外人之論者，以新英國、小日本目湖南矣……湖南而欲於世界舞臺占一席也。」他推斷，如果湖南人挺身迎接面前的挑戰，「後之讀歷史者崇拜我湖南，愛敬我湖南，歡忻鼓舞我湖南，其現今之湖南人乎？其現今之湖南人乎？吾敢為湖南之國民祝曰『湖南自治萬歲！』，敢為中國全體國民祝曰『中國自治萬歲！』」

要瞭解湖南人的自治論，得以這一模式為依據，而非以日本模式，或後來出現於中國的任何中央集權「自治」政策為依據。湖南人懷著他們所謂傳承自王夫之的反抗傳統，自豪於他們優於他省人的勇武善戰，痛惡帝國統治，深信湖南蘊藏豐富天然資源，一心要走自己的路，因此他們所談的自治是利伯版的自治，而非日本版的自治。從諸自治省的聯合，的確能為中國拼湊出民族主義，但那種民族主義不走經先驗存在的中華國允許，轄下組成諸邦才被賦予有限度之自治的路子。在後一種民族主義下，愛中國是最高原則，忠於自省則只是其衍生物。這些與《遊學譯編》有關連的學生對湖南之前途所提出的觀點，的確支持以一統中國為最後目標，但不支持將愛湖南含攝於其中的任何中國民族主義，也不支持以新皇帝取代舊皇帝，不支持章太炎以居住其中的民族界定國家的國家觀。他們一致認為，湖南的領土和獨一無二的文化必須先確立，然後可能的話，再確立中國的領土和獨特文化。對這些撰文者來說，中國民族主義只存在於透過湖南民族主義的稜鏡觀看之時。

楊毓麟的《新湖南》

針對源自湖南的民族主義，此時最撼動人心且傳播最廣的表述，是出自《遊學譯編》主編楊毓麟之手。楊毓麟字篤生，號守仁，一八七一年（或據某些記述，一八七二年）生於長沙，年輕時讀過校經堂，與唐才常是該校同學，當時正值郭嵩燾晚年。他天性聰慧，一八九八年二十六歲就中舉。[50]湖南維新運動期間，他在時務學堂與唐才常、梁啟超一同執教，是南學會活躍的會員。一八九八年維新運動垮掉時，他遁入湖南鄉下數月，最後重新露面，助唐才常領導自立軍起事。起事失敗，他再度逃亡，最終逃抵日本，一九〇二年入東京宏文學院，協助創辦《遊學譯編》。因此，揚毓麟的早年生涯使他與湖南三代行動主義者：郭嵩燾、譚嗣同、湖南留日學生會，有密切且長久的接觸。

楊毓麟投入宣傳事業，始於其在日本為這份學生刊物翻譯起，他第一個（且後來讓他聲名大噪的）大作是名叫《新湖南》的小冊子。他以「湖南之湖南人」為筆名發表此作。[51]而此筆名，只消前後對調詞語，即暗示了貫穿全文的口號：「湖南人之湖南」。此作的發表日不詳，很可能是一九〇二年冬[52]，一九〇三年八月《遊學譯編》首度為此作登廣告促銷。廣告文說明此作已第二刷，第一刷「數千」本已散發光。廣告文也給了這部小冊子或許是最精闢的摘要說明，斷言：「是書論湖南之形勢與湖南人之特質，發揮民族主義，寓地方獨立之義。」[53]這本小冊子含有數章，各章名正為此書的總體要旨提供了精要的梗概，包括〈湖南人之性質及其責任〉、〈現今大局之危迫〉、〈破壞〉與做為全書之結論的〈獨立〉。

在〈湖南人之性質及其責任〉一章中，楊毓麟探察使湖南人有別於其他中國人的湖南精神（他將其稱為「特別獨立之根性」）。一開始，他描述滿人征服湖南和隨後的黑暗時代，最後將現代湖南人性格的形成歸因於鄧顯鶴的付出（鄧顯鶴重新發掘湖南人之過去，以及特別是他重新發掘王夫之一事）。他寫道，「諸君試披《楚寶》及《沅湘耆舊集》，所載遺聞軼事，君蒿悽愴，為何如哉！王船山氏平生所著書，自經義、史論以至稗官小說，于種族之戚，家國之痛，呻吟嗚咽，舉筆不忘，如盲者之思視也，如痿者之思起也，如喑者之思言也，如飲食男女之欲一日不能離於其側，朝愁暮思，夢寐以之。」他深信，湖南人的過去透過鄧顯鶴的出版物得到重生，而先人的精神可透過現代湖南讀者甦醒過來。王夫之的著作特別體現了湖南先人的悲戚與哀痛，而此悲與痛要由新一代湖南人來報仇雪恨。

楊毓麟接著描述王夫之的著作最初如何被人發現（「往往於破寮廢剎中遇之」），說自從發現它們，「種界之悲劇流傳於我湖南人之腦蒂者，最為濃深微至。」。楊毓麟（一如歐陽兆熊）把王夫之著作的重新發現視為偶然，而非刻意之舉，藉此賦予這些著作兆示的性質，好似它們的現身傳達給湖南人某種跡象。他寫道，當湖南還是落後偏僻之地，還未與湖北分家之時，「達於朝者寥寥焉」，但王夫之著作的重見天日，引發一場復興，此後，「洞庭以南，自為風氣。」

在楊毓麟的概述裡，王夫之的精神類似十九世紀初期經世派學者的精神，尤其類似魏源的精神。最早出版王夫之著作的那一代湖南人，就受了魏源的啟發。但他寫道，真正將王夫之的反叛獨立精神和魏源的經世之學融於一身者，乃是郭嵩燾。郭「遠襲船山，近接魏氏，其談海外政藝時措之宜，能發人之所未見，冒不韙而勿惜」。郭嵩燾追隨鄧顯鶴的腳步，構築湖南精神的譜系，如今，在去世十年之後，他本人可在這一脈相傳的譜系裡占有一席之地。

但湖南性格的最高發展結果，要在楊毓麟的殉難友人譚嗣同身上顯現。關於譚，他寫道，「至於直接船山之精神者，尤莫如譚嗣同。」楊毓麟主張，從王夫之到郭嵩燾，再到譚嗣同，一貫不變的精神，乃是在中國最保守的這個省分裡，無所畏懼的追求他們的志業。他問道，「是何也？」然後答以，「是獨立之根性使然也。」王夫之決意獨居山中，郭嵩燾決意不顧湖南鄉民的守舊心態，宣說西洋政體的殊異之處，譚嗣同為了湖南維新大業以身殉之，這些全是某個一貫精神的一部分——隱伏在湖南人性格裡的基本獨立特質。

於是，楊毓麟順理成章推斷，在中國諸省中，因湖南省民固有的特質，獨獨湖南省適合成為一獨立國家。在最後一章〈獨立〉中，他陳述了自治湖南可能可以走的兩條路。第一個是完全獨立，以天心閣為獨立之象徵。他寫道，「建天心閣為獨立之廳，闢湖南巡撫衙門為獨立之政府；開獨立之議政院，選獨立國會員，制定獨立之憲法，組織獨立之機關，擴張獨立之主權，規劃獨立之地方自治制、生計、武備、教育、警察諸事以次備舉。以吾湖南為古巴……以吾湖南為瑞士。」

瑞士老早就是脫離帝國（不管是脫離哈布斯堡帝國還是拿破崙帝國）獨立建國的典範，古巴則已於一九〇二年，即《新湖南》寫成之年，脫離美國獨立。他指出，這一藉由與中國其他地方切斷關係來達成湖南獨立的構想，「庶可謂吾黨得意之秋乎！」但他斷言這樣的獨立並非他們所追求的獨立。於是，他提出第二個獨立目標：「湖南者，中國之一部分；新湖南者，畔全體而裂其一部者也。非能畔而裂之，則亦不能縫而完之……故吾黨欲新中國必新湖南。」

於是，湖南的獨立將似乎是通往中國獨立的踏腳石。但他更早時主張，湖南以其獨立之精神特異於世，因此，他的「黨」一心只想要湖南做為中國的典範。他解釋道，「以製造湖南人得為獨立性之頭等國民為程限，以製造湖南得為獨立性民族之頭等國為程限」，湖南的革新就完成。「然則所謂獨立性民族之頭等國者，以湖南為範圍乎？抑非以湖南為範圍乎？」

但湖南擔負這一典範的潛力，只存在於它的人民（它自己的「民族」）和歷史中，即存在於與中國其他省和其他中國人截然不同的湖南人和湖南歷史中。楊毓麟接著說道，西方最了不起的獨立精神，要在盎格魯撒克遜英格蘭人和條頓德意志人身上覓得，然後嚴正表示，湖南要採行自己的模式：「吾能不以條頓民族之獨立性製造湖南人，而以湖南人之獨立性製造湖南人。」但如果英格蘭人、德意志人的「獨立性」不適用於湖南人，那麼「湖南人之獨立性」為何可用於製造中國國民？在楊毓麟的《新湖南》中，沒有中國原始種族這回事；湖南人就和中國人（或者廣東人或四川人）一樣是個「民族」。

在這點上，《新湖南》出奇含糊；它宣告獨立的湖南乃是建立獨立中國之前的必要步驟，卻未對如何實現中國的重歸一統提供施行架構。此外，楊毓麟暢談湖南人如何獨特，暢談湖南精神隨時可改造用於建立現代獨立國的國民，卻對中國其他地方如何能追隨湖南腳步少有著墨。他不關心其他省，因此，「新中國」的形象不過是附帶一提的東西，是個幽靈。《新湖南》較念茲在茲的遠景，乃是以王夫之、郭嵩燾、譚嗣同桀驁不馴的反抗精神為基礎的獨立湖南國。此外的遠景，他未詳加著墨。

其他觀點

相較於他省人士的著作，這些以湖南為中心，慷慨激昂而陸續問世的著作，的確與眾不同。在日本，其他省分的留學團體也出版自己的刊物，並組成自己的學生會，但他們所表達的情感，以及對自己家鄉省分的希望和憂心，以不同的形式呈現。來自湖北（湖南北邊的鄰省，湖廣總督的駐在地）的學生，也稱自己的省為「楚」，撰文抒發他們對屈原的敬意。但他們的刊物《湖北學生界》的思想走向，完全以中國為中心，關注漢人的命運。少數討論湖北本身事物的文章，強調其在帝國的中心位置。由於長江的最大港位在湖北境內，湖北是「九省通衢」之地。這些文章聲稱，誰控制湖北，誰就控制中國。湖南人自豪於能頂住外國人的進犯，湖北學生則寫道他們的省是反經濟帝國主義鬥爭的主戰場，而他們敗下陣來。[54]

來自華東的學生也往往把自己的家鄉省分視為帝國的縮影，是整個帝國不可或缺、不可分割的一部分。[55]例如，來自浙江的學生，在他們的刊物《浙江潮》裡搬出滿人征服當地時的血腥殺戮往事，聲稱許多浙江先人死於滿人之手，藉此培養仇滿意識。[56]但與湖南人不同的，浙江的士大夫數代以來一直是清廷的支柱，對於在舊統治集團裡的地位，他們未懷有像湖南人那樣的痛恨。因此，在《浙江潮》裡，看到的不是對該省獨立的憧憬，而是對全中國不渝的關注。該刊文章提醒讀者，帝國的榮枯始終落在浙江人肩上，浙江人長久以來一直以天下為己任，浙江人是中國諸省之治理、哲學、藝術的中心。[57]

要再找別的觀點，可以把目光投向帝國的邊陲地區。雲南位於西南邊，法國人從中南半島往北擴張勢力，雲南首當其衝。來自雲南的留學生，在日本也出版了一份刊物。在此刊物中，可找到靠著日益衰退的帝國力量來存活的一省，所發出的心聲。誠如某雲南學生所示警道，「中國或倖而不亡，而雲南則不久必亡。漢族或不致全滅，而雲南至一千數百萬漢種，則滅可立待。」[58]這一觀點與楊度所謂直待湖南人死光，中國才會亡的觀點，正好南轅北轍。對這位來自雲南的學生來說，雲南省的滅亡是必然之事，即使中國其他地方未亡亦然。

與湖南人著作中追求本省獨立的中心思想最近似的聲音，出自住在海外的粵籍作家歐榘甲之口。歐榘甲出版名為《新廣東》的小冊子，與楊毓麟的《新湖南》相呼應，在此書中，他以類似的措詞談到應打造一「廣東人之廣東」。[59]但他所提出的遠景，有一部分取決於湖南的成敗；他描述了南方的民族主義，在這一民族主義下，有著以商貿活動聞名、有華僑淵源以及與外國人有打交道長久經驗的廣東，能與有著軍事優勢和扼控內陸的湖南聯手，在清帝國瓦解時一起脫離自立。他寫道，最棘手的難題乃是將兩省的祕密會社（湖南的哥老會、廣東的三合會）拉攏進來。只要能克服這難題，湖南、廣東就能聯手造反，拿下廣西省，進而建立一個從長江綿延到太平洋岸的新南方國。

歐榘甲將湖南譽為省獨立的發祥地，「烈士」譚嗣同和唐才常在湖南建立了第一份獨立的省報，「全省人民智識開通，張獨立不羈之精神，不受朝廷之束縛，不受他邦之吞噬。」事實上，他的《新廣東》既提出廣東人可走的另一條道路，也在強化湖南做為中國境內獨立勢力龍頭的形象上，有同樣程度的著墨。但這或許不足為奇，因為他對湖南的敬重，源自他本人曾參與湖南維新運動一事。他曾與楊毓麟一起執教於時務學堂。梁啟超帶了幾名粵籍助手到長沙，歐榘甲就是其中之一，因此他代表的不是廣東地方主義的一支，而是湖南獨特環境對他省行動主義者的吸引力。[60] 在歐榘甲版的廣東自立遠景裡，獨立的成敗，繫於希望湖南會支持廣東獨立。在湖南人的著作裡，找不到這樣的情況。

湖南為清帝國裡獨一無二之一省且將領路邁向現代中國的意識急速萌發，而這一意識的核心乃是後人重新建構出的王夫之形象。王夫之這位湖南先賢賦予了湖南人身分認同和目標。但到了一九〇三年，對於王夫之與民族主義的關係，已出現兩種截然不同的詮釋。一方面，有非湘籍人士追隨章太炎的思潮，認為王夫之是中國人共有的資產，他的著作是漢族民族主義的原始資料。另一方面，有湖南學生認為王夫之是湖南人的資產，他們自己的精神先祖，是他們地區近乎神話般的象徵，代表著獨立、反抗到底的獨一無二性格。依觀點的不同，可以說中國的民族主義是一湖南人所構想出來，或說湖南人的性格是一民族主義者所構想出來。這兩者是湖南學生建構他們各式各樣之湖南未來遠景——當之無愧的一個國家、中國一統後的全國龍頭、可能與美式聯邦制有關連的自治單位——的起點。

中國遭列強瓜分似已迫在眉睫，此省因此是理所當然的依靠，因為它是仍未受到威脅的最大政治單位。或者更具體地說，湖南是仍未受到威脅的最大政治單位。因為其他省（無疑無一省有湖南的資源和人才）皆無法誇稱像湖南那樣頂住外力入侵：上海是支配整個長江下游地區的國際轉口港，德國人取走山東，日本人拿下臺灣，俄國人從北邊入侵滿洲，法蘭西帝國入侵廣西、貴州、雲南這西南三省，英國的香港殖民地正把勢力伸入廣東，傳教士和商人橫行中原。但湖南仍未遭占領、瓜分、入侵，因而它的倖存——藉由揚棄四分五裂的清帝國、重拾其楚人根源來倖存——比保住整個帝國，更有可能實現。

這一代湖南人所表達的民族主義，建立在郭嵩燾、譚嗣同打下的基礎上，透過郭、譚二人的宣說，他們漸漸開始相信湖南人擁有從王夫之的著作和生平發展出來，講究反抗和忠貞的共同文化。他們也都抱有從湘軍一路流傳下來的信念，即相信湖南人的作戰本事、齊一行動的能力，在中國首屈一指。此外，自立軍的作為表明，比起對付漢人太平軍，這一武力對付滿人統治者時毫不遜色。最後，基於以上這些理由，他們都認定湖南人注定要引領中國走向未來。到了一九〇〇年代初期，清朝的領土危機已使「中國」前途未卜，因而郭嵩燾欲藉由湖南一地，從長沙思賢講舍往外擴散的啟迪民心過程（在湖南維新運動期間首度遭到質疑的過程），來改造帝國的初始遠景，已幾乎遭揚棄。代之而起的，乃是湖南獨立建國的分離主義遠景，而在湖南獨立之後，中國可能重歸一統，也可能不會。這些想法在留學民族主義日本的海外湖南人群體裡被催化出來，將隨著這些學生返鄉應用所學而開始流入湖南。

第五章

湖南與清朝的覆滅

楊毓麟在湖南的經世學前輩，若得知他不只是紙上談兵，至少原則上，可能會表示嘉許。他在《新湖南》裡描述他的湖南獨立遠景時，也在〈破壞〉這一章中提出實現的辦法。他在該章寫道，欲「改造社會」，「不能仍舊社會而組織之，則必破壞舊社會而滌蕩之。」[1]他主張必須實行完全之革命，而在闡明這一主張時他解釋道，他的理論有外國根源：他寫道，「今世界各國，破壞之精神最強盛者，莫如俄國之無政府黨。」俄國的無政府主義學說這時剛開始在日本傳布，楊毓麟則成為第一個認真提倡此說的中國人。[2]為落實他的理論，他於一九〇三年五月創辦了名叫「軍國民教育會」的團體。這團體提倡以暗殺為政治手段，其下轄的一個團體則取了更為貼切的名字「暗殺隊」。[3]楊毓麟偏愛用炸彈，暗殺隊其他成員則大部分偏愛用槍，而他學會製造十種爆裂物。這一知識得來不易，一九〇三年晚期他試驗炸藥時失去一眼。[4]

楊毓麟在日本時合作最密切的同志是黃興。自兩人於一九〇二年與楊度一起創辦《遊學譯編》起，楊毓麟就與黃興合作。黃興最終會成為一九一一年辛亥革命的領導人之一，但一九〇二年五月初來日本就讀宏文學院時，他是傳統養成教育的典型範例——湖廣總督張之洞的門生，受傳統典籍教育。但就讀宏文學院，著迷於嘉納治五郎的教誨之後，情況開始改觀。黃興經正式的宣誓入會儀式進入講道館，成為嘉納的徒弟。講道館是設於東京的柔道總部，嘉納在此培育其日本弟子。黃興是少數投入嘉納門下的中國學生之一。[5]嘉納的文武合一之說令黃興徹底折服，除了在宏文學院讀書，不斷練習柔道，他還極盡可能向日本軍官學習軍事技能。他觀看日本軍人操練，且勤練槍法，準到在射擊比賽中得獎，並以體力過人聞名於中國留日學生界。[6]就是在一九〇二年此時，他遇見年長他兩歲的楊毓麟。一九〇三年初期，黃興陪同楊毓麟探索無政府主義，成為軍國民教育會的創始會員。他也加入暗殺隊。

受楊毓麟的《新湖南》影響最深者，似乎就是黃興。最起碼黃興是試圖將此影響化為行動者。一九〇三年晚期從日本返華後，他回到家鄉長沙，接下同樣從宏文學院畢業的同學胡元倓所提供的教職。這時胡元倓剛創辦明德學堂（湖南第一所私立學校），而儘管科考仍存（兩年後才會廢除），明德學堂完全不教儒教課程，而是採行嘉納治五郎的建議，把重點放在數學、科學、體育。胡元倓不培育儒家文人，希望他的學校為中國的新國際產業培育銀行家和行政官員。這所學校或許不符傳統，但還是得到那些在湖南維新運動期間，開始對現代商業感興趣，且體認到胡元倓求學經歷很紮實的當地士紳支持；東渡日本之前，他是王闓運的學生，他的長兄是郭嵩燾的門生。[7]

黃興在明德學堂身兼二職，既是速成師範班的主任，也是體育主任。嘉納治五郎為中國教育改革開了兩道藥方，即培育小學老師和提倡武術，而上述職務正是落實兩藥方的絕佳職位。但黃興也把楊毓麟的無政府主義帶回長沙。黃興的某位學生憶道，一天授課結束後，黃興常留在學校的化學實驗室摸索爆裂物的製法。[8]

黃興在日本時結交了許多湖南學生，當他在明德學堂建好根據地，他們便回到長沙，聚集在他身邊。湘軍軍人子弟劉揆一，一九〇二年和黃興等人創辦湖南編譯社時就認識黃興，一九〇三年秋和陳天華一起回鄉。陳天華是湖南籍宣傳家，劉揆一在宏文學院的同學，返鄉後開始在明德學堂教歷史。劉揆一和陳天華也都是暗殺隊成員。楊毓麟則兜了較大一圈才回來；他打算在頤和園內炸死慈禧太后，久無機會下手，於是在一九〇四年初期也返回湖南與黃興會合。最後，除了與黃興一樣從日本留學回來的湖南同鄉，黃興還吸引到一些從未出國的湖南學生加入，其中最重要者是來自桃源的二十一歲學生宋教仁。黃興於一九〇三年返回長沙途中來武昌母校演講時，宋教仁正在該校就讀。兩人在此結識，從此成為摯友，直到一九一三年宋教仁英年早逝為止，兩人幾乎形影不離。[9]

一九〇三年十一月四日，即呼籲湖南人組建軍隊的楊度〈湖南少年歌〉刊出整整一個月後，三十名從日本回來的學生聚會商議成立華興會之事。[10]他們揭櫫的目標是以暴力推翻滿清政府，並由湖南人以湖南為基地領導此行動。楊毓麟這時還未前來加入（此時仍想伺機暗殺慈禧太后），但他的《新湖南》實際上就是他們的宣言。[11]他們的主要計畫是一年後（一九〇四年十一月十六日）起事，（假設楊毓麟刺殺未成）那一天將是慈禧太后七十歲生日。那一天，湖南省的滿漢高官會齊聚長沙的巡撫衙門參加祝壽宴，黃興一夥人打算引爆一顆大炸彈，把整個巡撫衙門炸掉。然後他們要占領長沙，接著省內各地起事，再來宣布湖南獨立。

一九〇四年二月，即第一次開會商議計畫的三個月後，華興會在明德學堂董事龍璋的長沙寓所裡舉行正式成立大會，有黃興、楊毓麟、宋教仁、劉揆一、陳天華等一百多人到會。他們的方針是「雄踞一省與各省紛起」。[12]他們表示各省要負責自己省內的起事，從而把整個革命視為個別省分各行其是的叛亂，而非協調好的行動。就此次起事來說，革命的動機，本質上是無政府主義的；這動機不會來自某個同質性、總體性的中國民族主義遠景，而會來自互不相干的各省自決遠景。

與會者推舉黃興為會長，而他向這個新湖南會社第一次演說時，開頭就駁斥以北京為起點的集中式革命構想。他解釋道，巴黎法國大革命的先例在這裡不管用，因為北京的人民軟弱，欠缺政治意志。相對的，他指出湖南人最有可能出任革命領袖，其言語很可能照搬自《遊學譯編》或《新湖南》。他嚴正表示，「今就湘省而論，軍界學界革命思想日見發達，市民潛濡默化，且同一排滿宗旨之洪會黨人久已蔓延固結……正如炸藥既實，待吾輩導火線而後燃。」

在長沙引爆炸彈後，得在農村造成各地蜂起的局面，為此，黃興與劉揆一找到哥老會首領馬福益共襄盛舉。馬福益與劉揆一的交情較深，據說劉揆一此前曾救了他一命。現存的馬福益傳記稱，黃興和劉揆一輕鬆就說服他支持他們的反清革命，因為馬福益在湖南長大時讀過王夫之著作，深為激賞。[13]

華興會起事的籌組活動，有許多是以「現代」學校、商業公司為幌子進行。晚近才出現於中國的學校和公司，為社會組織和社會接觸提供了不受干擾的新空間。這種以合法機構掩飾地下活動的做法早有先例，一八八〇年代郭嵩燾就利用曾國藩祠來組織其引發爭議的學校和公共會社，一八九〇年代譚嗣同則試圖把南學會打造為省議會的基礎。華興會本身以「華興公司」之名對外，以股票為會員證，會員稱作股東。入股即表示入會。至少有二十七名華興會創始會員和明德學堂有關係，若非該校老師，即是該校學生，該校充當宣傳和召募會員的大本營。黃興也於一九〇四年五月創立了東文學社；表面上是教授日語的學校，其實在把他於東京習得的戰術教給華興會會員。在武昌，宋教仁創立科學補習所，充當吸收湖北學生和新軍士兵加入革命的中心。[14]

黃興所計劃的起事，以四年前唐才常自立軍失敗的起事為基礎，但他決意避免重蹈唐才常的錯誤。唐才常打算在華中各地同時起事，黃興則把他起事的初期階段局限在湖南一地，更具體地說，局限在長沙、岳陽、常德、衡陽、邵陽這五大城，並以長沙為發起點和革命基地。在這同時，黃興派他在華興會領導階層裡最信賴的助手，赴他省聯絡志同道合者策應湖南革命：宋教仁赴湖北，楊毓麟赴上海，陳天華與明德學堂學生姚宏業赴江西。但革命前夕他們退回湖南，因為這些外省組織的成立，並不是為了（如唐才常所曾嘗試的那般）讓湖南人領導他省起義軍，而只是為了取得他省人士的支持。最後，自立軍失敗的主要原因之一，乃是承諾贊助革命事業的華僑金主未依約撥款。相對的，黃興的資金來自當地，來自支持革命的湖南士紳。捐款最多者是明德學堂董事龍璋，據說曾捐款兩萬三千銀元供黃興購買軍火。[15]

儘管如此精心籌備，黃興層層構築的掩護體系卻有個弱點：為營造合法機構的形象，他的團體用來掩護地下活動的學校和學會，得接受並未參與革命起事的學生入學入會。據某則記述，就是明德學堂一位這樣的學生，氣憤於老師對他某篇作文的批評，於是向學者王先謙密報該校的不法情事。[16] 同樣是王先謙，郭嵩燾思賢講舍的前校長，一八九八年拿到時務學堂學生的札記時，向當局通風報信。這一次他再度通知官府，警察立即出動搜捕陰謀造反者。胡元倓費了番工夫把黃興偷偷帶出明德學堂，將其藏匿在另一個新機構長沙聖公會教堂裡，該教堂華籍牧師再把黃興偷偷帶到上海。黃興與楊毓麟在上海重聚，兩人東渡日本。華興會的領袖，在省外熟人協助下，也大部分逃出，若非逃至上海，就是逃至日本，但哥老會首領馬福益於一九〇五年四月被捕處死於長沙。

加入同盟會

湖南人在長沙籌劃起事時，孫文在日本繼續進行自己的反滿革命計畫。但自一九〇一年畢永年死後，他即再度與華中脫鉤。他的興中會，有別於黃興的華興會，幾次在沿海地區起事均失敗，他的計畫未得到內地人民的實質支持，只能寄望外國為革命勢力出面干預，但機率不大。孫文未受過傳統典籍教育，因而也未能得到東京中國學生的大力支持，在那些學生眼中，孫文沒有文化。與華興會成功讓文人與農村祕密會社一起獻身革命不同的，興中會的成員以來自沿海省分的商人、工人居多。例如，宋教仁就蔑視孫文的革命本事。他表示：孫逸仙能鬧，但就此而已。[17]

一九〇五年七月，孫文想把楊度拉入興中會。自寫出〈湖南少年歌〉後的兩年間，楊度已成為公認的日本中國留學生總會領袖。這時，他的政治主張已大大不同於先前在《遊學譯編》的工作夥伴楊毓麟、黃興的主張，轉而相信反滿革命將弊多於利。他贊成在中國建立日式立憲君主政體，使權力為人民所共享，同時仍保住滿人皇帝做為象徵性的國家元首。楊度立場極為堅定，因而經過三天激烈討論，孫文仍未能說服他加入。[18]但對孫文來說，這幾次會晤不算毫無所得；楊度本人不願加入興中會，但給了孫文更受用的東西，即介紹孫與黃興認識。

一九〇五年夏再度抵日時，黃興為湖南起事的失敗，已是滿心憤恨與失望。因此，在如何實現湖南革命的目標上，他願意接受新的建議。孫文提議他的興中會與黃興的華興會結盟，如此可望促成跨省的協調合作，畢竟單靠一省的革命，這時看來成不了事。黃興決定與孫文合作。這一決定代表湖南革命進程的一個轉折——首度有身居領導要職的湖南人，提倡要湖南本省的革命傳統屈居於一全國性的運動之下，而該全國性的運動以泛中國民族主義為基礎，未明言由湖南人領導。

一個星期後的一九〇五年七月二十八日，黃興召集華興會領導幹部開會，鼓勵他們支持兩會結合。據宋教仁寫下的會議紀錄，華興會諸領袖（他所謂的「湖南團體」），在是否應與孫文聯合上，正反兩派對立，勢如水火。問題癥結在於湖南人是否該為了更龐大的運動規模自毀本省的支持基礎。

宋教仁本人和任何他的湖南同鄉一樣，清楚瞭解他們一直在打造的湖南本土傳統，由該年他所寫，描述華興會之特性的文章即可見一斑。他在該文中寫道：「湖南之民族，堅強忍耐，富于敢死排外性質之民族也……庚子唐才常一役，根據地在漢口，而原動力則湖南。去歲甲辰，湖南學生與會黨合謀發難於湖南，以出長江，雖皆不成，要為湖南人反對滿族之萌芽矣。」[19]

他的記述中含有湖南民族主義的基本信條：王夫之是湖南民族主義之父，留給湖南人獨一無二的遺產；湖南人具有領導起事反滿的傳統；華興會的起事表明欲建立獨立的湖南。宋教仁本人雖然相信湖南民族主義的存在，但華興會起事失敗之後，認為沒有他省的幫助，華興會成不了事。因此，他接受了孫文的觀點。

革命反滿應由諸省同心齊力進行這看法，並非立即就得到其他人贊同。曾做為黃興與哥老會搭線之聯絡人的劉揆一，就代表了反對的一方，宋教仁稱他直言不諱表示反對：「劉霖生則主張不入孫會之說」。黃興提出折衷方案，即把兩會的結盟視為只是一時權宜的合夥關係。他建議道，獨立的湖南團體或許可「形式上入孫逸仙會」，同時「精神上仍存吾團體」。因此，可利用孫文的組織來進一步推動湖南脫離滿清政府獨立的大業，同時不把湖南省的利益交給孫，或放棄他們自己組織的結構和在地支持。宋教仁認知到湖南革命運動的發展面臨危機，最擔心的乃是與孫文聯合的湖南人，和未與孫聯合的湖南人兩者的關係會有何變化。[20]

黃興的折衷辦法占上風，而隨著湖南人終於加入，孫文的革命事業走上全新的道路。華興會是當時日本境內最有影響力的中國留學生組織，當學術素養和革命資歷皆無可挑剔的黃興和宋教仁，在一九〇五年八月為東京的中國學生聯合主辦一場孫文歡迎會時，誰都看得出，孫中山不再受到留學生的排斥：一千三百多名中國學生到會。隔週，革命同盟會舉行成立大會，有代表中國十八省中之十七省的學生與會。未有學生代表出席的省是甘肅，原因純粹是在日本沒有甘肅學生。孫文被選為同盟會總理，黃興為執行部庶務。[21]

溺死、絕望與講述湖南人之犧牲的詩歌

華興會大部分資深會員加入同盟會，但在本省利益至上主義和泛中國革命之間抉擇的矛盾情緒還是久久未消。這一矛盾情緒最引人注目的例子之一就是陳天華。他是湖南籍作家，自《遊學譯編》創立起就與黃興、楊毓麟共事，也是最早支持加入同盟會的湖南人之一。陳天華是新化人，新化位在長沙西邊的偏遠地區，而該地漢人、苗人高漲的緊張關係，促使當地官府立起一道隔柵，以將漢苗隔開。[22]家鄉地區的族群衝突，使他很容易就接受章太炎的種族主義思想，一九〇二年東渡日本後，他熱切擁抱漢族民族主義理論。他生性瀟灑浪漫，剪掉辮子，仿同鄉先人打過的太平天國戰士留著及肩長髮。

陳天華的第一個發表作品，一八九八年刊登於《湘報》，文中猛烈抨擊纏足惡習，但要到五年後在日本，他才真正出名。在其主要著作《警世鐘》、《猛回頭》、《獅子吼》中，他發出排外主張，仇外之激烈為一八九〇年代周漢刊行湖南小冊子以來所僅見。在《警世鐘》中，他重現周漢著作的觀點（陳天華小時候，周漢的著作充斥他家鄉地區），寫道：「讀書

的放了筆，耕田的放了犁耙，做生意的放了職事，做手藝的放了器具，齊把刀子磨快，子藥上足，同飲一杯血酒，呼的呼，喊的喊，萬眾直前，殺那洋鬼子，殺投降那洋鬼子的二毛子。」這樣的字句和周漢的反基督教布告沒有兩樣，但陳天華把矛頭更進一步指向周漢絕不會論及的對象：滿人。他接著寫道，「滿人若是幫助洋人殺我們，便先把滿人殺盡……殺！殺！殺！殺我累世的國仇，殺我新來的大敵，殺我媚外的漢奸。殺！殺！殺！」[23]

陳天華就漢人民族主義寫了數部廣為流通的作品，但也數次把湖南人當成有別於整個漢民族的一個族群，向其發出懇求。一九〇三年五月二十四日（軍國民教育會成立兩星期後），他在《蘇報》發表〈敬告湖南人〉一文，文中號召湖南人推翻滿清，主張所有湖南人共同肩負一個始於一八五〇年代，而獨一無二的歷史重任。他寫道，「抑諸君湘人也，我請與言湘軍，湘軍之起，都三十萬，死者半焉，可謂慘焉。然湘軍死十五萬人，而獲無窮之名譽……則其功豈僅曾、左。蓋曾、左所殺者同胞，而我所排者外族耳。」[24] 對陳天華來說，曾國藩、左宗棠留下的罪過，意味著現今的湖南人應該為了其他中國人挺身領導革命。他自認是那背負重任之群體的一員。他推斷道，「但使異日青史書曰，中國之亡，湖南與有力焉，則吾所萬不忍受者也。」

但一九〇五年初期，他忽然揚棄革命，轉而擁抱立憲政體，令他的湖南同志大為驚愕。在此必須一提的，他這一轉向，乃是出於一省的利害考量，他宣稱立憲君主政體最優，因為那將使省得以有最大可能取得自治地位。換句話說，省的自治乃是比驅逐異族統治者更值得追求的目標。留日湖南學生倉促集會，譴責他的請願書，因為該請願書支持立憲（從而嚴格來講支持皇帝，反對革命）。但值得注意的，宋教仁從該請願書的諸多要求中，特別挑出陳天華強調省自治一事來談，表示那是這份請願書裡值得支持的部分。其他湖南代表同意此說，眾人認可此請願書追求省之獨立與地方自治的主張，同時將請願書中的其他部分全斥為異端。[25] 此事說明，就在同盟會創立前幾個月，大部分有影響力的湖南革命分子仍把省的自治（至少是湖南的自治）視為他們的主要目標；他們與陳天華意見不一致之處，只在於用什麼辦法最能達成這目標的問題上。

但隨著革命同盟會的創立，陳天華似乎徹底揚棄湖南利益至上觀，轉而支持泛中國革命。一九〇五年十月，他譴責本省利益至上主義，視其為漢人團結最大的障礙：「夫省界何物也？謂非同一種族之人，同一區宇，但因滿政府政治上之區域而劃分者乎？……且分省不已而分府，分府不已而分縣，勢非至於四萬萬人分為四萬萬國不止，其何以聯合大群以禦外侮乎？今日者，國權未伸，外人勢力之侵入有加無已。滿洲未去，漢人權力消亡；此皆不顧，而先從事於省界焉，不外禦其侮，而但鬩於牆，甚矣其愚也。」[26]

陳天華的論點中，省界是帝國專斷劃設的分界，而非自然形成的分界（例如種族間的分界）。陳天華把他原熱情擁抱的本省利益至上主義斥為削弱漢族團結的迷信，而與他此前所有訴諸獨特湖南人族群的主張相矛盾。曾力倡本省利益至上主義的他，這時似乎已完全擁抱把省視為無意義之單位的中國民族主義。

然後，陳天華有了驚人之舉，向世人道出他最後的心聲。一九〇五年十二月七日，即同盟會創立四個月後，他宣告棄絕本省利益至上主義兩個月後，在東京灣投海自殺。他留下兩份絕命書，做法正與他政治立場的矛盾相一致。其中一份寫給所有中國留學生，要他們終身愛國不渝。他寫道，「人皆以愛國為念，刻苦向學，以救祖國，則十年二十年之後，未始不可轉危為安。」[27]在此絕命書中，他區別民族與政治之不同，呼籲漢人學生把重點放在政治而非民族，甚至要他們放棄仇滿心態，讓滿人成為「同等之國民」。

陳天華主張，把中國土地上的所有居民納入不分民族、以國家為基礎的愛國主義裡，漢人或許就能完全免去革命的必要：「然而舉中國皆漢人也，使漢人皆認革命為必要，則或如瑞典、諾威之分離，以一紙書通過，而無須流血焉可也。」對他來說，瑞典與挪威不流血分開，正是當代的一個明證，證明重大的政治改變，乃至徹底改造一個國家，如果能使各方達成一致見解，不流血就可達成。他主張，把漢人的族群一體意識，納入更大同的多民族民主中華國，並讓滿人在這中華國裡仍享有一席之地，漢人不需革命就能完成政治改變，不需流血犧牲就能享有自由。

陳天華另一份絕命書寫給「湖南留學生」，文中並非呼籲滿漢和解，而是呼籲湖南人團結。全文如下：「嗚呼！同鄉會不可解散。嗚呼！願我同胞養成盡義務守秩序之國民。當今之弊，在於廢弛，不在於專制。欲救中國，惟有開明專制。嗚呼！我同胞其勿誤解自由。自由者，總體之自由，非個人之自由也。我同胞其聽之耶？嗚呼！願我同胞其聽之！其聽之！」[28]

他敦促漢人學生撇下與滿人的民族歧異，建立以國家為導向的泛中國民族主義，同時也懇請湖南人勿解散同鄉會。此外，他一九〇五年十月抨擊且揚棄本省利益至上主義，認為只有君主立憲能確保湖南自治地位的主張，在他只有「開明專制」能保住「總體之自由」的懇求中，這些先前的主張有了更為極端的表述。專制似乎會是保住這一湖南組織的結果，而這的確發人深省。據某友人的說法，他內心痛苦的主要根源，乃是華興會在湖南起事的失敗，那帶給他的苦楚從未消失。[29]但據大部分民族主義歷史學家的說法，他絕望的不是湖南人，而是所有中國人。[30]對於湖南人，他要求保住同鄉會組織，對於所有中國人，他則要求把族群認同完全擺在未來國家的需求之下。如果湖南人遵從他的建議，把中國人認同擺在首位，那麼湖南同鄉會——照陳天華先前的邏輯，即是區別湖南人與其他中國人的人為障礙——會是第一個該除去的東西。因此，陳天華這兩個要求同時存在且相牴觸，好似出自兩個不同人之口，而他自殺所要傳達的意涵，就和湖南人欲使本省前途和帝國前途並行不悖一樣令人困惑。

陳天華的突然自殺，湖南留學生圈子裡的友人大為震撼。例如，他華興會起事時的夥伴，明德學堂學生姚宏業，陡然意志消沉。他與陳天華一樣悲戚認為中國學生缺乏獲致成功的決心。姚宏業始終敬佩陳天華；陳天華留長髮以向太平軍致意後，姚宏業即根據太平天國領袖洪秀全的姓，把他名字中的「宏」改成「洪」。一九〇四年從明德學堂畢業後（黃興是他在該校的老師），姚宏業追隨陳天華腳步加入華興會，兩人受黃興之命同赴江西聯絡革命黨人。一九〇五年，姚宏業再度追隨陳天華腳步到日本，在該地也加入同盟會。但陳天華死後，姚宏業意志消沉，四處漂泊。一九〇六年春，他來到上海，隱隱懷著將上海的湖南學生組織成共學會的念頭，結果發現他們對行動救國不感興趣。由於為該學會募款不順，他最終死心。一九〇六年五月，即陳天華自殺五個月後，姚宏業決定最後一次追隨他好友的腳步，投上海黃浦江自殺。[31]

兩人自殺相隔將近半年，但裝著兩人遺體的棺木（陳天華棺木來自日本、姚宏業棺木來自上海）一起運抵長沙。五月二十三日，商人禹之謨出面接下，統籌他們喪葬事宜。禹之謨是湘鄉人，曾國藩的小同鄉，一八九四至一八九五年間曾隨湘軍打中日甲午戰爭，戰後遷居上海研究實業。[32]一九〇〇年，他加入唐才常的自立軍，然後赴大阪繼續研究實業，一九〇二年返國。在湘潭創立湖南第一個現代棉織廠後，他加入黃興的華興會，然後成為最早加入革命同盟會的湖南人之一。黃興派他去長沙建立同盟會湖南分會。友人證實，一九〇五、〇六年時，他有許多時間耗在長沙茶館，替同盟會分發反滿刊物。[33]

因此，禹之謨既是湖南革命運動的核心人物，也是跨省性革命同盟會的核心人物。基於這原因，禹之謨究竟是以革命同盟會代表的身分，還是以湖南革命運動代表的身分，接下陳、姚兩人遺體，就攸關以下問題的釐清：湖南人是否真的被納入革命同盟會，抑或澎湃洶湧的湖南革命運動只是利用同盟會來進一步推動其宗旨和目標。

誠如後來的發展所表明的，不管陳天華、姚宏業有意賦予他們的自殺什麼樣的意涵，他們之死都被視為為湖南而死，而非為中國而死。在陳家鼎、寧調元這兩位明德學堂學生暨革命同盟會同志協助下，禹之謨宣布陳天華、姚宏業為楚之烈士，要求將他們葬在嶽麓山。嶽麓山是湖南最神聖之地，湖南歷代先賢祠廟之所在，一八七九年，郭嵩燾就爬到此山上的賈誼祠，寫下哀嘆自己年華老去的詩。湖南巡撫禁止下葬嶽麓山，這三位主辦人即糾集長沙諸所新學校的學生，一九〇六年六月十一日浩浩蕩蕩為陳天華、姚宏業兩人送葬。現存的記述說有一萬多名來自長沙諸新式學校的學生（這時新式學校已總共教出三萬多名學生），一身素白，戴草帽，邊走邊唱歌，人龍綿延超過五公里，無視巡撫的禁令，送兩具棺木到嶽麓山下葬。[34]

送葬行列前頭高舉禹之謨自撰的輓聯，部分寫道：

殺同胞是湖南，

救同胞又是湖南，
倘中原起義，應是湖南。
烈士竟捐生，
兩棺得贖湖南罪。[35]

最重要的，這是場赦湖南人罪的活動。他們將陳天華、姚宏業兩位革命志士葬在嶽麓山，最主要想藉此掃除頌揚曾國藩、湘軍（「殺同胞」者）成就的官方湖南歷史，代之以新的革命使命觀。十二年後，毛澤東（二十六歲的長沙老師和新聞工作者）稱這一送葬之事是「湖南驚天動地可紀的一樁事」，說「湖南的民氣在這個時候幾為中狂發癲，激昂到了極點」。[36]但學生解散後，巡撫派兵挖出棺木，逮捕看顧棺木的學生。禹之謨從長沙逃回湘鄉老家，兩個月後，被百餘名清兵逮捕入獄。

《洞庭波》

湖南巡撫開始逮捕學運分子時，禹之謨的兩個助手陳家鼎、寧調元，在明德學堂創辦人胡元倓協助下從長沙逃到日本（兩人都是該校學生）。兩年前，也是胡元倓偷偷助黃興脫離險境。[37]在東京，他們兩人與因為華興會、革命同盟會結識的楊毓麟會合，三人合辦了新湖南刊物《洞庭波》。洞庭湖構成湖南省北界，湖南就因位於洞庭湖之南而得名。更古時，洞庭湖為楚國南北分界，屈原被流放到楚國南部，即流放到該湖之南。《洞庭波》之名出自屈原〈湘夫人〉一詩的第一詩節。此詩節描述詩人在洞庭湖對岸瞥見湘水女神：

帝子降兮北渚，
目眇眇兮愁予。
嫋嫋兮秋風，
洞庭波兮木葉下。[38]

凡是具有古典文學素養的中國人，都非常熟稔這首詩，《洞庭波》的刊名讓人一見即生起此詩中的鮮明意象。遙遠北岸上「眇眇兮愁予」的眼神，賦予此刊物可望而不可及的渴慕之感。樹葉飄落洞庭湖，則賦予該刊失落之感。陳天華與姚宏業都是被洞庭湖水吞沒的落葉，被衰敗時代的「秋風」吹落，淹死湖中，獻給湖南神靈的祭品。《洞庭波》在形象和措詞上，比此前任何湖南刊物，帶有更為頑強的湖南味。它在兩位湖南「烈士」葬在嶽麓山，而民心悲憤正濃的勢頭上問世，把他們放進從屈原一脈相傳下來的傳統裡。它所刊出的作品，有許多暗喻遠溯楚國，因而在意象上強化且深化楊毓麟先前的出版物。

此刊發表了數首為姚、陳二人下葬所寫的詩，作者則以「屈魂」、「湖南某君」之類筆名示人。在這些詩的暗喻性用語裡，最應注意的乃是陳天華、姚宏業二人的自殺都是投水而死，不管姚、陳二人的真正用意為何，此刻他們可被解讀為重現屈原千古不朽的自殺壯舉。一如屈原自沉於汨羅江，以在敵人入侵前夕警示楚人，陳天華和姚宏業（在這些詩人的解讀下），也以同樣的死諫來抗議他們湖南鄉人，未能在中國即將遭外人入侵時，接受他們的號召起身革命。屈原是湖南人這一自殺殉道方法的始祖。透過陳天華、姚宏業，此舉重現於現代。那是湖南人所能深刻體會，帶有濃濃湖南歷史之永恆悲劇意涵的自殺之舉。

在其中一首詩〈哭亡友姚君宏業〉中，姚的投水自盡促使作者反思湖南的情勢：

湘魂一去痛何如，
忍令平生付子虛？
欲識船山真面目，
諸君仔細讀遺書。

……

我亦長沙痛哭生，
十年奔走事無成。
病中幾點憂時淚，
和洒湘流弔屈平。[39]

這首詩以姚宏業入詩名，以屈原入本文，把這兩個同是投水自盡的哀悼對象連在一塊。王夫之的著作以驅邪物的形象出現，如果運用得當，或許能阻止湖南人的悲劇，亦即「湘魂一去痛何如」的發生。此外，詩中提到「十年奔走事無成」，暗指作者是楊毓麟那一代人（說不定就是楊毓麟本人）。對這位作者來說，湖南人獨立之夢始於十年前的時務學堂和南學會。

在這些詩作襯托下，《洞庭波》的主要文章，二十一頁的〈二十世紀之湖南〉登場，此文作者為禹之謨的副手陳家鼎。[40]陳家鼎一開始循著先前《遊學譯編》湖南民族主義文章的調子，或楊毓麟《新湖南》的調子（楊毓麟畢竟是現今這份刊物的主編），以一首讚歌描述湖南境內的反抗、進步、殉難的歷史，而陳家鼎在此文中未把湖南稱為省，而是稱為國。他寫道，一切濫觴於屈原，「屈原以文章喚起國魂，船山以學說提倡民族。時務則魏源、郭嵩燾、曾紀澤為之先聲。種界則曾靜、賀金聲、陳天華、姚宏業效其死命。以如斯之光榮歷史，如斯之開化民俗，如斯之大好人物，如斯之英偉事業。」

探索這一從楚國往下綿延到當今之世的英雄精神之後，陳家鼎以古今中外的其他英雄、烈士為對比，思索湖南英雄、烈士的偉大之處，並寫道，「雖使之流唐漂虞，滌殷盪周，駕歐驅美，軼非凌澳。鬻熊孫子人人皆拿破侖，湘中城池處處號聖彼得，縱橫上下不可一世。以湖南比近世之帝國，一日耳曼二十五聯邦中之德意志也。以湖南比世界之共和國，一美國十三州中之華盛頓也。」因此他宣稱，湖南理當稱揚於世界舞臺，至少和近世任何一個著名國家一樣偉大。

但接著陳家鼎話鋒一轉，問道，「駸駸乎號一近世界之新主人可也，而孰料有大不然者。」然後此文語氣轉為憤恨，而與此前談湖南民族主義的較樂觀文章迥然有別。因為陳家鼎發現其他文章少談一樣東西：中國境內的公敵。他把陳天華、姚宏業的未能下葬，稱作非湘籍官員一貫主動打壓湖南人的一個事例而已，循著這條思路，他發出一前所未見的指控：威脅湖南人性命者，不只滿人和外國帝國主義者，還有——且這是他最重要的貢獻——還有其他漢人。

陳家鼎再度搬出過去湖南人對帝國視之為落後草莽之地的痛恨，然後狠狠斥責他省人對湖南人的壓迫，並用西方的驚嘆號來強化他的觀點：

政界之排湘者，曰湖南人最占勢利也。軍界之排湘者，曰湖南人喜生事端也。學界之排湘者，曰湖南人太無程度也。商界工界乃至妓界之排湘者，曰湖南人性太野蠻也。海內所欲打！打！！打！！！者，非別省也，湖南也。所欲殺！殺！！殺！！！者，非別省也，湖南也。

對於湖南人在太平天國之亂中與漢人為敵這一主張（由譚嗣同首次提出，而這時普遍接受的主張），陳家鼎認為那不是湖南人的自我批判，而是湖南所必須駁斥的惡意指控，亦即湖南人在征戰上的豐功偉績，已使湖南人成為他省人仇視、痛恨的對象。

在他看來，湖南人因此遭受其他漢人的迫害，比印度教徒或猶太人所受的迫害更有過之。他解釋道，「哀湖南者，莫不曰湖南之在今日，將為天下第二之印度猶太也。然而猶太者西洋文明之母國。俄偶殘殺之，各國報紙皆詆俄為野蠻。現今猶太國雖亡，而遺族猶散處於歐洲各國。湖南且被各省之排，尚望見容於各國乎？」同樣的，「印度種雖垂滅，猶有站街之資格，今且欲離英而自立矣。湖南則啞國也，奴藪也。」在他看來，湖南人連鼓起印度教徒的叛亂意志都辦不到，湖南人默默接受奴役的對待。

湖南人受到滿人、西方帝國主義者、其他漢人的攻擊，又無處可避難，於是陳家鼎描繪出如果不團結在一塊，湖南人在新的世紀會有的遭遇。他預測，他們會陷入演化鬥爭，且敗下陣來：「來日雖久，無可為南風強競之時。無論滿洲人、各省人、各國人，皆有仇視湖南之時，一若必使一種南楚民族盡付之天演淘汰而後快者。危哉，湖南人！危哉！二十世紀上之湖南人，不知天下何憾湖南人之深。」

陳家鼎轉而談起熟悉的教育問題，做為培養這個南楚民族挺身自保之心的起點。他說，日本一九〇五年之所以能擊敗俄國，「無不由該教師以國仇之必報，平日印入兒童腦中。」他主張，湖南人必須以日本人為師，透過學校灌輸學生必須為湖南人受的苦報仇的想法。這些學校的基本職責，應是「以清虜南掠之慘，及湘人祖若曾積屍之多，演動一般國民，而又主張船山學風奉為宗派，俾曾（靜）、唐（才常）、陳（天華）、姚（洪業）之死狀，童穉皆知，耳濡目染，教育之影響全國必也大矣。」因此，陳家鼎的〈二十世紀之湖南〉，把先前有關湖南獨特性的陳述，統合成一種宣傳體系所追求的遠景，也就是要利用湖南人受滿人和其他漢人的迫害，把湖南人塑造成一個能在華南立足，驕傲、獨立、自成一體且強大的實體。它的文化的核心主義，如學校所反覆灌輸的，將是王夫之的思想，它的歷史的中心思想將是殉難。

這篇慷慨激昂的長文，最起碼說明了儘管不久前建立了泛中國的革命同盟會（《洞庭波》三位主編都是其會員）」，強有力的湖南分離主義意識仍在迅速茁壯。《洞庭波》繼同盟會之前的湖南學生著作而起，而民族主義意識更為激烈、更富詩情、更為深刻。先前所有湖南人著作均含蓄表示，把湖南人界定為有著共同文化、共同歷史命運的一個「民族」，而非界定為一個省（只是個地理實體），最為理想，而《洞庭波》代表了對這一含蓄主張的細微調整。此外，這篇文章的作者認為，湖南人在過去歷史上所受到的壓迫，更甚於猶太人或印度教徒所受到的壓迫，藉此給了湖南民族主義挺身準備戰鬥的動機。

從某個觀點看，陳家鼎的〈二十世紀之湖南〉可說承繼了郭嵩燾一八七〇、八〇年代重振湘楚文化的作為。郭嵩燾希望湖南領路通往未來的中華國，主張湖南的學校按照王夫之的思想重建，而這一希望和主張，在陳家鼎一文中，均得到重述。但自郭嵩燾的時代以來，中國其他地方已被視為湖南必須打擊的真正敵人。界線更為分明，怨憤更為深重，要求脫離「中國」自立的主張更為激昂且明確。

但從另一個觀點看，《洞庭波》諸位湖南主編也受了周漢的影響。周漢一八九〇年代煽動性的排外小冊子，乃是他們一九〇〇年代反滿雜誌的先祖。《洞庭波》只刊出一期，日本政府就因清廷施壓而迫其停刊，然後，主編之一的寧調元從日本返回湖南，協助領導湖南、江西交界山區一場礦工叛亂。寧最後入獄，且無巧不巧，就和周漢關在同一間監獄。自一八九〇年代個人出版品遭查禁後，周漢即被關入獄中，這時還未出獄。

這位一生鼓吹同胞殺洋人的老耄反基督教宣傳家，一九〇七年時已幾乎是昨日黃花，他所追求的目標在他的家鄉長沙已幾乎遭遺忘。就連他的女兒這時都在長沙某女子學校教西方科目。[41]但雖已過氣，他和年輕的反滿行動主義者寧調元，共通之處不只在於關在同一處監獄。兩人是兩代人，兩種思想的化身，卻都基本上執著於將外人趕出湖南。在獄中，兩人在某方面意氣相投。周漢寫了張條子給寧調元，說，「余年六十，一生為蝦戲犬欺，不絕滅外來侵凌，余死不甘心。」[42]若非年齡有異，把這條子說成是寧所寫，亦無不可，因為它的意涵也正是寧的心聲。堅持自己信念的周漢，隔年終於獲赦，但這時他已對外面世界死了心；他拒不出獄，在獄中度過餘生。

王夫之的從祀文廟

曲解王夫之的思想為自己目標所用者，不只湖南革命人士。他們以王夫之為本省先祖，圍著他重整旗鼓時，把王夫之描述為所有反滿民族主義者（而非只是他湖南家鄉之反滿民族主義者）之精神始祖一事，也普見於個人創作和大眾報紙上。早在一九〇三年，上海報界就極常在談民族主義的文章裡提到王夫之的名字，頻繁到令《蘇報》主編抱怨它們浮濫膚淺。他要讀者更深入思索，在某文章裡寫道，「今以限於日報之例，未能竟其詞，此不過其九牛之一毛也。」在此文別處，他嚴正表示，「王船山者，亡國之一國民也，故其言皆亡國之音，所說多亡國之慘。」他說，那些著作「可以振起吾國之國魂者極多」。[43]蔡鍔於一九〇四年為《東方雜誌》撰文時，寫了一篇名字取得很貼切的文章，〈採王船山氏說證中國有尚武之民族〉，文中大量引用王夫之《黃書》某章的字句。[44]王夫之在該章中根據各地區人民的氣質，將不同地區的人民分門別類。王夫之的思想可說變成了無所不包，他的著作似乎預見了進入中國的許多「新」思潮。例如，一九〇六年《東方雜誌》某文，以大量的原文為證，主張王夫之在亞當斯密出生前，就描述了他《國富論》中的經濟理論。[45]

但十九世紀時最早使湮沒於歷史的王夫之重見天日的那些學者，其打造出的王夫之，也就是湖南儒家先賢形象的王夫之，著作能使天下撥亂反正的經世學者形象的王夫之，並未完全消失。激進學生走過湖南維新運動、自立軍起事、華興會起事未遂、埋葬陳天華與姚宏業這諸個階段時，王闓運仍在衡陽經營船山書院，自一八九〇年代以來未有改變。他也繼續在王夫之誕辰和每年大年初一時主持崇祀王夫之之禮，一如一八八〇年郭嵩燾首創這儀式時之所為。譚嗣同的老師劉人熙於一八九三年開始悄悄蒐集、刊行王夫之幾部此前不為人知的著作。[46]但這些都是局限於湖南一省之事，且與這時其他援引王夫之來張揚己說的行為不同的是，它們與帝國政治或國際政治無關。

但一九〇七年御史趙啟霖重提郭嵩燾一八七六年未竟的夢想，奏請禮部讓王夫之從祀文廟，從而使上述情況改觀。趙啟霖是湘潭人，而王夫之後代，以及歐陽兆熊、王闓運、十九世紀復興王夫之著作有功的其他人，也都是湘潭人。趙啟霖於一八八〇年搬到長沙就讀嶽麓書院，在校成績優異，一八九二年三十三歲時中舉，再數年考上進士，授翰林院編修。他短短的自傳完全未交待自己的師承，但他把一八九一年郭嵩燾的去世列為那一年他人生最重要的事件之一，由此可知他極為推崇郭嵩燾。[47]趙啟霖曾為郭嵩燾寫輓詞，詞中有曰：「不有俊民，誰拯國疕。」[48]郭嵩燾從英國返鄉後那數年期間，趙啟霖住在長沙，與陳三立來往密切，而陳三立父親就是曾非正式受教於郭嵩燾的前湖南巡撫陳寶箴。年近三十的趙啟霖，若要就讀思賢講舍，年紀太大，若要加入禁煙公社，年紀又太輕，但他後來的著作仍透露了郭嵩燾對他的影響。趙啟霖喜愛經世之學，提倡船山之學不遺餘力，後來積極鼓吹禁煙。[49]一九〇七年向禮部奏請讓王夫之從祀文廟時，他是刻意在追隨郭嵩燾的腳步。

趙啟霖的從祀文廟摺和郭嵩燾的從祀文廟疏，兩者的主要差異之一，乃是趙啟霖奏請將忠於明朝的王夫之、黃宗羲、顧炎武三大儒同時從祀文廟，一如十八世紀末將他們三人當成一個群體，納入清朝國史儒林傳中。藉此，爭議性較大的王夫之能搭較為當局所接受的顧炎武的順風車一起從祀文廟。

但更重要的，乃是趙啟霖奏請的時機，因為他寫此奏摺時，儒家體制已明顯式微。科舉制度於一九〇五年廢除，一九〇七年趙啟霖寫下此奏摺時，清廷正在研究如何改變體制，走君主立憲制。許多人察覺到正當性危機（即使還未降臨）步步逼近。一九〇六年，有份皇帝詔書指出，教育必須推崇「忠君尊孔」。[50]趙啟霖解釋道，王夫之等三大儒正是忠君尊孔的完全典範，奏摺一開頭就提議藉由推崇這三位忠於明朝的學者來「崇國粹」。[51]然後他表示，研讀這三大儒的著作，乃是恢復中國正統思想體系的最佳辦法：「自中外交通，學說紛雜，後生昧於別擇，或至輕詆國學，自忘本原。」在趙啟霖的奏摺中，這三大儒（如一八七〇年代諸大臣對王夫之的斷定）未威脅到儒家正統的安穩，反倒成為搖搖欲墜之意識形態的支柱，體現了中國「國學」的「本」與「原」。

郭嵩燾一八七六年的從祀疏，把王夫之說成受冷落的湖南先賢。它含蓄要求肯定湖南，肯定這個以平定太平天國之亂挽救清朝，卻遭遺忘的落後地區。相對的，趙啟霖只略加提到王夫之的本籍，較愛把他描述為純正中國人，從而是抵擋非中國思想體系入侵的堡壘。耐人尋味的，這一次反倒是禮部在回覆此奏摺時，特別針對王夫之的湖南出身表示看法，稱那是他最重要、最引人注意的地方之一。據官方紀錄，諸大臣審議此事時指出，儘管王夫之的著作直到晚近才讓人得以一睹，「同治以來中興名臣大半奮跡衡湘，則亦未始非其鄉先生教澤之所留貽。」[52]

在朝廷對教育、政體方面的政策大幅改弦更張之際，禮部大臣似乎帶著懷舊之情回顧平定太平天國之亂後那段重建歲月，認為湘軍諸將成功穩住同治皇帝的統治，正表明王夫之的學問有助於王朝的救亡圖存。那與郭嵩燾含蓄的指控——湖南未得到應有的肯定——大相逕庭，因為這時王夫之被視為，使湖南人在十九世紀大放異采，說不定也會使中國在二十世紀大放異采的大功臣。在朝廷眼中，王夫之不再是威脅，遠更可怕的威脅即將到來，而且其中有些威脅已把王夫之據為己有。與那些把王夫之譽為反滿民族主義者之老祖宗者相反的，清廷終於欣然接受趙啟霖所解讀的王夫之，將他視為忠君愛國者。

章太炎首開先河將王夫之稱作漢人民族主義之父，因而聽到趙啟霖的奏請已得到朝廷贊同時驚駭不已。一九〇八年七月十日，他在《民報》發表文章表達對此事的看法，寫道：「衡陽所著，則有《黃書》、《噩夢》，其尊漢族而拒羯夷，成文具在……今於衡陽反無一言，豈彼滿洲貴胄者，未睹衡陽之書耶？抑自知東胡穢貉，荐食神州，罪在不赦，故不敢公吐盜言以憎主人也。若是，則彼滿洲人者，亦以漢人排滿為當然耶？」[53]

他以這一懷疑為基礎，質疑這時支持趙啟霖奏稿的滿人大臣之動機。他搬出他的理論（這次把那理論說成聽自他人的說法），說曾國藩刊印王船山著作係為替他殺害同屬漢人的太平天國叛亂分子的行徑贖罪。章太炎寫道，「曾國藩身為漢奸，獮薙同種，而衡陽遺書數十種，素未現世，實國藩為之刊行，湘人父老相傳，以為國藩悔過之舉也。」如果說曾國藩刊印王船山著作，乃是他私底下反滿的證據，當今朝廷支持讓王夫之從祀文廟，則意味著連滿人都承認他們該被推翻下臺，或者如章太炎所說的，「然則尊祀衡陽，默無非議者，其亦滿人悔過之舉耶？」

這一請祀案未因章太炎的嘲笑而破局，兩個月後的一九〇八年九月，禮部同意所請。於是，在郭嵩燾去世十七年後，他的願望終於實現，這位湖南先賢的牌位進入中國各地的文廟。同樣的，不承認清朝的正統，被迫隱居山林，發奮著書的王夫之，在去世兩百年後，反倒成為替該王朝之正統性掛保證的體制化象徵。但這一奇怪的結合將只持續到清朝覆滅為止，也就是將只再持續三年。

邁向革命

「湖南團體」與其所加入的同盟會之間的緊張關係，一直持續到一九一一年辛亥革命。[54]一九〇八年，雙方出現明顯裂痕，宋教仁帶頭欲拉下同盟會總理孫文，代之以黃興，而參與這場倒孫運動者以湖南人居多。在黃興的阻止下，宋教仁才收手。辛亥革命爆發時，與其他華中革命黨人密切合作，協助領導該革命者，乃是黃興；正在美遊歷的孫文，得知此事大吃一驚，最初毫未參與這場起事。清朝覆滅後，據說章太炎嚴正表示，「若舉總統，以功則黃興，以才則宋教仁，以德則汪精衛。」[55]孫文未在人選考慮之列。黃興有來自湖南和華南的支持，另一位省級領導人黎元洪則有來自河北和華北的支持。在黃興與宋教仁主導下，折衷人選孫文出線，以防上述兩派衝突。[56]黃興最終未能成為中華民國第一任總統，卻仍是第二把交椅，革命後有數年，孫黃二人的名字一起出現在國民黨大部分政策聲明的最上頭。[57]湖南學生團體的其他領導人物，從此馳騁於全國的大舞臺上，就和當年湘軍領袖平定太平天國之亂後發跡的方式差不多。宋教仁成為農林總長，一九一三年差點成為總理。劉揆一成為工商總長。蔡鍔是雲南都督和四川督軍兼省長。楊度成為軍事強人袁世凱的高階顧問，而袁會在一九一二年接替剛當上總統不久的孫文，成為中華民國總統。但一如太平天國覆滅時所發生的，湖南諸領袖決定為更大的政府效力一事，使湖南的地域主義失去了影響力，至少眼下是如此。把中國打造成此刻的樣貌之後，他們離開發跡地湖南，到新政府闖天下。

湖南革命志士在邁向辛亥革命途中的矛盾心態，如今已大體上遭遺忘，而這主要是因為他們為中華民國政府效命。民族主義者的歷史支配了對這段時期歷史的敘述，就連其中最可疑的湖南革命人士（楊毓麟、陳天華，乃至反對創立革命同盟會的劉揆一），都被譽為中國民族主義運動的英雄。但把他們的動機和效忠對象單單歸於一統中國的夢想並不公允，因為他們也著眼於更近的目標——湖南自治。

在看似可行的泛帝國革命運動逐步發展之際，本省利益至上的心態並未消失。其實以

《洞庭波》為指標來說，湖南本省民族主義的發展程度，至少和中國民族主義一樣高，而就湖南來說，它能有更根深蒂固的根源做為依據。華興會決定與孫文合組革命同盟會一事，並非如今人所常認為的，結束了這個較早成立的組織。如同宋教仁所說的，試圖讓湖南脫離滿清獨立的湖南人，並未完全忘掉他們該忠於自省鄉民，他們的中國民族主義熱情多半從本省生存、自治的角度發出。陳天華、姚宏業的投水自盡，被民族主義歷史學家追念成是為自由中國夢想而死的英勇行動。但對擁有他們的遺體，進而擁有他們的象徵性資本的湖南人來說，他們是為了贖湘軍的歷史罪行而死，他們的死是屈原之死的翻版。儘管華興會起事失敗（其實是《新湖南》的失敗），儘管未能如願下葬陳天華、姚宏業，日本湖南學生的湖南民族主義激越言詞，並未在他們返回大陸後減弱，反倒以更陰鬱、更憤恨的形態呈現，對非湖南人的不信任，就如同對滿人的不信任一樣，且思索著湖南人是否要挺身而起把所有非湖南人趕走。

所有湖南民族主義者的想法裡，都立著王夫之這位崇高人物。在辛亥革命前那些年裡，王夫之的地位逐步升高，但他的角色分化為彼此衝突的多種形貌，並以如下三種為主：中國民族主義之父、「湖南精神」之原型、湖南一地所自詡的儒家傳統思想的領袖。他著作裡的基本精神，使這些主張彼此水火不容，那精神就是他毫不掩飾的仇滿心態。誠如下一章會看到的，一九一一年的推翻滿清，繼之以革命黨人成立新政府，將終於在湖南創造出一個政治環境，把這些對王夫之遺產的不同理解重新統合，在一綜合體裡調和它們的差異，且首度處於共同基礎之上。

楊毓麟的投水自盡：尾聲

楊毓麟的著作影響了湖南民族主義的發展，且他與幾乎所有湖南改革派和革命黨人（在郭嵩燾的校經堂、在時務學堂與南學會、在自立軍、在《遊學譯編》、在華興會、在革命同盟會的改革派和革命黨人）都有深厚私交，但他並未和他的朋友一樣，於革命後的政府裡擔任新職。華興會起事失敗後，他已然曲折的人生奮鬥道路變得更難捉摸。一九〇五年，改名楊守仁，前往北京任職於清廷的京師大學堂譯學館。[58]一九〇五年九月，清廷派五大臣出國考察外國憲政時，楊為隨員之一。[59]但一行人就要從北京火車站啟程時，楊毓麟的前暗殺隊成員吳樾，想引爆炸彈阻止這趟行程，卻在車站裡炸死自己。楊毓麟過去的作為反倒差點害了他自己，因為差點要了他命的那顆炸彈，就是他教吳樾製造的。經過這一意外的延擱，考察團在十二月終於成行，楊毓麟跟著遠赴日本，而在日本，他和宋教仁一起投入清廷的外國政治書籍中譯事業。[60]陳天華、姚宏業下葬事件後，楊毓麟藉著《洞庭波》和《漢幟》（他曾在《漢幟》上宣傳一部以「烈士」吳樾為主題的書），重拾以湖南為中心的革命報刊事業。然後，一九〇八年，他又回去為清廷效力，被留歐學生監督聘為祕書，隨行到倫敦。一九〇九年他辭去政府職務，搬到蘇格蘭的亞伯丁，在那裡學英文、政治經濟學、憲法，就此度過餘生。[61]

就在楊毓麟待在蘇格蘭期間，有個令人意想不到的東西，穿透他誇誇其談且矛盾的政治著作而留存為我們所知。因為這位早期的無政府主義者、湖南獨立的鼓吹者、炸彈的供應者、滲入清廷的內應，也是個父親。有幾封他寫的家書保存至今，信寫於一九〇九年，收信人是他的幼女。當時他三十七歲，而他女兒與妻子住在長沙。這些信中的思想情感，似乎與他的公眾形象格格不入。它們流露出令人感動的守舊心態，而由於那出自一位把早年生涯的大半投入摧毀中國傳統社會的人士之口，那心態更讓人覺得突兀。他寫道：

字諭克恭知悉：

汝寫信與我，我甚喜歡。汝寄來文章一篇，尚不太壞。用心學去，尚是可造。惟汝每次寫信與我，字體特別潦草。去歲信上說是眼睛看不見，汝眼光何至如是不佳？可告我。

汝此次考試如何？前信說是考在十幾名上，何不發憤用功考到前三名耶？汝只寄文章給我看，但是我最喜歡知道者是汝算學學得如何？英文學得如何？體操如何？以後須將此數項功課一併告我，不可專寄一篇文章與我，切囑切囑。

現在我寫信與汝母親，要汝往周氏女塾寄宿。汝到學堂寄宿後，自己須要切實學好做人，切實用功求學，不可在學堂內與同學諸人終日閒談亂講，不可與同學諸人鬧意見。待同學諸姊妹宜格外客氣，彼此以求學用功相勉勵。見學堂監督教習，尤宜恭而有禮，恪守校訓，不可違抗。一切日用飲食起居，須有一定規則，按照一定鐘點。鐘點是人生在世一件必須謹守的事，人無一定做事鐘點，便是不能學好的憑證。切戒切戒。

晚上休息上床不可胡思亂想，須認定一段格言，或認定一個算學題目，用心思考，自然而然入夢，神魂清爽。

平日除與諸女同學往來及休息往來外家請安外，不准汝與男同學往來，亦不准汝妄向別的人家行走。此是我定的規矩，汝若違背我的規矩，便不是我的女兒，將來是不好見我的面。

汝寫信與我，稱外家為「婆家」，「婆家」二字不合，我已寫信在克念信上，汝可索看。克念為人，天資平常，精力亦差，我怕他虛浮懶惰，汝須囑咐他，要他切實用功，要他發憤，要他一切事情必須謹守一定鐘點，要他用心學作文章，學讀英文，學習算學、體操。

祖母在家掛念汝等，汝須與克念常常寫信向祖母請安。十叔、伯母、叔母，亦宜常常寫信請安，不可間斷。有暇時宜寫信與我，告我近日所作功課。

平日用錢極宜儉省，買物但求適用，萬萬不可貪好看。但求價賤物良，不可貪價貴，愈賤愈夠用。用錢但有節省之法，別無他法。

身體須保養。保養身體，只有用心習體操之一法。我到此國，看見一個女學堂，諸女學生聞進學堂三個月，無不肥胖者，全是習體操工夫，汝宜每日習體操一點鐘。

父守仁諭
五月初三日[62]

這位老無政府主義者給女兒的勸誡，或許可扼要歸納如下：用功讀書，學作文章，考好成績，與同學相處融洽，尊敬師長，勿與男同學往來，別把時間浪費在無益的消遣上，定時運動，拜訪親戚，飲食起居要規律，最重要的要守規矩。這番話竟出自年輕時學製炸彈、陰謀暗殺慈禧太后、出版小冊子鼓吹湖南脫離中國壓迫桎梏的人士之口。身為父親，楊毓麟嚴格、保守如曾國藩。這告訴我們什麼？或許這封信透露他放棄了他先前的奮鬥目標，透露了一位父親的體悟，體悟到穩定、傳統、按部就班的改革比激進改變重要，體悟到他離世後，傳統生活方式會比他走過的人生更有益於他的女兒。也或許這封信證實了他所追求的教育、政治、文化方面的改變，在某種程度上就要發生了。他的女兒畢竟能上私立女子學校，能像西方國家的女孩那樣做運動。她的考試科目除了作文章，還有數學、英文。也或許這封信證實，此人雖是他那一代最激進打破傳統桎梏的年輕思想家之一，卻仍是個進士文人。他仍在他從小接受且精通的儀式和禮節中找到安心，找到必然之感和慰藉。也就是說，他的激進思想從未離開他一八八〇年代在長沙所受教育與教養的根，或許他攻訐傳統制度時措詞的惡毒，與他對傳統制度之基礎的信任程度，有等比例的增減關係。他雖有革命分子的頭腦與文筆，卻仍有一顆改革家的心。

在人生即將走到盡頭時，楊毓麟似乎已喪失了政治熱情，因此，楊毓麟為何在辛亥革命前夕的一九一一年八月投水自盡，也就更讓人摸不透。對此，流傳兩種說法，但都不盡令人滿意。據辛亥革命後的中國歷史學家所說，那是因為他誤信老友黃興已在三二九黃花崗起義遇害的傳聞，從而絕望於中國的未來。[63]但當時他留給叔祖楊昌濟（按：兩人年紀差不多，但楊昌濟大楊毓麟兩輩）的短箋，完全未提及這方面的事。在短箋中他告訴楊昌濟，「腦炎」使他頭痛得眼花，連續數晚睡不著覺，他已受不了。不管他是憤於中國革命失敗而自殺，還是因承受不了精神疾病的折磨而自殺求解脫，或者是出於別的截然不同的原因而尋死，他的自殺是有計畫的，非臨時起意。一九一一年八月十日，他把亞伯丁銀行的存款一百三十英鎊全領出來，換成匯票。[64]然後買了一張到利物浦的三等車廂車票，在利物浦火車站時，他寄出兩封以紅墨水寫就的信。其中一封附上一百英鎊，寄給位於倫敦的兩位友人，囑咐他們買一小型炸彈廠。另外三十英鎊寄給人在中國的老母。然後他搭電車到利物浦灣，脫到只剩內褲，把脫下的衣物整齊摺好，與他的手錶和零錢一起堆放在海灘上，並在最上面擺上他的油紙傘（後來有人說這是為讓路過者知道他是中國人）。然後走入利物浦灣寒冷的大西洋海水中，一如當年屈原走入汨羅江。後來，一群漁民發現他的屍體漂浮在海上，將其帶回岸上。[65]

第六章

重建

隨著清朝的覆滅，王夫之以仇滿為招牌的漢人民族主義形象，頓時變得無足輕重。滿清已去，王夫之的明亡之哀，可說是得到平復。那些從泛漢人角度援引王夫之學說雖然變少，但王夫之卻未遭遺忘。相反的，不再將王夫之視為反滿象徵來運用，反倒為他生平與著作中更古老、更深刻的道德性、政治性詮釋的復甦，開啟了一道門。隨著他對所有中國人的重要性降低，他將回歸他的湖南出身，再度成為湖南人的資產。

辛亥革命後的頭幾年，兩位學者分別將船山之學帶回湖南。他們彼此獨立，互不相干，且在許多方面大相逕庭；一位是從未離開中國的老儒家學者，另一位是在日本、歐洲讀過十年書的歸國學生。一位是古典主義者，一位現代主義者，前者教自治的政治優點，後者教修身的好處。儘管兩人有這些差異，都抱持一項使命，即打造新的省籍認同，以符合新政治時代的需要。他們對王夫之的詮釋重疊且彼此交織，因而將拾起從郭嵩燾到楊毓麟，這幾位王夫之湖南化身的不一抱負，並將它們投向未來，為新一代湖南青年提供在變動世界中，自身獨特地位的遠景。

劉人熙與船山之學的二次復興

從政治上看，對本省利益至上主義來說，辛亥革命最初似乎是天外落下的收穫。隨著清帝國的瓦解，中華民國早期承繼的政治遺產，幾乎就只是由獨立諸省寬鬆結合而成的邦聯。這些省是在辛亥革命後仍完好無損的最大行政單位。[1]但與諸省新獲得的自治相抗衡的，乃是現實上的需要，即建立能將外國帝國主義者拒於門外的中央政府，而一方離心與另一方向心力量之間的角力，將成為中華民國首任正式大總統袁世凱在位期間的特色。[2]其核心是所謂的自治機構之地位，特別是省議會的地位。一九〇八年，清廷在最後一刻進行了憲政改革，其中一部分則是創建這些自治機構。事實上，角力既在機構本身，也在「自治」一詞的意涵。利伯把自治一詞定義為代表不可侵犯的地方自治（〈湖南自治論〉裡的自治定義），但上述自治機構的精神與利伯的定義背道而馳，乃是仿日德模式，以中央政府為最高權力單位，「地方自治」一詞幾乎只意味著中央政府的授權。但在中華民國初締構時，議會突然有機會掌握實權。[3]湖南長期醞釀的省自治終於有了實現機會；清朝避開本籍的任官規定已廢除，一九一二年，湖南首度能由湖南自己人治理。

一九一二年上任的新湖南都督是素孚重望的湖南學者譚延闓。譚延闓一九〇四年中進士，是湖南兩百年來第一位會元（會試第一名），而由於科舉制於隔年廢除，他也成為中國最後一位會元。[4]譚延闓長期活躍於湖南教育圈，是明德學堂的主要贊助者之一，且當過該校校董。一九〇九年曾任湖南省諮議局首任議長的他，還得到湖南省議會的大力支持。除了得到當地的支持，譚延闓也以行動表明他能得到現任職於中華民國政府的湖南同鄉協助，推動湖南本地的財政新措施，例如一九一三年二月，在黃興與蔡鍔協助下，他成功將湖南礦務總局的一半稅收撥給明德學堂，而非上繳中央政府。[5]

譚延闓選擇上了年紀的劉人熙當他新省府的民政司長。一八八〇年代晚期，帶領譚嗣同認識王夫之著作的兩位老師，一人是歐陽中鵠（一九一一年歿），另一人就是劉人熙。劉人熙對這位湖南先賢的關注和對湖南整體學術的關注，自他編纂《楚寶目錄》以向鄧顯鶴致意起，從未稍減。他在直隸、廣西、江西三省教書、擔任教育官員數年，然後在一九〇七年返回湖南，擔任長沙的中路師範學堂監督和湖南教育總會會長。辛亥革命後，舊的權威體系遭揚棄，劉人熙擔心儒家倫理道德會落得和皇帝、科舉一樣的下場，於是決意為後帝制時代的湖南打造新的道德基礎，並以王夫之為該基礎的核心。

在這方面，劉人熙的前輩是郭嵩燾。特別值得一提的，劉人熙以郭嵩燾的思賢講舍為範本進行他的道德工程。郭嵩燾以思賢講舍的船山祠為基地，鼓勵當地士紳帶頭展開本省的道德復興。一如郭嵩燾，劉人熙在王夫之身上看到，能將陷於大規模政治變動陣痛裡的湖南人心團結為一的方法。郭嵩燾生前未能盡展其抱負，但一九一二年的湖南已是共和國中的自治單位，而非帝國的下屬單位，發展並治理本省社會和文化，似乎已真有可能性。在這一新政治環境裡，劉人熙請求都督譚延闓允許將思賢講舍的舊址改闢為船山學社，用以支持與宣傳王夫之的思想。譚延闓支持這構想，承諾撥款四千元。[6]

在如此動亂不安的時期，建立船山學社並非易事。長沙正值革命動亂後百廢待舉之時，土地奇缺，而思賢講舍的舊址已被一商業學校占用。儘管郭嵩燾所建的老船山祠仍位於舊址，但該商業學校的負責人不肯讓步。譚延闓提供另一塊地當校區，但該地已被一紅十字醫院占用，得先將醫院遷走，船山學社才能進駐。[7]

全國性的障礙加劇湖南本地的障礙，一九一三年三月，各省與袁世凱中央政府間日益緊張的關係發展為公開叛亂，劉人熙的計畫因此延擱。前華興會的活動家宋教仁，已在一九一一年將革命同盟會改造成名為國民黨的政黨。在一九一二至一九一三年國會大選中，宋教仁以保存地方自治為政綱，領導國民黨大獲全勝。[8]若無意外，宋教仁將以最大黨黨魁身分組閣。袁世凱受到國民黨權勢日盛的威脅，加上各省議會的影響力大於總統的影響力，於是趁宋教仁還未當上總理之時，派人在上海將其暗殺。宋教仁遇害點燃二次革命的引信。在這場由黃興、孫文領導的二次革命期間，已加入國民黨的譚延闓宣布湖南獨立，不聽令於北京。但經過幾乎一個月的戰事，袁世凱打敗革命勢力，立即著手拆解地方自治組織。

譚延闓承認叛亂失敗，八月十三日宣布撤銷湖南獨立，但四天後袁世凱仍不收手，解散湖南省議會做為報復。[9]一個月後，袁世凱派將領湯薌銘入侵湖南，趕走譚延闓，占據省政府。十月湯完成使命。接下來幾個月，袁世凱重啟避開本籍的任官規定，藉以防杜地方勢力坐大，一九一四年二月，宣布徹底廢除地方自治。[10]

二次革命後省失去自治地位，但劉人熙仍繼續其計畫。人稱「湯屠夫」的湖南都督湯薌銘以鐵腕統治湖南，但他壓迫的矛頭指向二次革命的支持者（至少最初是如此），劉人熙並不在其中。因此，儘管譚延闓可能為了自身性命安全，於一九一三年八月逃到上海，劉人熙選擇留在長沙，當湯薌銘顧問。不久他便獲邀到北京，當袁世凱的政治顧問。[11]

有了直達天聽的機會，劉人熙隨後在那年秋天懇請總統允許繼續他的計畫，在思賢講舍舊址建船山學社。[12] 他呈文袁世凱，「人熙於民國元年承泛民政司長任，即鳩合同人，發起船山學社，思集合俊才，講求正學，由船山以津鄒魯：發行雜誌，以為海內學者之媒介。誠以王先生夫之，在前明遺老中精深博大，獨來獨往，其魄力實在黃黎洲、顧亭林、李二曲之上，非徒一省一鄉之模範，實民國正學之先河。」[13]

亟需儒家學者支持以強化統治正當性的袁世凱，似乎被這份呈文打動。袁世凱允其所請，於是一九一四年五月，劉人熙帶著新資金和允他全權處置思賢講舍舊址的總統諭令回長沙。劉人熙找人將舊建築翻新，做為船山學社總部，並整修其內的船山祠。郭嵩燾在思賢講舍的牆上掛上王夫之像，劉人熙蕭規曹隨，在船山學社牆上也掛上了放大的王夫之像，並將郭嵩燾寫給這位先賢的詞聯刻在肖像頂上。[14]

翻修工作要到一九一四年秋才全部完工，但劉人熙不等完工，就組織一群當地學者，其中包括明德學堂創辦人胡元倓和幾位前革命黨人，一同創立船山學社。[15] 一九一四年六月十四日，他們在臨時校舍裡宣布船山學社正式開幕，並批准一份綱領，以推動一連串與提倡、散播王夫之思想、學問有關的計畫。據這份綱領，他們的計畫將涵蓋蒐集更多王夫之遺遺忘的著作出版，刊行期刊《船山學報》，另建船山祠，建立船山大學和對公眾開放的船山圖書館。但它最重要的活動是接續郭嵩燾生前的志業：劉人熙等人打算推動公開演講計畫，地點就在一八八〇年代，郭嵩燾向其湖南禁煙公社闡述國際關係與教育改革的地方，屆時新船山學社的學者將每週演講一次，談王船山之學。演講主題將依性質分為哲學與治理兩大類，而把治理納入，表明這絕非學界的空談。[16]

劉人熙的第一場演講是在開幕典禮當天，闡明振興船山之學的新階段所追求的大目標。誠如他向聽眾闡述的，「表彰船山之絕學，一面為拯溺救焚，亟於維持人心風俗，本社同人，處此時艱，均與有責，自當一致進行……願同人以船山之心為心，以船山之學為學。」[17]船山學社的兩個宗旨，重現了在思賢講舍中，郭嵩燾重振船山之學的目標，使其成為湖南道德思想的基礎，以及透過此計畫為湖南人民指出新方向。劉人熙口中的「人心風俗」，在郭嵩燾主持思賢講舍那些年，也幾乎出現在他每頁的日記裡。它代表劉人熙與郭嵩燾所共同抱持，對湖南之道德人心的深切關注。

從文化上看，船山學社扮演保守角色。在第二星期的演講中（一九一四年六月二十一日），船山學社社長之一的廖名縉稱「學說者，所以藥國家社會之病」，接著說道，王夫之的思想為「針對時病之方劑，此蔚廬先生（劉人熙）所以有開設講學之舉也」。[18]劉人熙於同一天的個人演講中進一步闡發這「藥國家社會之病」的比喻，說王夫之曾在詩中說檢視骨頭治痼疾，藉此躲掉老毛病，於是要諸君瞭解這點，勿認為舊帝國無法以民國之身找到新生命。[19]「骨」是疾病纏身的舊政體的骨架，劉人熙口中的「骨」意指儒家典籍。面對各界普遍有意將儒家經典視為舊帝國的糟粕予以丟棄時，劉人熙相信必須保留這些典籍，因為只有它們含有讓中國在成為共和國後，擁有「新生命」的方法。

早期的演講往往把中華民國視為一個文化整體，儘管船山學社的創立得到袁世凱財務、政治上的援助，它們卻持非常強烈的反中央政府立場。劉人熙主張，事實表明民國的政治人物完全無法建立道德和秩序，在一九一四年八月九日的演說中指控道，「以言德，則可以誣仁之性，而使同於禽獸，以言治，則可以飾亂之實。」[20]

劉人熙提倡透過學者與公民的合作達成地方自己當家作主，取代中央政府。至於學者，劉人熙搬出王夫之的主張，認為學者的責任在匡正當今社會。在一九一四年八月九日那場演講中，他說道：「士大夫又凡民之秀者也……我輩有提攜社會之責，我輩程度不及，則真誠度不及矣。故願與諸君豎起脊梁，勿放棄責任。」他接著說道，「博通中外時勢之變遷，以期適我國情，張我國勢。」因此，學者共同肩負一責任，那是不可倚賴中央政府去履行的責任。他的分權主張既重述了郭嵩燾對清朝和其官員昧於世局變動的指控，也重述了郭嵩燾所謂本地學者必須照顧自己鄉民的信念。劉人熙還在王夫之身上為制度變革找到依據，就和郭嵩燾在王夫之身上找到的依據一樣，即學者必須擁抱改變，放掉過去的正統觀點，「以期適我國情」。

劉人熙貶低中央政府時，也要求開啟民智，構想建立一個受過教育、自動自發、能從下往上打造自己社會的公民整體。他哀嘆道這還只是個理想，說「立國於地球之上，乃有光榮於世界」，乃是每個人必須履行的神聖責任。還說那應是民國教育的指南，儘管有人說齊家治國無關己事。他說，自周孔之日起，人們已依賴成性，放棄自己，即使周公或孔子再世，又能如何？換句話說，從周孔一脈傳承下來的中國傳統治國之道，在他看來，使中國人變得被動且依賴，無法為自己國家盡自己應盡的責任。

在另一場演講中，劉人熙痛斥把自主權交給政府這同一問題。他抱怨道，今人把政府視為他們的軸，政府把人民視為它生命力的根源。但如果人民放棄其生命力，手、腳、耳、目都不再聽從自己的心，全變得愚蠢，即使政府自己尋找知識，又有何用？他推斷，民國要能運行，人民與學者必須在完全不受中央政府領導階層干預下通力合作，唯有如此，國家才會強大。至於如何對治倚賴中央政府這個難題，劉人熙主張，「上策莫如自治」。

船山學社鼓吹以自治解決依賴中央政府的難題，而在該社創立一年後，隨著另一場危機的爆發，這一主張有了嶄新的意義。危機始於一九一五年五月袁世凱接受日本「二十一條要求」之時，當時日本以一次大戰期間攻打華北境內德國人為藉口，強取中國的土地和通商權。如果強大的中央政府有存在理由，乃是保護國家免受外國帝國主義的欺凌，顯而易見，袁世凱政府未盡到這職責。三個月後，傳來令人震驚的消息，六名總統顧問在北京倉促組成的政治團體「籌安會」，正計劃讓袁世凱稱帝。如果總統成為皇帝，民國將回復為帝國；革命成果將煙消雲散，革命所帶來的真正地方自治的希望將落空。

袁世凱稱帝所帶來的威脅，使船山學社透過反動具備根本的政治形態。該學社的演講和刊物反對袁世凱的中央集權，以自治和地方反抗袁世凱做為他們集結人心的號召。一九一五年春，中國各地爆發反二十一條的抗議活動，在長沙，抗議聲音匯聚於船山學社。五月十六日，即袁世凱接受日本要求的一個星期後，數百人擠進學社的院子裡，聆聽演講者痛批袁世凱的不當與民國政府的軟弱。[21]學社早有的地區主義精神，讓位給東山再起的本省利益至上主義。

這一轉變可見於《船山學報》的文章裡。在籌安會成立後的一九一五年八月下旬，這份刊物終於開始出刊。在第一期裡，劉人熙寫了序說明此刊的編輯目的，以悲痛口吻問道，「船山學報何為而作也？憂中華民國而作也。」[22]鑑於中華民國未能達成長治久安，劉人熙解釋道，王夫之的著作乃是國家趨治避亂，所不可或缺的。他寫道，「船山思想連通天人，結合體用，其獨立精神舉世無匹，因而足以啟蒙昧，使弱者有強固立足點。」這些都是詮釋船山思想時常見的主題：極類似唯物主義的「天人」合一說；體用合一說，認為所有哲學都是實用哲學的實用主義；其中最重要的，是船山思想的「獨立精神」，即王夫之隱居山中的獨立生活已成為他學問獨立精神的象徵。

劉人熙主張，這一獨立精神乃是獨立國家的最基本需要（此刻中國似乎只有獨立之名而無其實）。誠如他所主張的，「獨立之國，不可無獨立之教育；獨立之教育，不可無獨立之學術；獨立之學術，不可無獨立之精神。」這一「獨立之精神」正是王夫之的精神，而劉人熙希望這精神終會成為真正獨立之中國的精神。

但儘管劉人熙「憂」中華民國，他在此文末尾解釋道，他當下最關注的乃是他家鄉湖南。他斷言道，「在湘言湘，願與湘人士昌明正學，以新吾湘。」一如郭嵩燾，劉人熙重振船山之學，主要是為了湖南。一如郭嵩燾構想開啟湖南民智，最終擴而廣之，開啟全中國的民智，劉人熙在此文最後也說道，「又民國之一分子也，願廣船山於天下，以新天下。」但一如郭嵩燾一八八〇年代重振王夫之學問一事，劉人熙把將船山思想散播到中國其他地方的遠景擺在第二位，而把透過湖南人頌揚、研究這位湖南先賢，能使湖南煥然一新一事擺在第一位。

在另一個層面上，劉人熙的序也大大取經於楊毓麟的《新湖南》。劉的「新吾湘」一詞（意為「使湖南煥然一新」），令人想起《新湖南》，而劉人熙的聽眾應該很清楚楊毓麟這一著作。楊毓麟深信，在取得獨立上，湖南具有獨一無二的能力。楊這一信念源自王船山之學，且在劉人熙的文章中得到新的表述。劉人熙宣稱船山之學有助於獨立精神的創立，且那是湖南人所獨具的獨立精神，從而重申了《新湖南》的以下主張：「我湖南有特別獨立之根性，無所表現，其影響僅僅及於學術而未大顯。」[23]劉人熙宣告，重振湖南的「真學說」必然來自王夫之，而在這一宣告裡，他其實重述了楊毓麟一九〇二年的以下宣告：打造獨立湖南的第一步乃是拒斥外部模式，「以湖南人之獨立性製造湖南人」。

重新喚醒湖南民族

一九一五年九月一日，即籌安會成立兩個星期後，劉人熙正式辭去其政府顧問之職，發行了湖南《大公報》的創刊號。這份新日報是全國性民營報紙《大公報》的子機構，全國性《大公報》報導湖南境外的消息，但劉人熙和其職員在湖南《大公報》裡放進了本地所有消息、社論與廣告。一如《船山學報》，劉人熙將利用湖南《大公報》來團結湖南人對抗中央集權的威脅，而與《船山學報》鎖定較窄小的文人讀者群相反的，湖南《大公報》以所有能識字、關心政治的湖南人為其讀者，特別是商界人士和教育工作者。

就是在這樣的時空環境下，劉人熙底下的主筆之一，龍兼公，指出了一個引人注目之事，即鼓動袁世凱改制稱帝者乃是楊度，即《遊學譯編》創辦人之一且寫下革命性作品〈湖南少年歌〉的那位楊度。民國肇建後這幾年，這位前學生領袖已一步步爬上袁世凱的參政院參政之位，如果袁如願稱帝，他很有可能當上首相。第一個建議袁世凱稱帝者是楊度，而主導籌安會者也是楊度。[24]

龍兼公在〈湖南人未盡死〉一文中痛批楊度背叛湖南民族主義，文章標題影射楊度的〈湖南少年歌〉。誠如他所寫道，楊度為新湖南所寫的歌說道，「若道中華國果亡，除是湖南人盡死」，那曾是他對湖南人的期望。「乃今者籌安會之發起區區六人，而湘人實居半數，楊度且為之領袖焉，哀莫大於心死，湖南人其盡死乎？」龍兼公的答案是否，並指出湘江流域人民對袁世凱稱帝的強烈反對，斷言這地區「固未嘗無一線生機也，記者以是知湖南人之未盡死，即以是決中國之必不亡」。[25]

以同樣一股欲重新喚醒湖南民族情懷的精神，劉人熙在《大公報》創刊號發表報頭社論長文〈今後之湖南〉。文章標題承繼了〈二十世紀之湖南〉、《新湖南》之類湖南民族主義作品的一貫精神。〈今後之湖南〉是辛亥革命後問世的第一篇這類文章[26]，代表了在滿清覆滅後，湖南人對本省命運的想像，再次與中央政府爆發如此嚴重的衝突。他以筆名「師農」發表此文，「師」代表將某人當做老師，「農」暗指王夫之的字「而農」，因此，「師農」意指「以王夫之為師者」。

在〈今後之湖南〉中，劉人熙寫道，

> 近耳鄉人之言曰：「湖南人不知隨俗變化與時偕行，好犯難鳴高以冒不韙，至於今日，幾乎排擯不容於世，無湖南人回旋之地。」記者驟聞是言，不禁喟然，有今昔之感，非為個人，與時枘鑿，而鳴其不平，亦非慕他人之富貴利達，而為是熱中之與良以。吾疇昔之所希冀與天下所想望之湖南，如奇花初胎鮮妍燦爛，猶歷歷在吾心目中。而今何如也，沅蘭湘芷夙啟文明，何昔日之芳草兮。今忽變為蕭艾也，此屈靈均之所以惓惓而悲也。

楚國復興的象徵再度被拾起——把湖南的悲劇說成屈原的「惓惓而悲」，把楚國浪漫化為文明的起源，拿湖南未來之夢（如奇花初胎鮮妍燦爛）與其他中國人加諸湖南人的不公相對比。一如他的前輩，劉人熙感嘆這所謂曾經偉大的地區，在現今世界裡的衰敗，且承接陳家鼎一九〇六年《洞庭波》上的文章，進一步指控湖南人遭「排擯不容於世」的赤裸裸迫害。

劉人熙接著探索現代湖南的起源，即湖南脫離蠻荒的楚國，現身歷史舞臺之時。他說：「吾悲現在之湖南，吾不能不溯已往之湖南，巳往之湖南在中國果占若何之位置乎。在古昔時，湖南本屬要荒之地，洞庭衡嶽間為三苗之所宅，春秋楚地尚不及湖南，至戰國時，吳起相悼王并蠻越，遂有洞庭蒼梧湖南始進，而中國矣然，澤畔行吟屈原哀怨長沙，卑溼賈誼傷悲三湘七澤之間，恒視為放逐孤臣之地，其時之價值蓋可知矣。」

一如鄧顯鶴等，曾參與第一次船山之學復興的學者，致力於擺脫湖南文風不振的形象，劉人熙也哀嘆湖南在宋朝周敦頤之後，至明朝王夫之之前，缺乏受肯定的賢人。他寫道，「湖南人物古時罕見，唐末劉蛻使得進士，謂破天荒，宋名以後，吾道南來，宋有濂溪開理學之先河，明有船山集群儒之大成，其間劉三吾、劉大夏、夏原吉、李東陽、楊肆昌諸人，鴻名碩業，爛於當時，篳路藍縷，以啟山林，湖南文化遂蒸蒸日上矣。」

往前推至重新發掘王夫之的時候開始，劉人熙陳述的力道漸增，在湘軍那一代領頭促成湖南復興之時達到最高潮。他寫道，「前清中葉曾左彭胡相繼崛起，功業更隆，於前古學有羅山玉池，文有拌湖天岳……內而公輔外而藩鎮，時有八九均屬楚材，湘人足跡幾遍天下，此為湖南極盛時代。」

但這一極盛時代的榮光，湖南人在十九世紀達到的權勢巔峰，到晚清時開始瓦解，也開始招來強烈反制和壓迫。劉人熙講到湖南反抗遺風所招來的慘烈後果時，措詞轉為憤怒，因為他的學生譚嗣同、唐才常的橫遭處死，就是這些慘烈後果的開端。他寫道，「清之末葉，戊戌庚子辛亥之變，三湘人士拌頭顱捐頂踵，成仁取義，舍命不渝，當時且有小日本之目人以是稱，湖南人亦以是自命。」

劉人熙接著說道，正由於湖南人領導辛亥革命，也就是說湖南人獨一無二的反抗本事，中華民國竭盡所能地摧毀湖南精神，使湖南再度成為無力威脅中央政府的落後之地。湯薌銘對湖南的高壓控制，正足以說明此點。他論道，「湖南人之勢力，遂有一落千丈之勢，至贛甯之亂哀然稱首者，實為楚產湘省，亦以暴徒劫持之故，附和獨立。」

一如曾國藩、左宗棠在辛亥革命前，因為支持滿清統治者、殺害漢人同胞的罪行而受到抨擊，劉人熙接著也譴責楊度和籌安會中的其他湖南人與自己人作對。他在一段將曾、左與後來的楊度相提並論的文字裡嚴正表示：

> 湖南人利於主君，不利於共和。故前清時代，豪傑雲興，戡定大亂，以鞏固皇位，擁護君權，今國體行將變為君主矣。籌安會發起之六君子，湖南實居其三，而省垣分會之設，首應者亦大有人，在將來功名富貴逼人而來，誠未可量，王侯將相寧有種乎？捷足先得，此其時矣。於以，知湖南人終不可及。

最後，他以一段感性之言作結，那口吻就和許多把湖南視為決定中國未來之唯一力量的前輩沒兩樣。他寫道，「民國之存亡，繫乎籌安會之成功與否，而湖南人之命運，亦將與國以俱休，吾為民國前途悲，吾又不能不為今後之湖南懼也。」

在湖南與中國其他地方處於何種關係上，這篇社論有著奇怪的含糊以對。因為如果劉人熙所謂的湖南極盛時代，指的是中國高階官員大半出自湖南的後太平天國時代，那他似乎就是希望湖南人成為統一之中國的領袖，整個中國裡最重要的一員。但他筆下的種種哀嘆，像是哀嘆湖南是流放之地，孤臣的住所，哀嘆湖南烈士的犧牲（包括他的兩個學生），哀嘆湯薌銘的占領，使他籲求湖南獨立，好似他已斷定湖南、中國永遠不可能和諧並存。這篇社論隱含一個看法，即有兩個國家，一是湖南，一是湖南以外的中國，即中華民國。如果湖南與中國有同樣的方向和目標，特別是如果由湖南人領導中國的話，將會有另一個極盛時代，兩國將緊密結合，難以區分。但當兩者利益相牴時，一如過去兩者多次利益衝突時，一如在袁世凱當政兩者利益再度牴觸時，就只有三種可能：湖南脫離中國；讓湖南繼續在中國壓迫下受苦；或者湖南人挺身而起，迫使中國採行符合湖南需求的形式。

劉人熙這篇帶著不祥意味的社論發表才幾個月，中國就再度分崩離析，陷入內戰。中華民國的國脈，最終在一湖南人的領導下得以保住，儘管不是以劉人熙所可能想像的方式保住。在劉人熙眼中，是湖南人楊度使中國陷入這場危機，而結束這場危機者，則是楊度的留日老同學暨湖南同鄉蔡鍔。蔡鍔年輕時就讀時務學堂，師從梁啟超，後來成為自立軍領袖之一，也參與《遊學譯編》的撰述，與黃興、楊毓麟交情甚篤。他在日本、中國求學時把重點擺在軍事策略的學習，這時則任雲南都督。在雲南陸軍講武堂執教時，蔡鍔使新一代軍官受到其湘軍前輩著作的薰陶。[27]（他的學生包括日後協助帶領紅軍在另一場長逾三十年的內戰獲勝的年輕朱德。[28]）

一九一五年十二月下旬，蔡鍔接下起兵反對袁世凱稱帝的重任，先是在雲南起兵反袁，不久後反袁勢力擴及四川、廣西。蔡鍔親自培訓的雲南軍隊構成所謂護國軍的骨幹，他率領護國軍征戰，驍勇善戰如同當年打太平軍的湘軍。蔡鍔所轄兵力僅及官軍的十分之一，補給、訓練也缺乏，蔡鍔仍指揮其部隊在冬、春期間拿下一連串漂亮的勝利，兵威所及之省分，省府都轉投入他的陣營。雲南帶頭起義後，一個接一個省宣布獨立，不受北京政府節制，一九一六年五月二十九日，湯薌銘眼看袁世凱行將挫敗，終於宣告湖南獨立，想藉此保住其權位。[29]一個星期後的六月六日，顏面掃地的袁世凱去世（似乎死於自然原因），護國討袁戰爭結束。

副總統黎元洪繼任總統之位，立即著手將民國政府恢復為一九一二年的樣貌。他任命劉人熙接替湯薌銘為湖南都督，湖南再度由湖南人治理。[30]劉人熙在譚延闓從上海回來之前，只做了幾個星期的都督，就被譚延闓取代，但那段時間已足以讓他斷定，黎元洪治下的中華民國所走的新路最終會符合湖南的利益。於是，一九一六年七月二十三日，劉人熙正式宣告撤銷湖南獨立。

跨越數個世代

劉人熙重振船山學的舉動，在湖南至少招來一人出聲反對，那人就是愛與郭嵩燾唱反調的郭嵩燾老友王闓運。對於一八七〇年代郭嵩燾首開先河重振船山之學，王闓運從一開始就持懷疑立場，但他還是接掌船山書院，後來也主持王船山之祭禮。因為這些都是在地的事務。船山書院坐落於王夫之生長的村子，祭禮則是為了表彰一位鄉賢。在王闓運眼中，以這類做法來推崇、延續本地先賢的貢獻甚為適切。但對於郭嵩燾重振船山學的舉動裡，所暗含的愛鄉地域主義，他卻不以為然，對於一八九〇年代晚期由此發展出的王夫之民族主義論述，他也敬而遠之。但歲月磨掉他的耐心。一九〇七年趙啟霖奏請讓王夫之從祀文廟時，王闓運已厭倦每年在衡陽向王夫之獻祭之事，在日記裡指出由王氏家族籌辦牲祭較為妥當。他之所以不滿，還因為經費短缺；祭祀時通常以公豬為供，但買不起公豬，他不得不在那年拿較劣等的乳豬充數。一九一一年，他表達了對王夫之的史論（他從不喜歡的船山著作）風靡學界的困惑。他在日記裡寫道，「王夫之史論，似甚可厭，不知近人何以賞之？」[31]

一九一五年春，劉人熙在船山學社裡的反袁演說漸趨激昂時，王闓運已是八十三歲的老人。他剛從國史館館長之位退下，重回湖南船山書院。國史館館長之職是他的前學生楊度安排授予的榮譽性職務，他就任不久即離職。他並不欣賞袁世凱，楊度宣布成立籌安會時，王闓運忿忿寫信告訴他：「總統為人民公僕，不可使僕為帝。」[32]

王闓運厭惡袁世凱的稱帝計畫，但未因此就容忍劉人熙和其追隨者把王夫之當成湖南民族主義龍頭的作為。那年五月，他為邗江王氏族譜（王夫之家族後代的族譜，非王闓運自己宗族的族譜）寫了序，序中嚴厲批評劉人熙和其小舅子王芝祥曲解王夫之著作的意涵。王闓運寫道，王夫之「獨慼其故國之思，不咎君相，而但恨代者，以致二百年為亂黨藉口。有王芝祥、劉人熙仇視故君，而藉口云船山之學」。[33]

值得注意的是，王闓運竟是以王氏族譜序的形式，批評劉人熙和其他「亂黨」用王夫之的民族主義著作來界定王夫之的貢獻。王夫之的著作得以在一八三九年「重現」，乃是王夫之家族後代和抱持復興本省意識的湖南學者，兩方通力合作所促成。幾乎自那之後，這兩股力量就意見不合，而王夫之著作的刊行，在對王家和對湖南省的意義上，王家後代與歐陽兆熊、鄧顯鶴之間的認知不同，關係變得緊張，即是不和的開端。一段時日之後，王家後代已無權置喙如何詮釋、運用他們祖先的遺產。但王闓運透過其在船山書院的教學，以及與同屬湘潭人的王家後代的深厚交情，一直試圖阻止把王夫之打造為民族主義象徵的詮釋走向。數十年來，王闓運一直試圖把祭祀王夫之一事保持為家族之事和鄉人之事。在王氏族譜序的結尾，他解釋道：「故書其卷端，以質船山，因以告其族人。」面對拿王夫之來攻擊中央政府的那些人（最晚近者是劉人熙），王闓運自認是王夫之的守護者，而王夫之的身分是某家族的先賢，本地一名先賢，僅此而已。

一九一六年秋，對湖南來說，是意義重大的秋天。王闓運，偉大湘軍那一代的最後一位代表，一九一六年十月二十日去世，享年八十四。十一天後的十月三十一日，黃興在上海死於胃病，享年四十二。黃興去世才一個星期，蔡鍔在日本治療喉癌期間去世，享年三十四。王闓運的葬禮是在湘潭舉行的家奠，符合他個人的喜好，儘管當時總統黎元洪仍派了特使前來致祭。[34]而黃興與蔡鍔的遺體則在一九一七年初運回長沙，在精心策劃的官方儀式裡，隆重下葬嶽麓山。葬禮之前，湖南《大公報》頭版連續兩個多星期預告此事。葬禮由袁世凱下臺後再度出任湖南都督的譚延闓主持，數千人到場致哀。湖南《大公報》社論〈論黃蔡二公之國葬及國民之感想〉寫道，「英雄者實為民族國家之元氣，二公我國之英雄也，二公者尤手建民國之英雄也。」[35]十年前，他們的同志陳天華、姚宏業的遺體，是在不顧官府禁令下強行葬在嶽麓山上，而今，黃興、蔡鍔的葬禮，則頌揚湖南人對締造中華民國的貢獻，反映了一九一七年湖南與中華民國合為一國的時刻（但結果是瞬間即逝的一刻）。

學者的歸鄉

楊毓麟的葬禮，遠不如後來黃興、蔡鍔的葬禮風光。一九一一年辛亥革命前夕，他的屍體被人從利物浦灣找回，與他一起在亞伯丁大學求學的叔祖楊昌濟便前往利物浦安排下葬事宜。因經費有限，且把遺體運回國可能會招來政治麻煩，因此，在楊毓麟身於中國的家人同意下，楊昌濟將楊毓麟葬在利物浦當地的公墓裡。[36]他寫了輓詞，以哀思口吻描述了楊毓麟生前最後幾年的孤單：「性至孝，對其家恩義甚篤，然因國家多難，常懷捨身殉國之志，公而忘私，近十年來居家僅四日也。」[37]

楊昌濟或許是在抒發他自身的孤單，因為他的人生與楊毓麟有許多相似之處。兩人於一八九二年開始生活在一塊，當時楊毓麟二十歲，楊昌濟二十二歲，兩人都就讀於城南書院。一八九〇年代晚期，兩人在長沙嶽麓書院宿舍同住一寢室，也都積極參與湖南維新運動。[38]楊毓麟在時務學堂教書時，楊昌濟加入南學會和反纏足會。他曾投書譚嗣同在《湘報》上的「問答論壇」（他提的問題與民主有關），並在《湘報》發表過一篇主張為工、農、商設立學校的文章。一如郭嵩燾，他主張商業是現代經濟勢力與政治勢力的基礎，因此中國以士人為中心的教育制度只會使國家變弱。[39]

楊昌濟早早就把重點放在教育改革上，視之為解決中國問題的關鍵，且此心志始終不變，因此，他有一段時間走上和楊毓麟不同的人生道路。或者如他們兩人的某位共同友人所說的，「刻意為學，而志趣不同。」[40]楊昌濟憤於湖南維新運動的失敗和譚嗣同遭處決，但未因此像楊毓麟那樣投身自立軍，與唐才常一同舉兵起義，反倒於一八九八年變法失敗後回到位於長沙附近的老家村子，幽居研究經世之學長達四年，包括密集閱讀王夫之的史論。[41]一八五二年郭嵩燾逃到山中，發掘王夫之思想的意義時，做出了捨武從文的選擇，而楊昌濟做出同樣的選擇，且這選擇決定了他一生的走向。面對衝突仍孤單追求學問義理，乃是他後來灌輸給學生的原則。

一九〇二年，楊昌濟通過湖南省的海外留學計畫考試，隔年與陳天華、劉揆一同赴日本。在宏文學院他與楊毓麟重聚，透過他與黃興、蔡鍔結為至交。[42]但其他人返國，打算透過華興會搞革命時，楊昌濟仍埋頭於求學。他在嘉納治五郎用心指導下度過整整六年的學習生涯，首先就讀宏文學院，後來，在嘉納斷定該校已沒有東西可教他時，進入嘉納執掌的東京高等師範學校，與日本學生一起讀書。嘉納曾頒獎表揚他的優異表現。[43]革命黨人來往於中日兩國時，楊昌濟與他們聯繫甚密，但他從未加入革命同盟會。

一九〇九年，楊昌濟與楊毓麟再度重聚。楊毓麟去英格蘭時，邀楊昌濟同行，然後兩人從英格蘭繼續前往蘇格蘭。在亞伯丁大學，他們一如年輕時，再度成為同窗，而楊毓麟學英語以便學習政治經濟學和憲法，楊昌濟則照著興趣走，學教育和哲學。[44]兩人在這裡待了將近兩年，而在這段時期的末期，楊毓麟開始因頭痛與失眠向楊昌濟訴苦。楊毓麟自殺後，楊昌濟漂泊無依。完成亞伯丁大學學業後，他於一九一二年前往柏林攻讀哲學，但只待了九個月。一九一三年春決定返國。

並非楊毓麟的使命感強過楊昌濟，而是兩人選擇表現使命感的方式不同。楊昌濟回到長沙，把心力放在重振本省教育上，運用了他從日本嘉納治五郎那兒學到和在蘇格蘭、德國學到的所有東西，對治在他眼中不斷後退的該省知識學習狀態。他的目標，一如嘉納所教他的，乃是教育出新公民，進而為新國家打下基礎。他在〈教育與政治〉一文中說明了他的目標。此文刊登於一九一三年的《湖南教育雜誌》，文中說道，「教育與政治有密接之關係，互相為因，互相為果。無善良之政治，則不能有善良之教育；抑可云無善良之教育，則不能有善良之政治。」[45]

要在中華民國創立好教育（進而創立好政治），基本的難題在於揚棄儒家政治體制和科舉制度，同時又不失去儒家道德觀中有用的部分。這也是劉人熙在船山學社所遭遇的基本難題，但楊昌濟的解決之道不同。他在另一篇文章中說，「民國之廢讀經，則未必含有廢孔教之意。」[46]誠如此言，楊昌濟想把孔教轉化為國教，而他為此所採的方法明顯仿自嘉納治五郎，即保留舊有的基本意義，但將其改造為現代形態。[47]他建議拋棄傳統形態的古代經典，將其改造為現代公民的教材。他說，「《詩經》之詩有可選入國文讀本者，《禮記》中之言禮意者可作中國倫理教授之材料，無讀經之名而有讀經之實，在施教者加之意而已。」[48]

劉人熙想保住傳統典籍，視它們為可讓人從中找到中國問題解藥的東西，楊昌濟則鼓吹徹底的解剖、重組、重新詮釋。國學派和現代派的根本差異就在此：劉人熙相信原始經文必須保存，以便找到它們的意義，楊昌濟則相信原始經文必須拆解，以便保住它們的精神。為此，楊昌濟寫了教材《論語類鈔》。楊昌濟此舉，正體現了他在《湖南教育雜誌》那篇文章裡所呼籲的，即把儒家《論語》的原文轉化為公民的倫理學、道德行為方面的教材。此書編成「立志第一」、「宗教思想」、「儒家態度」、「性道微言」數章，把《論語》拆解成作者所挑選出，按主題編排的個別句子。在挑選出的每一句孔子言談後面，此書提供傳統的注解，然後開始長篇的解釋。這些解釋以他個人寫入的軼事、歷史上的例子與西方各類哲學家的比較為基礎。傳統注解部分則有很大比例來自王夫之。

為刊印此書，楊昌濟在長沙創立了教材印刷公司宏文圖書社。宏文圖書社最終刊印了從代數到英語、從國學到農業的多種書籍。它也推動本省的學術計畫，接下原送到上海印刷的《船山學報》出版之責。這家出版社也是楊昌濟的住所，而社名「宏文」深具意義，因為與嘉納治五郎的「宏文學院」同名。[49]

楊昌濟與船山學社

楊昌濟加入船山學社似乎是再自然不過的事，至少從表面上看是如此。他在一八九六年時，最先開始閱讀的王夫之著作是《讀通鑑論》、《宋論》，而一八九八年戊戌變法失敗後，他幽居苦讀四年，而船山著作就是這期間閱讀的核心。[50]一九一三年返華時，王夫之已是他著作裡最常引用的中國哲學家之一。楊昌濟早在一九〇七年時就結識劉人熙，當時劉人熙是湖南中路師範學堂（後來的湖南第一師範）的校長，而楊昌濟則是他在日本的代理人，負責透過嘉納治五郎引介日本科學教師來長沙執教。[51]因此，一九一四年六月上旬船山學社創立時，楊昌濟會受邀加入也就不足為奇了。

但楊昌濟未接受邀請，而他的理由頗能說明他的人生志向。他解釋道，教務繁忙，抽不出多少時間參加其他活動。一九一三年譚延闓邀他接掌湖南教育司，他也以同樣理由婉拒，幾個星期後他再以同樣理由拒絕湖南第一聯合縣立中學校長之職。教學工作的確令他分身乏術，但更重要的是，這凸顯了他將教導湖南青年擺在首位，寧可為此犧牲掉行政與政策導向的職務，乃至學術團體的職務。他的文章常把中國教育說成浩大的工程，但他實際的工作內容幾乎全是面對面的討論和以身作則的近身指導。基於這些原因，他在湖南第一師範的門下學生喜歡稱他為「孔夫子」。[52]

除了有工作纏身，楊昌濟似乎也和王闓運一樣，對船山學社所提倡的民族主義抱持懷疑態度。他非常清楚最近幾年王夫之已被冠上漢人民族主義始祖之名，但中國目前已不再受滿人統治，所以他也懷疑如此詮釋王夫之的一生志業，對中國能有何用處。一九一四年六月下旬，楊昌濟思考受邀加入該學社一事時，在日記裡以頗長篇幅寫了對該學社的看法：「學社以船山為名，即當講船山之學。船山一生卓絕之處，在於主張民族主義，以漢族之受制於外來之民族為深恥極痛，此是船山之大節，吾輩所當知也。」53

但在楊昌濟眼中，王夫之所提倡的純漢人民族主義，已不再適用於漢滿蒙回藏五族共存的中華民國。他接著寫道，「今者五族一家，船山所謂狹義之民族主義不復如前日之重要。」但那不表示完全不需要民族主義，他指出，「所謂外來民族如英法俄德美日者，其壓迫之甚非僅如漢族前日之所經驗。」楊昌濟主張中國應擁抱另一種民族主義：「吾國聖賢之教，本取世界主義，故恒謂吾國為天下，因世界尚未交通……今則萬國交通，時勢大變，不得不暫捨世界主義而取國家主義。」

因此，楊昌濟主張，王夫之的漢人民族主義思想，以「世界主義」為基礎，必須予以修正，以因應變動的世界，畢竟在這樣的世界裡，亟待解決的問題，不只是捍衛人民的統一與自由，還有國家的統一與自由。辛亥革命後，中國不再受滿人控制，王夫之著作的「狹義之民族主義」，也就是楊昌濟所發覺船山學社裡施行的那種主義，似乎已派不上用場。楊昌濟提出只講國界區隔，而不講民族或文化區隔的國家主義，來取代王夫之的漢人民族主義。

在這篇思索船山學社的族裔文化民族主義的日記末尾，楊昌濟針對繼續擁抱這種以文化為基礎的國家定義，提出憂心忡忡的示警。他寫道，「余前在日本東京高等師範學校聽其西洋歷史講義，謂中國人與羅馬人同，唯寶愛其文化；雖外人入主其國，苟不傷其文化，即亦安之。私心揣測，謂日人不懷好意，頗有繼滿洲人入主中國之思想，此吾國人所當深念也。」楊昌濟的結尾拆解族群民族主義概念，主張中國必須棄絕舊帝國的文化基礎，也就是說必須拋棄劉人熙和船山學社其他學者在湖南本地極力捍衛的舊體制部分。楊昌濟示警道，把中國牢牢結合為帝國，使中國得以在滿人和滿人之前的多個異族入主後仍存世不墜的那些經籍，可能葬送中華民國。因為如果中國人繼續以文化，而非以政治疆域界定自己，那麼如果日本人入侵，中國人會如十七世紀的先民對待入侵的滿人那般，對日本人的入侵不大抵抗。

不管是因為他對這種民族主義有所保留，還是因為抽不出時間參加，楊昌濟選擇不參與船山學社的活動。[54]雖然他未出席該學社的演講，卻極鼓勵他的學生去聽。誠如他在一九一四年十月十九日的日記裡所記載，船山學社以一場演講啟用其新修復的院地，而那天正好是王船山兩百九十五歲冥誕，「閱熊蕭二生日記，知船山學社切實講船山所著之書，此事深愜鄙意。劉艮老之緒論亦甚平實，青年肯往聽講，必有益也。」[55]

楊昌濟的課程：湖南角度

學生去船山學社聽演講，理解劉人熙如何從湖南本省暨民族主義的角度重振這位先賢的思想時，楊昌濟會另行提供另一種王夫之遺教的詮釋予他們。在他眼中，王夫之的遺教對一九一〇年代的長沙學生特別重要。劉人熙的公開演說和出版是屬於從郭嵩燾傳承下來的那一脈本省民族主義，楊昌濟在湖南第一師範學校教學時對王夫之的運用，則走民族主義色彩較淡、但湖南人色彩同樣濃厚的一脈。

特別值得一提的，他利用了他所極為欽佩但風格大異的兩個典範：曾國藩與譚嗣同。楊昌濟不同意晚清從反滿角度將曾國藩斥為漢人叛徒的說法，一再於日記裡寫到他對曾國藩的欽敬，譽之為行動與律己的典範。從小到大，楊昌濟花了很多時間一讀再讀曾國藩的日記和家書。他在日記裡寫下他對曾國藩個人習慣與治學習慣的心得，以及他自己的閱讀進展，然後，將自己的日記化為教材，把那些觀察與和閱讀感受傳達給他第一師範的學生。

曾國藩偏愛王夫之的《讀通鑑論》和《宋論》，楊昌濟把這兩部著作都用於課堂上。他仿效曾國藩，利用它們來教治世之道。例如，他把《讀通鑑論》的內容分成三大類，每一類目各有其教學目標。首先是「世界的理想」，主要探討歷史變遷與禮教；第二類是「國家的主義」，探討立法與行政；第三類是「個人的精神」。楊昌濟在其日記兼教材中解釋道，「余最重個人的精神，又重行政與世運。」[56]楊昌濟寫道，王夫之思想裡的某些部分「已成昨日黃花」，因此他根據當世的需求解讀王夫之，特別是論到王夫之對禮教的討論「以今日之眼光觀之，亦有不免屬於迷信者，吾人當分別觀之」。（郭嵩燾若聽聞此說，大概會老大不高興。）

楊昌濟也把曾國藩當作人品的典範。楊昌濟從未涉入軍務，但極為景仰文武兼備之人。他在著作和教學裡一再提到的幾種人中，有一種是豪傑，即他眼中戰功與學養齊高的英雄人物。他告訴學生，所有聖賢都出自這一基本類型，並引用了王夫之的一段話：「豪傑而不聖賢者有之矣，未有聖賢而不豪傑者也。」[57]

楊昌濟在〈豪傑之好學〉一文中詳述了豪傑的特質，並在文中舉出拿破崙、曾國藩、湘軍將領胡林翼做為豪傑之原型。他寫道，「拿破崙有軍用圖書館，行軍時猶挾書籍自隨；欲攻何國，則先取關於該國之書籍觀之……曾文正在營中讀書如常，云借此以養心；胡文忠在軍中每夜會講論語，雖病不輟。」[58]將領帶著圖書館征戰，或在營帳中夜讀，或向士兵講述論語，都是楊昌濟眼中豪傑與眾不同之處。豪傑集將領、老師、學者三種角色於一身，文武兼備，他極鼓勵他的湖南學生仿效去過這樣的人生。

曾國藩或許是楊昌濟眼中理想的行動型人物，但譚嗣同則是他眼中的哲學家典範。在《論語類鈔》中，楊昌濟憶起他第一次讀到譚嗣同的《仁學》時那種準宗教的體驗，他寫道，

「余在篤生（楊毓麟）家初讀譚瀏陽《仁學》時曾有此感想，當時譚瀏陽英靈充塞於宇宙之間，不復死滅。未識海內亦有與我同感者否？」[59]

楊昌濟對王夫之著作的初步哲學性瞭解，有許多就是透過譚嗣同做為中介，特別是透過譚嗣同在《仁學》中所運用的王夫之形上學。楊昌濟在歐洲所學，主要是新康德主義的觀念論，他因此對譚嗣同在個人心智與外在世界關係的看法特別感興趣。在這主題上，他尤其對譚嗣同在《仁學》中所引用的船山之言「天理即在人欲之中」極感興趣。楊昌濟將船山此言和譚嗣同對其的解釋「無人欲，則天理亦無從發見」，抄進日記裡。[60]但譚嗣同的解釋仍然模糊，只能充當起點，而無法做為解釋。

楊昌濟自己的探索始於他的《論語類鈔》，更具體地說，始於「立志第一」這章。他在此章寫道，「王船山曰：唯我為子故盡孝，唯我為臣故盡忠，忠孝非以奉君親，而但自踐其身心之則。」[61]王夫之這番話意味著孝的存在完全是為了為人子者的自我實現，而非為了父親好，忠的存在完全是為了為人臣者的更上層樓，而非為了君主好，從而在實際上解構了儒家父子、君臣的層級關係。楊昌濟論道，這說明「船山重個人之獨立如此」。於是，他重新界定儒家道德觀的功用，認為其存在不是為了使個人順從於社會，而是剛好相反：為了頌揚並發展個人的自主。

得出個人自主意志的自我實現，為人類社會最重要之事的心得之後，楊昌濟進一步主張，人類社會其實是整個自然界的中心。譚嗣同把王夫之「道不離器」之說解釋為道只有透過人類社會（道之「器」）的刻意改造才能實現時，已理解王夫之形上學的這一根源。在《論語類鈔》的「性道微言」一章中，楊昌濟闡明《論語》「人能弘道，非道弘人」這句話，藉此將這主題放在國際大環境中重新討論。誠如楊昌濟所寫道，這是人本主義，「以人言人，自當立人之道。天地不與聖人同憂，聖人亦不與天地同不憂，故曰立命，曰造命。人為天地所生，而反以為功於天地，故盡人事者人之責任也。」

為更進一步解釋人類社會與自然界的關係，他引入達爾文的進化論，說：「近人以達爾文倡進化論，謂生存競爭優勝劣敗，遂以主張自我爭權攘利為人道之當然。此不知立人之道之義者也。生存競爭，本生物界天行之原則，然人類所造出之宗教、政治、道德，則以合群為教，欲以減殺人生劇烈競爭之苦痛，是亦人治與天行抗之一事也。夫子言：『人能弘道，非道弘人』，明人之責任。」楊昌濟對達爾文的評論，取自赫胥黎的《天演論》。自嚴復於一八九六年將此書譯為中文後，此書即在中國大為流行。達爾文的生存競爭（在史賓賽眼中「血淋淋」的你死我活之鬥），被赫胥黎的道德性詮釋軟化，道德成為不讓殘酷的自然界為所欲為的必要。因此，演化競爭的自然法則成為社會福祉的間接立論依據，最終，主觀的人之德性能取代客觀的自然。

分析完歐洲在人之倫理學與自然法則對抗的辯論，楊昌濟轉移焦點，聲稱這一切已被王夫之在中國時空環境下道出。他引述了王夫之《詩廣傳》的一段話：「或曰聖人無我，吾不知其奚以云無也？我者，德之主，性情之所持也……嗚呼！言聖人而亡實，則且以聖人為天地之應跡，而人道廢矣！」王夫之提「無我」，意在指出以下觀念：聖人與自然為一，沒有脫離自然而自存的聖人。但誠如楊昌濟對這段話的解釋，王夫之極力反對此說，主張應是有我，即聖人不是「天地之應跡」，亦即不是他所處環境的產物，而是純粹主觀的「我」，因而以超越客觀自然界的方式體現了德。或許，誠如楊昌濟所闡明的，「船山亦主張人本主義者也，其言道與德之區別，即客觀與主觀之別也。近世倫理學家言自我實現說，與船山之論暗合。」[62]

因此，楊昌濟認為，王夫之比赫胥黎、達爾文更早一步描述了以人為中心的世界，且在那世界裡，做為德之貯藏所的自我，乃是外在真實世界的最高主宰。「人能弘道，非道弘人」所要表達的意思，乃是實現道的唯一方法，是完全投身人類社會，而非任由自然走自己的路。或者換個方式說，沒有自我，就不可能有道。天理體現在人欲之中。一如譚嗣同從王夫之那兒汲取的立論，認為道只能透過在人類社會裡的具體展現而存在，楊昌濟也透過王夫之的其他著作，提出世界基本上以人為中心，凡是重要的事物都對應著可知的人類世界的輪廓。把此觀點與前面「立志第一」中的觀點，即人類道德秩序的存在乃是為了自主個人的自我實現，兩者綜述而談的話可推論出以下觀點：通往「道」的道路立下了個人自我修養之路。楊昌濟從王夫之那兒汲取出的這個哲學觀念，本質上是唯意志論的，主張個人意志乃是決定世界樣貌的最根本力量。這一教誨將為他的諸多學生所謹記在心，而其中許多學生將在日後創立中國共產黨的湖南分部。[63]

因此，劉人熙與楊昌濟把湖南人對王夫之的諸多不同的詮釋，像是一八六〇年代曾國藩眼中的王夫之、一八七〇、八〇年代郭嵩燾眼中的王夫之、一八九〇年代譚嗣同眼中的王夫之、一九〇〇年代湖南民族主義者眼中的王夫之，匯聚在一塊，並把它們當成共存的、同時出現的、對湖南和中華民國的未來同樣重要的詮釋。劉人熙在郭嵩燾所打下的基礎上進一步闡發，並在其中加上楊毓麟等湖南留日學生的本省民族主義。赴船山學社聽他演講的學生，將能瞭解湖南歷史與學問對他們個人的意義所在，將能學到反抗與地方自治的「湖南傳統」，將瞭解文人階層（即他們自己）持續在扮演的領導角色。楊昌濟將透過曾國藩要他們把王夫之的史論當成瞭解社會與政治秩序的憑藉，要他們景仰並仿效文武雙全的豪傑之士。透過譚嗣同，楊昌濟將讓他的學生瞭解從事自我修持的個人將發揮多大的功用，並傳授給他們一種唯意志論的且以人為中心的世界觀。

整體來看，兩人在打造新湖南公民上的努力有其相同之處，都教人瞭解找到正確學說的最佳方法是獨立學習，而透過才兼文武之士的引領，人的意志乃是體現道、使世界撥亂反正的唯一力量，學生尋找學說時的自主，類似於省的自治、國家的獨立、乃至可知世界的形狀。

這些教誨最終都源於對幽居湖南山中的王夫之所長久抱持的浪漫想像：王夫之隱居續夢庵，著書立說尋找撥亂反正之道。

這是很有力的結合，而他們的聽眾都是在湖南第一師範學校受教於楊昌濟和赴船山學社聽劉人熙演講的湖南學生，而這些學生將影響中國歷史的進程，就和十九世紀中葉出身嶽麓、城南兩書院的湘軍將領，或二十世紀初時務學堂與宏文學院關係緊密的湖南籍校友一樣。這新一代頑強的湖南學生中最具代表性的一員，將成為那一代人之龍頭者，乃是年輕的毛澤東。一九二〇年代初期，毛澤東會娶楊昌濟獨生女為妻，有一段時間以船山學社為家。

第七章

毛澤東與湖南自治運動

毛澤東一九一三年起的課堂筆記《講堂錄》，即其在楊昌濟門下受教最早可見的文獻，當中以抄錄屈原的〈離騷〉為開頭。〈離騷〉是鄧顯鶴於一八二九年的《楚寶》中稱之為初「振南國之風」的那首詩。毛澤東早期受世界主義思想的影響，儘管如此他後來的志向轉為改造中國，但他所受的養成教育不可避免是帶有濃濃湖南先賢遺風的湖南教育。有位他年輕時的友人憶道，他和毛澤東喜歡探訪湖南歷史故地，一起去了屈原流放時所居之地，以及王夫之的老家村子。另一個同學憶道，船山學社一開始辦演講，「澤東同志邀請我們少數人也去聽講，他極其推崇王船山樸素的唯物主義和民族意識。」毛澤東也從湖南人的角度看晚近歷史，他的早期著作就以「黃興的運動」，而非孫中山的運動，稱呼促成一九一一年辛亥革命的反滿行動。[1]

在這一方天地裡，曾國藩占有獨一無二的位置。一九一五年楊昌濟告訴二十二歲的毛澤東應以曾國藩為師，曾國藩正是「農家多出異才」的明證。[2]這是很貼切的連結，因為毛的家鄉韶山村與曾國藩的家鄉湘潭鎮位於同一縣。楊昌濟把他對曾國藩的景仰傳給他這位學生，毛澤東幾乎讀遍楊昌濟遞給他的所有東西。到了一九一七年夏，毛澤東對曾的尊崇已到了無以復加的程度，他在寫給另一位老師的信中說，「愚於近人，獨服曾文正。」[3]對於為何獨服曾文正，他多年來給了多個理由，而這些理由全圍著楊昌濟將曾國藩稱作典型豪傑時，所提出的儒將特質打轉。毛澤東特別欣賞曾國藩平定太平天國之亂的「完滿無缺」。[4]

他欣賞曾國藩按部就班的讀書習慣[5]，稱頌曾國藩所從事之活動的多樣，像是曾國藩先是研讀儒家典籍，然後撰寫文章，然後又參辦實事。[6]他稱讚曾國藩養身計畫的持之以恆，像是他每餐飯後走一千步的習慣。[7]毛澤東與兩位來自湖南第一師範的至友喜歡自稱「三豪傑」[8]，且得意於學業和健身並重。他們於寒冷的秋天在湘江游泳，上嶽麓山露營，身無分文徒步湖南鄉間，以親身體驗想像裡湖南先人生活的艱辛。

一九一三至一九一八年就讀於湖南第一師範時，拜多年來許多長沙教育改革者的努力之賜，毛澤東同時吸收了中外思想。他所受教育的駁雜，不只源於該校中西混和的基本課程——數學、科學、體育、中國歷史、儒家典籍（主要是被時務學堂列為最重要科目的《公羊傳》）、中國傳統文學、倫理學、西洋史、國民初級讀本、英語[9]，也源於楊昌濟本人兼容並蓄的背景。楊昌濟的人格對自我修養這門課影響甚大，學生手上的課本，就是這位老師的生平和思想。楊昌濟的《論語類鈔》闡揚王夫之對個人主義、人本主義之詮釋，毛澤東和同學藉由閱讀這本教材，漸漸理解儒家典籍《論語》的重要性。他們讀楊昌濟出版的日記，把老師的求知過程和對現代世界問題的思索當成師法的對象。師生關係非常密切，因而後來有位替毛澤東立傳的學者覺得難以斷定楊昌濟的思想止於何處，毛澤東的思想始於何處。[10]

楊昌濟和劉人熙都以自己的方式教授個人主義的學說，不論是精神上還是政治上的個人主義，都扎根於王夫之的著作裡。毛澤東在船山學社聽劉人熙演講，領會老師在自我修養上的思想和學識，用他們的哲學思想來理解學者與周遭世界的關係。這方面的影響可見於毛澤東一九一八年讀德國哲學家泡爾生（Friedrich Paulsen）的《倫理學原理》中文譯本時所寫的批注裡。讀了此書作者關於即使自我犧牲都出於利己之心的論點後，毛澤東在批注裡回應道：「觀此語始知泡氏亦以個人主義為基礎……個人有無上之價值，百般之價值依個人而存，使無個人（或個體）則無宇宙，故謂個人之價值大於宇宙之價值可也。」[11]

在與此類似的批注中，毛澤東回應泡爾生對人類道德的世俗化觀點，寫道，「吾從前固主無我論，以為只有宇宙而無我。今知其不然。蓋我即宇宙也。各除去我，即無宇宙……是故，宇宙間可尊者惟我也，可畏者惟我也。可服從者惟我也。」[12]這些幾乎都是對王夫之「天理寓於人欲」的另一種說法，重述了楊昌濟對於主觀個人的心智是可知世界裡最強大力量之解釋。從這一自我至上的原則出發，毛澤東推斷：「吾國之三綱在所必去。」[13]這正是楊昌濟在王夫之著作裡找到的同一原則，亦即絕不可讓個人受制於中國傳統儒家的人際關係規範（臣事君、子事父）。

楊昌濟的教學，把個人自主與自我修養的原則落實成教育最重要的一門科目，用他的話說，就是實行「自修」。在一九一四年的日記裡（供他學生在課堂上研讀的日記），楊昌濟討論了一種教育制度，這將顛覆儒家師生的階層關係，使學生得以發展個體性，同時也保留課堂的外在結構。他寫道，美國已有以這一原則為基礎的學校，而在這種學校裡，「每點鐘教員只講十數分鐘，而其餘則任學生之自修。又有分一班為二組，上午甲組聽講，乙組自修；下午則乙組聽講，甲組自修，要以養成生徒獨學之習慣為主。」[14]「獨學之習慣」符合個人主義的大原則，但也與楊昌濟本人的經驗極契合，因為一八九八年變法失敗後那四年，他埋頭於獨立閱讀。郭嵩燾一八五二年為避太平軍進犯而逃入山中，進而發現王夫之的《禮記章句》時，或許也可以說埋頭「自修」。而王夫之當然就是最高的自修典範，人生最後四十年全投入自修。但最終將自修落實為一個機構的基礎，而非個人獨自修持者，不是楊昌濟，而是他的學生。

在這些想法的影響下，毛澤東在湖南第一師範創立了學生自治會，且更重要的，一九一八年四月糾集幾個學生組成一祕密的獨立學會「新民學會」。[15]誠如毛澤東對此學會的說明，「諸人大都係楊懷中先生的學生，與聞楊懷中先生的緒論，做為一種奮鬥且向上的人生觀，新民學會乃從此產生了。」[16]這個學會一開始未有明確的政治哲學，而是為了體現楊昌濟眼中理想的哲學追求，與學者個人的自我修養，以此為求索「道」的根本途徑。據該會會章，此學會的長期目標不只是精進會員個人的學問、品行，還在革新社會，更具體地說，即「改良人心風俗」，而郭嵩燾創建思賢講舍和劉人熙將思賢講舍重建為船山學社時所揭櫫的目標也是如此。

過去的陰影：湖南五四運動

一九一六年袁世凱死後，在二度出任都督的譚延闓主政下，湖南再度展開看來平和的自治，只是這次的自治為時不久。一九一七年，袁世凱生前權力基礎的北洋軍已掌控華北，而在華南廣州，則有另一群人另立「中央」，與北洋軍打對臺。湖南對任何一個都毋須效忠，但地理位置正處於兩者之間。一九一七年十一月上旬，北洋軍往南擴張勢力，派張敬堯將軍領兵入侵湖南。南部諸省與北洋軍內戰爆發，以湖南為主要戰場。湖南省受創嚴重，北洋軍曾在長沙東邊的醴陵縣屠殺二萬多名湖南人。該月底雙方停火，殺戮終於停止，但張敬堯出任湖南督軍兼省長，牢牢掌控該省。地方自治的理想再遭打碎，湖南受到由北方中央政府派來的另一個外人嚴酷統治。[17]

面對張敬堯的壓迫，湖南省幾位改革派大將最終死了心，離開湖南。劉人熙於一九一八年春遷居上海，躲避湖南戰禍，把船山學社交給副手掌理，但劉人熙一離開，張敬堯隨即沒收船山學社，將其闢為他部分的臨時兵營。[18]楊昌濟不久後也離湘，放棄他先前欲透過教育改革來改造湖南社會的計畫，舉家遷往北京擔任北京大學教職。[19]

離開長沙前夕，楊昌濟發表一篇文章描述其欲在湖南創辦大學的理想（湖南第一師範為中學，卻是湖南最高學府）。此文讀來像是篇告別家鄉湖南書。楊昌濟寫道，「德國之普魯士實為中樞，日本之鹿兒島多生俊傑，中國有湘略與之同」，「湘省現在政、學各界不乏有氣力之人，所望協力同心促成盛舉，湖南之昌，中國之興，將於此舉卜之也矣。」[20] 但一九一八年夏離湘時，楊昌濟把創辦大學之「盛舉」完全交給他學生一輩負責。兩人自此未再回湘，劉人熙於一九一九年於上海辭世，楊昌濟於一九二〇年死於北京。

毛澤東追隨恩師腳步於一九一八年秋來到北京，在楊昌濟家住了數月，同時在北京大學圖書館工作。他也開始追求楊昌濟女兒楊開慧。一九一九年四月回長沙，在一小學覓得教職，開始活躍於公共事務，著手填補楊昌濟、劉人熙離去後留下的空缺。

毛澤東的地方行動之起始，恰好也是他與名叫彭璜的學生合作的開始。彭璜也是湘潭人，比毛澤東年輕三歲。毛澤東做為楊昌濟弟子，已穩穩走在通往學者的道路上，而且是具群眾魅力的湖南第一師範學生領袖。彭璜則是湖南商業專門學校學生，打算走經商之路。[21] 一九一九年五月，彭璜在長沙學生圈的影響力似乎較廣，因為他和毛澤東最初開始合作時，彭璜已發起組織湖南學生聯合會，並擔任會長。他帶毛澤東加入該會，擔任該會報紙《湘江評論》的主編，而該報於七月開始出刊。約略同時，毛澤東也引介彭璜加入新民學會。[22] 兩人幾乎形影不離，一如一八九〇年代的譚嗣同與唐才常，接下來二年期間，凡是其中一人所參與的組織，大部分也掛有另一人的名字。

促成他們起而行的因素，乃是五四運動。五四運動一九一九年春爆發於北京，肇因於凡爾賽條約強加於中國的辱國要求。這場由學生領導的運動，有政治、文化兩個層面，而在文化層面，它鼓吹將上海、北京、日本的幾位激進學者辨的雜誌所發展出的「新文化」，包括西方的個人主義、科學、民主諸思想，散播到全中國。新文化宣傳家的主要刊物《新青年》，一九一五年創刊，而自創刊起，楊昌濟就是該刊訂戶。他把此刊物交予他湖南第一師範的學生讀，一九一七年毛澤東在此刊物上發表了他的第一篇刊行全國的文章〈體育之研究〉，文中稱嘉納治五郎是東方「著稱之體育家」。[23]

一九一九年春五四運動期間毛澤東回長沙，立即推動新文化運動，在公眾心目中烙下新文化運動者的形象，自此與北京、上海的學者站在同一陣線，特別是《新青年》主編陳獨秀，而非與譚嗣同或曾國藩之類人物。在《湘江評論》創刊宣言中，毛澤東寫道：「洞庭湖的閘門動了，且開了！浩浩蕩蕩的新思潮業以奔騰澎湃於湘江兩岸了！順它的生，逆它的死。如何承受它？如何傳播它？如何研究它？」[24] 新文化沿著湘江「奔騰澎湃」湧入湖南，這個意象頗有意思，因為五四運動大部分最重要的「西方」思想，像是科學、民主、理性，就湖南來說，並不是破天荒的新玩意兒。上海、北京的這些「新」知識目標，在湖南這個內陸省分，自郭嵩燾從英國返鄉之後起，大部分已提倡了數十年。

事實上，五四運動所提出的重要知識計畫裡，只有一項在一九一九年之前未在長沙以類似的形式表明，那就是毫不掩飾地抨擊儒家學說，將其斥為奴役中國人民，使其無法在世界上與他國競爭的保守哲學。但這一抨擊在湖南未成為氣候，至少在此時是如此。一九一九至一九二〇年間，長沙一地對儒家的批評很有限，就毛澤東和其同志來說，他們不會因此批評而不讀古籍。（事實上，他們於一九二一年所創立的「自修大學」，其中一個與眾不同的特色，就是對中國傳統典籍的看重，絲毫不遜於對馬克思或康德著作的看重。）五四運動對儒家的抨擊，只有一點真的在湖南構成聲勢，而且堪稱是五四運動的所有分析裡最受看重的一點，即從個人主義角度對儒家三綱的抨擊。但那在湖南也不是頭一遭的新鮮事；誠如楊昌濟一九一三年於其《論語類鈔》中所說的，解構儒家三綱乃是王夫之個人主義哲學最重要的成分。

毛澤東既是湖南本地傳統的繼承者，又是一種世界性「新文化」的供應者，兩個角色間的拉扯，導致對湖南省歷史的矛盾看待。[25] 一方面，毛澤東和他的同志很容易就認同湖南學生的行動傳統，照他的分析，這個傳統始於一八九〇年代。在一九一九年八月四日《湘江評論》第四期，他概述了湖南學生運動，把時務學堂視為湖南學生意識的根源。以那為起點，毛澤東詳述了湖南學生在唐才常自立軍中的殉難、明德學堂延續時務學堂的行動使命、華興會起事的失敗，更進一步生動描述了一九〇六年陳天華、姚宏業下葬嶽麓山之事。[26]

他寫道，這一階段湖南學生運動的高潮，乃是辛亥革命前不久的一九一〇年省運動大會。湖南學生在該運動會中唱了學生運動歌：

大哉湖南，
衡岳齊天，
洞庭雲夢廣。
……
湘軍英武安天下，
我輩是豪強。
……
軍國精神，
湖湘子弟，
文明新氣象。[27]

不管一九一〇年時湖南青年是否真唱了這首歌（那時毛澤東還不在長沙，因此那應是從他人口中聽來），其軍國主義精神與楊度的〈湖南少年歌〉相呼應。毛澤東於一九一九年提到此歌，顯然是為了讓人注意到過去湘軍和現今湖南學生聯合會在「夢廣」上的歷史關連。《湘江評論》預告了將在下一期把晚清行動派與他這一代湖南學生橋接起來，但張敬堯沒收、銷毀了該期。

直率的行動派是一回事，知識改革是另一回事，毛澤東擁抱前幾代激進學生，卻不屑於他們的知識計畫。在以健學會這個新學會創立為題的文章裡，他回顧一八九〇年代維新運動的南學會、《湘報》與時務學堂時，嚴正表示「那時候的思想是空虛的思想」，「於孔老爹，仍不敢說出半個非字。」[28]最後他斷言先前這場維新運動未產生持久的效用，寫道，「僅可說是，籠統的變化，盲目的變化，過渡的變化。從戊戌以至今日，湖南的思想界，全為這籠統的，盲目的，過渡的變化所支配。」最後，他表示這個新學會將做先前諸學會所做不到的事，即啟迪此省之人心。他寫到健學會，說「在這麼女性纖纖暮氣沉沉的湖南，有此一舉，頗足出幽因而破煩悶。東方的曙光，空谷的足音，我們正應拍掌歡迎，希望他可做『改造湖南』的張本」。希望他自己這一代人的活動成為「張本」，就是要把他的前輩們全打入冷宮。

毛澤東以兩手策略對待他的湖南前輩，基本上乃是欲將傳統民族主義領域裡的力量攬為己用，同時在知識領域取得獨創性。因為藉由譴責先前的知識改革計畫，可使他和他的同志回到原點，將矛頭同樣對準鄧顯鶴和鄒漢勛一八三〇年代時就展開抨擊的湖南落後「草莽」文化。誠如毛澤東在《湘江評論》創刊宣言中所寫道，「住在這江上和它鄰近的民眾，渾渾噩噩，世界上的事情，很少懂得……他們的腦子貧弱而又腐敗，有增益改良的必要，沒人提倡。」[29]這段話其實就和郭嵩燾一八七九年從英國返鄉時對湖南人落後的譴責，或一八九五年譚嗣同搬回瀏陽創立算學會時對湖南人狹隘傲慢心胸的哀嘆如出一轍。總而言之，毛澤東的口吻和他的改革派前輩之間的差異其實並沒有那麼大。近代，一個又一個自覺「開明」的湖南人，深信必須透過教育讓渾渾噩噩的本省鄉民認識現代世界潮流，而毛澤東只是這類湖南人的最新代表。

湖南人其實沒什麼必要去「回應」五四運動，而毛澤東如此描述他的作為，或許是出於社會考量，而非知識考量。湖南仍未被承認為中國知識界龍頭。因此，毛澤東爽快支持五四運動的世界主義，或許源於單純的個人因素，即源於他的鄉下人出身和重重的韶山口音所帶來的尷尬。那尷尬使他很想得到首都當紅知識分子的接受。[30]或者從另一個角度說，那或許也說明了他個人野心之大。他想喚醒湖南，因此，他不願承認自己景仰和延續那些湖南前輩前的志業，這乃是為了將自己包裝為開創者而非仿效者的手段。不管出於哪種原因，他追隨前輩的腳步，但把他走過的足跡掩飾得非常好，讓後來的史學家都相信他的說法，認為促成他早期活動與中國共產主義的起源，完全出於五四運動的世界主義，是以北京為中心，而非出於他居住、工作所在的這個「落後」內陸地區。但大家不要忘記，那些把湖南說成落後草莽的說法，不是對外部世界或真實世界的觀察心得，而只是一個修辭手法，湖南數代改革者所用的一個比喻，而毛澤東沿用這一比喻正表明他對湖南本地傳統的執著。

「湖南精神」再探

對於此時的毛澤東來說，他的湖南根源其實比他的世界主義更為重要，而透過毛澤東最敬佩的五四運動領袖陳獨秀的眼睛看年輕的毛澤東和其同志，可找到對這一特點更直接的認定。陳獨秀是《新青年》的發行人，著名的科學、民主提倡者，亦是中國共產黨創建者之一。毛澤東是在一九一八年於北京大學圖書館工作時結識陳獨秀。一九二〇年一月上旬，即陳獨秀剛出獄不久時，他針對這新一代湖南青年寫了〈歡迎湖南人底精神〉一文。[31]

此文以介紹湖南的行動主義歷史為開頭，行文中搬出湖南精神，因而引人注意，因為首度有非湖南人大談湖南精神。陳獨秀寫道：

> 湖南人底精神是什麼？「若道中華國果亡，除非湖南人盡死。」無論楊度為人如何論定，卻不能以人廢言。湖南人這種奮鬥精神，卻不是楊度說大話，確實可以拿歷史證明的。二百幾十年前底王船山先生，是何等艱苦奮鬥的學者！一百多年前曾國藩、羅澤南等一班人，是何等「紮硬寨」、「打死戰」的書生！黃克強歷盡艱難，帶一旅湖南兵，在漢陽抵擋清軍大隊人馬；蔡松坡帶著病，親領子彈不足的兩千雲南兵，和十萬袁軍打死戰，他們是何等堅韌不拔的軍人！湖南人這種奮鬥精神，現在哪裡去了？

然後陳獨秀描述了他在獄中彷彿神靈顯現的怪事：「我曾坐在黑暗室中，忽然想到湖南人死氣沉沉的景況，不覺說道：湖南人底精神哪裡去了？彷彿有一種微細而悲壯的聲音，從無窮深的地底下答道：『我們奮鬥不止的精神，已漸漸在一班可愛可敬的青年身上復活了。』我聽了這類聲音，歡喜極了，幾乎落下淚來！」那些在獄中讓陳獨秀只聞其聲、不見其人的「可愛可敬的青年」，不是別人，就是陳獨秀在北京遇過的毛澤東等湖南新活動家。

接著陳獨秀搬出「真生命」之說，藉以評價這些湖南新世代與過去的關連。他以南非作家奧莉芙．施賴納（Olive Schreiner）筆下的蝗蟲渡溪為比喻，說明此說：「第一個走下水邊，被水沖去了，於是第二個又來，於是第三個，於是第四個：到後來，他們的死骸堆積起來，成了一座橋，其餘的便過去了。」陳獨秀表示，個人生命的價值，以其為永恆的社會整體所完成之事，以其所造的「橋」，為標準來衡量。他寫道，「不能說王船山、曾國藩、羅澤南、黃克強、蔡松坡已經是完全死去的人，因為他們橋的生命都還存在。我們歡迎湖南人底精神，是歡迎他們的奮鬥精神，歡迎他們奮鬥造橋的精神，歡迎他們造的橋，比王船山、曾國藩、羅澤南、黃克強、蔡松坡所造的還要偉大精美得多。」這是從特別尚武的角度對王船山之遺緒做出的詮釋，在這一詮釋下，王船山的遺緒體現在兩代湖南將領身上，而非體現在較文化取向的譚嗣同或郭嵩燾身上。沒有史料顯示此時的毛澤東明確將自己或他的同志自視為源自王夫之的軍國「湖南精神」的繼承者，但五四運動領袖暨中國共產黨創辦人之一的陳獨秀顯然這麼做。

自治

在政治方面，泛中國的五四運動反對帝國主義，其首要之務就是讓中國擺脫列強壓迫，而毛澤東、彭璜領導的湖南活動家的首要目標，同樣也是「反帝國主義」，但矛頭大半對內。他們所關心的，不是讓中國擺脫列強壓迫，而是使湖南擺脫「其他」中國人的壓迫，即張敬堯的壓迫。於是，當五四運動的主流投身於中國歷史問題，反抗列強干預時，湖南活動家則投身於湖南歷史問題和反抗中國干預。

一九一九年夏末，張敬堯開始有計劃地讓湖南批評者噤聲。八月三日，他查禁《大公報》，一星期後查禁《湘江評論》。船山學社（這時已改闢為一小型中學）開始充當反張行動的地下基地。劉人熙於一九一八年遷居上海時見到陳家鼎（《洞庭波》主編和〈二十世紀之湖南〉的作者），陳家鼎轉交孫文的一千元給劉人熙。[32] 一九一九年八月，孫文曾派兩名同黨分子赴長沙，鼓吹支持抵制日貨。兩人被安置在船山學社，然後八月十六日夜，張敬堯派一隊刺客，將他們殺死於熟睡之際。[33]一九一九年十二月毛澤東終於逃到北京。隔年春天，他與彭璜在上海重聚，那時彭璜已在上海刊行湖南人反張雜誌《天問》。此雜誌名一如《洞庭波》，都取自屈原的詩。

湖南流亡人士的群體日益壯大，而毛澤東與彭璜則成為這個群體的主要發言人。兩人一起組織湖南改造促成會，此會最初以彭璜在上海法租界的住所為大本營。此會鼓吹恢復地方自治和解除湖南軍事管制，本質上就是延續譚延闓先前的統治。[34]一九二〇年四月一日毛澤東寫了該會宣言，呼籲「全國」人民支持湖南人驅逐張敬堯、廢除軍事統治的大業。「論者謂湖南為東方之瑞士，吾人果能以瑞士為吾儕『理想湖南』之影相。」但後來他也強調湖南是全中國不可分割之一部分（重要的是，他是以全中國人民為宣說之對象），寫道，「湖南為全國之一部，湖南之改造即全國改造之一部。」[35]那一部分的改造構想不久後就胎死腹中。

一九二〇年夏，隨著湘籍將領趙恒惕著手將張敬堯趕出湖南，他們卑微的要求轉化為更宏大的構想。六月十四日趙恒惕如願趕走張敬堯，為譚延闓三天後第三度（也是最後一次）出任湖南督軍鋪道。譚延闓回任一個星期後的六月二十三日，毛澤東不再只是主張「喚醒」湖南人，還進一步宣告湖南應趁此有利時機建立為完全獨立的政治與文化實體。[36]

在譚延闓重新執政的樂觀氣氛中，毛澤東一派昂揚自信。他解釋道，「以現狀觀察，中國二十年內無望民治之總建設。在此期內，湖南最好保境自治，劃湖南為桃源，不知以外尚有他省，亦不知尚有中央政府，自處如一百年前北美諸州中之一州，自辦教育，自興產業，自築鐵路、汽車路，充分發揮湖南人之精神，造一種湖南文明於湖南領域以內……湖南者湖南人之湖南也。」[37]

毛澤東筆下的「桃源」，出自四世紀時的一則烏托邦社會故事。故事中的桃源與外界毫無往來，因而居民過著與世無爭的恬靜共有制生活，完全不知蹂躪中國其他地方的戰禍和饑荒。以桃源為比喻極能打動人心，對於欲創建完全不受中國其他地方宰制的「湖南文明」一事來說，桃源代表了生動有力的先例。此外，毛澤東「湖南者湖南人之湖南」一語，令人想起前輩劉人熙、楊毓麟的詞語，代表了原本有意成為世界主義者的毛澤東，漸漸轉變為自豪的湖南民族主義者，終於擁抱了他在不久前還似乎敬而遠之的湖南根源。

值得注意的，毛澤東接著表示，「吾人主張『湘人自決主義』，其意義並非部落主義，又非割據主義，乃以在湖南一塊地域之文明，湖南人應自負其創造之責任。」[38]但其間的差異幾可說只是語義上的差異。他之所以否定帶有地方主義、野蠻主義的「部落主義」，和暗含破壞中國一統之意的「割據主義」，不是政治現實上的妥協，而只是用語上的妥協，以除去省自治的負面意涵。因為他的確要湖南人發展自己的文明，而那就是種部落主義。而且他的確要湖南人在接下來二十年自己管理自己的政府和社會，而這也予人割據主義的印象。但他的湖南人否認存有一個做為他們分離「割據」之對象的中國總體，光從這點來看，嚴格來講，他的湖南人就不是「割據主義者」。而光從他們自認是「民族」而非「部落」來看，他們也不是「部落主義者」，而且他們所表達的目標不是野蠻主義，而是自身文明的進步。

一九二〇年夏秋二季，湖南自治運動陡然勃興，重新喚醒一八九〇年代改革者、日本湖南留學生、湖南反滿活動家與民國初期本省改革者受挫的地方主義夢想。七月七日譚延闓宣布湖南自治，不再受北洋政府管轄。在他領導下，流亡各地的改革者和年輕的行動主義者大舉返湘。自一八九〇年代晚期湖南維新運動時，參與改革的著名湖南人被召回湘擔任顧問，協助草擬自治法。[39]各方的反應都是壓倒性的支持。自一八九八年湖南維新運動失敗以來，士紳改革者、本地官員、年輕改革派知識分子首度再度站上同一陣線，一致希望改造湖南省。他們的本省自治夢想，明顯近似於美式政治自由願景，因而有位上海記者於該年十二月出版論湖南自治運動的書時，把自由女神像擺上該書黑底的封面，光束從女神高舉的火炬中發射出來。[40]

一九二〇年夏，毛澤東與彭璜回到長沙，一頭栽入自治運動，八月二十二日主導建立俄羅斯研究會，九月九日監督建立文化書社。在這兩個機構裡，商人彭璜都擔任會計幹事，亟思一番作為的學者毛澤東則擔任書記幹事。文化書社推動新思潮的學習，販售的書籍從杜威、羅素的譯作到論無政府主義與共產主義、達爾文主義、哲學概論的著作，包羅廣泛，還有《新青年》之類雜誌和白話文小說。

彭璜把俄羅斯研究會定位為探索俄國歷史、評估布爾什維克革命在中國之可行性的論壇。他對俄國革命的詮釋，正符合省自治的目標，因為其本質就是無政府主義觀點。誠如他在那年八月某篇談該研究會的文章裡所說，「我們要記得清楚的，就是二十世紀的『新潮』，首先產生了一個『新俄羅斯』，不是『新俄羅斯』產生二十世紀的『新潮』。」[41] 在他看來，俄羅斯人稱不上是全球革命的領袖，只是世界性改變力量中真正自發且追求分權的首例，而湖南（彭璜筆下的「東方之瑞士」）則可能是第二個例子。也就是說，湖南人不必亦步亦趨追隨俄羅斯，但思考俄羅斯革命裡可能適用於湖南人的部分，主要是馬克思主義和農工政府，將大有益處。

一如一八九〇年代巡撫陳寶箴等省級官員直接支持譚嗣同、唐才常的學會、學校與報紙，一九二〇年這些有心改革文化的年輕人，最終也是在省政府的支持下奮鬥。譚延闓聘請毛澤東出任湖南第一師範（湖南最高的此類學府）附設小學的校長，且親自為文化書社的匾額題字。曾任第一師範歷史老師的長沙縣知事姜濟寰，擔任俄羅斯研究會的名譽總幹事，對文化書社捐款最多，該社三分之一以上的經費為他自掏腰包提供。[42]

他們不需創辦報紙，因為已有一份報紙，可以說沒人比湖南《大公報》主筆更支持自治運動。這位主筆就是極力主張本省利益至上的龍兼公，自一九一五年劉人熙創辦該報抨擊袁世凱起，就一直任職於該報。一九一五年譴責楊度支持袁世凱的〈湖南人未盡死〉一文，就出自他的手筆，而在先前那場危機期間，他還甚至呼籲「傾覆」袁世凱政府。[43] 經過數年內戰和外人再度入主湖南，到了一九二〇年秋，龍兼公的地方主義心態更為堅定。此外，在一九一九年十一月數次撰文抨擊媒妁婚姻期間，他與毛澤東培養出深厚的夥伴關係。一九二〇年的自治運動中，他們攜手合作，有時讓人覺得兩人根本在《大公報》頭版上互相唱和。例如，九月五日，龍兼公發表社論〈湖南門羅主義〉，呼籲採行不干預政策。（具體寫到：「我用心幹我應幹的事；我絕對不干涉別人的事；我也絕對不許別人干涉我的事。」）[44] 隔天，九月六日，毛澤東發表〈絕對贊成湖南門羅主義〉一文回應。九月二十六日毛澤東發表社論〈湖南自治運動應該發起了〉，龍兼公也於十天後發表社論〈湖南自治運動已發起了〉回應。

一八九〇年代的湖南維新運動包含了兩個論述領域，一個領域較公開且溫和，出現於《湘報》和南學會，另一個較受局限且激進，出現於私人集會和時務學堂課堂上。同樣的，一九二〇年湖南自治運動公開的省自治論述，同樣有助於掩飾新民學會裡較激進的對話，新民學會在這整個時期一直是個地下組織。[45] 這時，該學會已有數名會員在勤工儉學計畫下散布到中國、歐洲各地，但學會仍由毛澤東編輯並發送小心公開發表的通信稿給會員來維繫，而那些通信稿其實就是一種以印刷媒體形式掩護的交流空間。他們有文化書社做為他們在長沙的實體總部，而在一九二〇年秋，湖南自治運動正大張旗鼓的喧囂下，毛澤東、彭璜與擔任船山學社社長的老學者賀民範、前第一師範學生暨毛澤東至友何叔衡，在文化書社成為湖南共產主義小組的四位創始人。[46]

湖南共和國

一九二〇年九月五日，湖南《大公報》推出定期專欄「湖南建設問題」，以宣揚關於湖南未來應走之政治路線的觀點。毛澤東和彭璜為此專欄的主筆，但也偶爾執筆該報社論。此時所有人都團結在一起，沒有人再提負面的「部落主義」或「割據主義」。《大公報》那年九月所刊文章的主題，乃是湖南是否該成為獨立國，以及如果該往這條路走，該怎麼做。

毛澤東為此專欄打頭陣，九月三日發表〈湖南共和國〉一文，文章一開頭就寫道，「我是反對『大中華民國』的，我是主張『湖南共和國』的。」[47]兩天後，他寫了〈打破沒有基礎的大中國，建設許多的中國：從湖南做起〉，文中宣告：「湖南人呵！應該醒覺了！……湖南人果有能力者，敢造出一個旭日曈曈的湖南共和國來！」[48]隔天，他開始發表分兩天刊載的文章〈湖南受中國之累：以歷史及現狀證明之〉，文中冷冷評估了湖南在中華帝國裡的地位，說「元明歷清，長夜漫漫，所得的只是至痛極慘」，「湖南的歷史，只是黑暗的歷史。」[49]同一天，彭璜開始發表一篇分三天刊載的文章，全文談湖南需要自行建立一新式共和國，既非中國式也非美國式的共和國，而是獨一無二的湖南式共和國。接下來幾星期，他們的文章構成此報探索自治問題的核心文章。

在〈對於湖南建「國」的解釋〉一文中，彭璜說明了湖南與中國的關係，文中他批評中文「國」一詞既可以指帝國，也可以指自決國。他解釋道，中華「國」是第一種，但湖南「國」會是第二種。他寫道，「人太專注於這個『國』字。所以一說到建『國』，就發生破壞『大國』的恐懼。卻不知民族自決的建國，根本不同於帝國主義的建構，卻不知『怕建小國破壞大國』的思想，就純粹是偶像的國家思想。」[50]

至於那些反對建立獨立湖南國者，新民學會會員張文亮，在九月二十七日〈天經地義的「湖南國」〉一文中，把他們分為兩大類。[51]第一類反對者包含新文化運動裡較希望廢除所有國家以造全球「大同」之局的一群人，而來自今文經學的「大同」一詞，正好切合國際共產主義運動的理想。第二類反對者包含仍堅信中國應為一國之過時觀念的「抱狹義的愛國主義者」。張文亮初步支持廢除所有國家，但對中國民族主義者則十足不屑。他寫道，「對於第二派的愛國志士（愛中國的）可以視同狗屁。嚴格點說來，簡直可以不齒他。」並說，「我更希望把『中國』二字遠拋東海……欲談湖南國，絕不容再所謂『中國』存在！」張文亮覺得，如果民族主義的現象必須繼續下去，它的對象應是湖南。

靠著在《大公報》上撰文成為眾所公認最激昂、最堅定的湖南民族主義提倡者，並與中國民族主義抗衡的，乃是彭璜，他的坦白無隱，使毛澤東的文章相較之下都顯得含糊曖昧。彭璜〈怎麼要立湖南「國」〉一文，從九月二十三至二十六日分四期刊載。文章一開頭，他清楚區分建國與建省的不同：「一個是附屬的，一個是獨立的。一個是因襲改良的，一個是根本改造的。一個是沒有獨立憲法的，一個是有獨立憲法的。一個是『半』自治的，一個是『全』自治的。所以要立『國』，就是要獨立，要根本改造，要有獨立憲法，要完全自治。」[52]

他所謂的「半」自治，指的是晚清和民國時期以國家為導向的自治制度。這一制度襲取自日、德，把中央政府視為其起點。相對的，「全」自治是利伯的美式自治，是建立在個人自由之上，並被視為固有政治權利的地區自治，這一政治權利為省加入聯邦留有餘地，但不容聯邦的中央政府侵犯省之自治。[53]彭璜在此文中解釋道，鑑於中國中央政府管轄湖南多年，推動湖南自治運動其實就像是將一個國家從壓迫者手中解放出來，以「剷除專制主義」。

更令人震驚的，乃是彭璜關於民族的論點。自十九、二十世紀之交，湖南活動家一直以「民族」之類詞語來描述湖南人，以「民族主義」一詞來描述他們對省的忠誠。但彭璜在〈怎麼要立湖南「國」〉一文中更進一步聲稱，漢民族的定義只是逼湖南人順服中國的假統一，藉以壓迫湖南人的工具。針對這一主題，彭璜做出歷來最明確之一的描述：

深覺得這個籠統混雜的漢族名目，壓住了我們湖南人的向上，阻止了我們湖南人的進化，牽制了我們湖南人的發展本能！現在硬覺得我們湖南人不叫是漢族了！要不然，就是「非湖南人」不叫是漢族？湖南有湖南人的特性，湖南有湖南人的風俗，湖南有湖南人的感情與本能。移言之，湖南地方的人民，是有一種獨立的「民族性」。這個「民族性」很不與各省同胞相類，所以認定湖南人與各省同胞是同一民族，原來是個解釋民族的莫大錯誤！

最後，彭璜不只宣稱湖南人為不同於其他中國人的一個民族，還預示了將在日後出現以農民為基礎的權力中心，他宣稱鄉下湖南人既不關心「中國」，也不認為中國是他們應效忠的實體。他寫道，「一地方人的要求獨立愈必要，我們湖南人對於湖南人的感情怎樣？我們湖南人對『非湖南人』的感情又怎樣？要是我們隨在留意，時很容易證明的。我是一個鄉下人，我從我的鄉村生活中間，看出了湖南人心中只有一個湖南，不有一個中國。我平日從省城回家去，鄉下人所與我交談的總是：『湖南的大局如何？不是袁世凱要血洗湖南？聽說北方要放個什麼湯薌銘作湖南都督？聽說陳復初有奸黨降了北方？這個畜生……湖南倒霉了，曾官保一輩的人都死完了。再也沒有這等人了。』」[54] 彭璜以前人所未發的最強烈湖南民族主義宣告，為此一連載文章的最後一期作結。他寫道，簡單地說，「中國的湖南，簡直是英國的愛爾蘭了？凡是主張正義人道的人，哪個不贊成愛爾蘭獨立……湖南人的精神果猶未滅絕！就應當趁此晨光萬丈的時代……大呼精神獨立！民族獨立！湖南獨立！」[55]

一九二〇年九月和十月上旬的湖南《大公報》，充斥著湖南省人對中華民國反感的心態，而此心態在十月十日，中華民國第九個國慶日那天達到最高點。那一天，湖南《大公報》副主筆李景僑暫代龍兼公主筆之職。他以挖苦口吻寫道，龍兼公忙於自治運動，抽不出時間寫「國慶日」社論。於是李景僑發表他的辛辣觀點寫道，「我們不慶祝過去的中華民國，應慶祝將來的湖南『國』，不可嗎？」最後寫道，「中華民國騙了我九年的『慶祝』，不又被湖南『國』連本帶利都騙去了。那麼國慶日的時評我還是不作！」[56]在同一期，張文亮以嘲笑口吻寫道：「又是照例的九年國慶到了！哈哈！同胞！『國慶』！怎麼叫做國慶？國中一年來有何可慶？說來你們不要痛心嗎……那麼，今日的國慶豈不成了國喪嗎？」[57]毛澤東則向上海《時事新報》投了〈反對統一〉一文，文中一開始就直言不諱寫道，「中國的事，不是統一能夠辦得好的，到現在算是大明白了。」他主張中國所有問題都源於過時的「中國」觀念，然後斷言中國該根據既有的省區分為諸多小國。最後他寫道，「國慶是慶中華民國，我實在老不高興他。特為趁這國慶，表示我一點反對統一的意見，而希望有一種『省慶』發生。」[58]

同樣在一九二〇年十月十日那天，二萬多名湖南人走上窄小的長沙街頭，其中包括二千名士兵和軍官、三千名工人、八千名學生、數千名農民和商人。他們在音樂與鼓聲伴隨下遊行，要求召開人民憲法會議。他們所攜帶的請願書是由毛澤東、彭璜、湖南《大公報》主筆龍兼公聯合起草。請願書裡有這麼一段：

吾湘現處特別地位，應採革命精神，趨斷從前一切葛藤，以湖南一省完全自決自主，不仰賴中央，不依傍各省，剷除舊習，創建新邦。至此後制治精神，宜採取民治主義及社會主義，以解決政治上及經濟上之特別難點，而免日後再有流血革命之慘。又依湖南現在情形，宜採取湖南門羅主義，湘人完全自治，不干涉外省，亦不受外省干涉。[59]

而就在湖南《大公報》頭版迴蕩著要求獨立的呼聲之時，就在新聞從業人員宣告中華民國已死、湖南國復興之時，就在上萬民眾遊行街頭要求為獨立的湖南國建立社會主義人民政府之時，刊在湖南《大公報》國慶日特刊底部，在一運貨代理商的廣告和美國補血藥廣告之間，有則不起眼的小告示，說二天後船山學社要舉行一年一度的王船山紀念儀式。那一天，一九二〇年十月十二日，農曆的九月一日，是王夫之三百零一歲誕辰。

湖南憲法

與充斥報刊上激越的湖南建國言論大異其趣的，譚延闓主政下的湖南政治人物則推動一更棘手卻更務實之事，即為湖南國的自治制定憲法。譚延闓大張旗鼓準備，召開一場從十月二十七至十一月二十日的大會，邀請數位最知名的中國、西方思想家前來長沙，就他們的社會、政治改革構想發表演說，以推出一部理想的本省憲法為目標。

北京大學校長蔡元培是主題演講的演講人，而他認為正可利用這機會好好談談湖南受誣蔑的知識史。他以一段軼事為開場，軼事主角是他遠行時遇見的一位湖南籍學者，那學者告訴他：「湖南人才，在歷史上比較寂寞，最早的是屈原；直到宋代，有個周濂溪；直到明季，有個王船山，真少得很。」蔡元培不理會這位學者的憂心，解釋道：「我以為蘊蓄得愈久，發展得愈廣。近幾十年，已經是湖南人發展的時期了。」[60]

蔡元培接下來所講，則是耳熟能詳的事。他解釋道，湖南的近代復興可分為三個階段：湘軍時代、維新時代、革命時代。他的分期與楊毓麟、劉人熙之類學者的敘述沒有二致，且一如陳獨秀的〈歡迎湖南人底精神〉，間接表示這一湖南歷史觀已在湖南之外得到認可。文中再度看到從屈原到周敦頤，再到王夫之那一脈相傳的傳統，再度看到曾國藩、譚嗣同、黃興那一傳統的相承，也再度看到，聲明宣告即將發生的事，包括起草中國歷史上第一部省憲法，乃是湖南獨立傳統的自然結果。

在這場大會期間共辦了五十多場演說，其中最轟動者，乃是杜威與羅素這兩人的現身。他們兩人是當時在世哲學家中最著名的，正巧同時來中國巡迴演講。彼此長久以都是競爭對手，實際上從未見面，直到來到長沙，在譚延闓所辦的盛宴上，兩人才真的碰面。[61]他們的演說在較年輕的改革者身上得到最大的共鳴，與往往把重點放在立憲政體這個主題上的中國主講人不同，這兩位外國哲學家講述更廣的社會改造構想。杜威的主題對湖南聽眾來說很熟悉，不只是因為毛澤東和彭璜在文化書社販售他中譯版的著作。他談到如何透過教育漸進改革社會，且以小學為起點，此論點和嘉納治五郎在《支那教育問題》中的觀點類似。此外，杜威建議學校的改革必須以賦予學生個人權力為起點。值得注意的，主辦單位將他的演講題目譯為「學生自治」。身為湖南省一間師範附小的校長暨老師，以及「學生自治會」的創辦人，毛澤東肯定立刻注意到這點。

杜威的樂觀構想以草根模式為基礎，以學校做為改造較廣大社會的微觀實驗室。相比之下，羅素從宏觀世界尺度談社會改造問題。他的演講題目比杜威的題目悲觀得多，名為「布爾什維克與世界政府」，並以令他理想破滅的俄國之行為基礎。[62]他在演講中提醒長沙聽眾，布爾什維克革命最終是場失敗的革命，因為未帶來工人的解放，而是帶來如皇權一樣極度壓迫人民的一黨專政獨裁統治。同年更晚時，他在倫敦出版的《布爾什維克主義的理論與實踐》

（*The Theory and Practice of Bolshevism*）一書中會談到此議題。他在長沙的演說似乎就在詳述那部嚴厲批判的著作中的幾大主題。提倡「基爾特社會主義」（guild socialism）的羅素，主張以自主勞工單位為基礎，由下而上建立社會主義政府。在一九二〇年的俄國布爾什維克身上，他看到個人自主與群體自主被由上而下、組織嚴密的國家社會主義制度出賣。[63] 羅素的演說譯成中文，分四期刊登在《大公報》，立即切中當時正努力釐清該為從下而上建立的省自治奮鬥，還是該透過國際共產主義運動加入國際「大同」的湖南青年的需要，不過羅素本人當然未理解到這一影響。

但譚延闓的督軍兼省長之位，坐得和前兩次一樣短。十一月二十四日，即憲法大會閉幕還不到一星期，趙恒惕就在一場政變中掌控湖南軍隊，把譚延闓第三次、也是最後一次趕出湖南。這場大會的宏大承諾就此化為泡影。省政府再度落入軍國主義者之手，儘管此人是湖南人。趙恒惕夠精明，聽取建議，利用湖南自治運動的勢頭來為自己的統治取得正當性。於是，一九二一年一月，他邀請一群有頭有臉的湖南士紳成立湖南制定省自治根本法籌備處，要他們以四個月時間擬出省憲。憲法草案於四月出爐，八月獲委員會批准，十一月一日交全省公民複決，獲壓倒性多數通過：據稱有一千八百萬人贊成，只有五十萬人反對。[64] 一九二二年元旦，趙恒惕頒布湖南憲法還配合舉辦公眾遊行與鑄造新幣。[65]

這是第一部由中國一省頒行的憲法，光因為這點，湖南憲法就值得注意。[66] 它讓投票民眾享有前所未見的權力，至少書面上是如此。美國駐長沙領事因此將它與加州州憲相提並論。[67]湖南憲法第四條明訂，「省自治權屬於省民全體」，而省民限於在湖南居住超過兩年的中華民國國民。在另一條，省民不論屬於何種性別、種族或宗教，在法律上一律平等。省議會議員由人民選出，省長由省議會議員選出。

但這不是《大公報》的撰文者所要求的那種獨立湖南共和國的憲法，而且湖南憲法第一條承認湖南的從屬地位，明文表示「湖南為中華民國之自治省」。[68]譚延闓遭趕走後，富理想色彩的年輕活動家與湖南的士紳已出現裂痕，此刻，裂痕則擴大為無法彌合的鴻溝。一九二三年，毛澤東就寫道，「軍閥利用民意藉省憲以自保全，故省憲僅為湖南這不利的地勢上一個弱小的軍閥（趙恒惕）用來保險的工具。」[69]

分裂

趙恒惕的政變奪權，粉碎了建立百分之百獨立湖南國的希望，但年輕激進分子擬出替代計畫。誠如張文亮在《大公報》上所寫的，湖南民族主義的反對者大體上分為兩類：一類忠於中國，另一類直截了當反對所有國家的存在。新民學會的成員不包含前一陣營的人，於是，當湖南國似乎無緣實現時，投入後一陣營就成為新民學會偏愛的替代道路。新民學會留法成員寫信給長沙的會員，提到馬克思主義和建立共產黨的需要，在留法會員的督促下，長沙成員開始轉而採取超越國家層次的全球革命觀。

一九二〇年十二月，即譚延闓被拉下臺幾星期後，毛澤東寫信給留法的新民學會會員，說道，「我們多數的會友都傾向於世界主義。試看多數人都鄙棄愛國；多數人都鄙棄謀一部分、一國家的私利而忘卻人類全體的幸福之事；多數人都覺得自己是人類的一員而不願意更繁複的隸屬於無意義的某一國家、某一家庭、或某一宗教而為其奴隸；就可以知道了……這也就是所謂社會主義。」[70]

但應採取哪種社會主義，以及應如何落實該社會主義這些問題上，仍未釐清。在同一封信中，毛澤東提到羅素最近一場談布爾什維克的演說。他把羅素的立場說成「主張共產主義，反對勞農專政」，並指出羅素（一如杜威）深信改革應透過教育漸漸施行。毛澤東說，羅素在長沙演說後，他與彭璜有過詳細的辯論，然後毛澤東得出結論：羅素的主張「理論上說得通，事實上做不到」。這句結論代表毛澤東徹底揚棄了透過教育改革的路線，即楊昌濟、譚嗣同、郭嵩燾的一貫主張，轉而走上唐才常、楊毓麟、黃興的路線。他簡單解釋道，「教育的方法是不行的。」還說，「我看俄國式的革命，是無可如何的山窮水盡諸路皆走不通了的一個變計。」而毛澤東這時的想法認為，此刻已走到其他路皆走不通的時候，只能訴諸革命。

這一轉變於一九二一年一月初在文化書社的一連串密集會議上完成。會議選在平靜的元旦假期時，新民學會十八名會員聚集討論他們未來的新方向。經過多方辯論，他們決定，原以楊昌濟「奮鬥的和向上的人生觀」為基礎創立的新民學會，在成立三年之後，要以實行布爾什維克式革命改造中國和世界為其新使命。從一開始，共產主義「小組」的成員就在辯論上占上風。何叔衡主張，「一次的擾亂，抵得二十年的教育」，毛澤東同意此觀點。毛認為羅素版的共產主義不值一顧，因為它「放任資本家，（因而）亦是永世做不到的」。彭璜大力支持布爾什維克式共產主義革命，反對羅素的基爾特社會主義，搬出他在俄羅斯研究會的研究心得，表示他相信布爾什維克主義的優越性，相信該走革命之路，並說，「中國國情，如社會組織、工業狀況、人民性質，皆與俄國相近，故俄之過激主義可以行於中國。」最後投票時，十二人支持布爾什維克式革命，兩人投票贊成民主，一人投票贊成羅素的溫和共產主義，三人未表達意向。那次會議之後，異議者離開新民學會，走自己的路；留下來者著手計劃革命。誠如其中一位持異議的會員蕭子升（即蕭旭東）所說，中國共產黨湖南支部的誕生，造成新民學會的死亡。蕭子升是該會的創會成員之一，毛澤東年輕時的「三豪傑」之一。[71]

支持和反對共產主義者的分道揚鑣似乎頗為祥和，彼此未出惡言，但在留下來的革命共產主義者的核心圈子裡，同居領導之位的彭璜、毛澤東卻在不久後就失和。原因並不清楚，但毛澤東寫給彭璜的一封信（日期注明為一九二一年一月二十八日）卻提供了些許線索。信中毛澤東舉出自己所犯的幾個錯誤，表示在自我修養上沒做好。但這一謙遜和自我批評，大體上只是為了接下來無情批判同志彭璜所做的鋪陳。毛澤東寫道，「於吾兄久欲陳其拙愚，而未得機會」，接著在略加讚賞彭璜的過人之處後，列出彭璜性格上的一大堆缺點，說彭璜「言語欠爽快，態度欠明決」，「感情及意氣用事」，「時起猜疑」，觀察批判太過主觀，不願承認他人的長處，還說他「略有虛榮心」，「略有驕氣」，「少自省」，說他「少條理而多大言」，「自視過高」。但直到信的末尾，毛澤東才道出真正的癥結：毛澤東暗示道，彭璜直接挑戰毛澤東在這個學生組織裡的權威，有意使其他會員反對他。毛澤東寫道，「兄說待我要『反抗』，兄看我為何如人？如以同某人款待我，則盡可『不答應』，何『反抗』是云。」[72]

這封信是現存最後一份表明彭璜當時仍在世的文獻。一九二一年一月二十八日後，彭璜即未見於歷史記載，現存對他生平的簡短介紹，談到他的死亡時，也是如此簡單含糊一筆帶過：「一九二一年冬，因精神失常，在長沙失蹤，下落不明。」[73]就連這些粗略的介紹都只見於湖南本地的史料，從中華人民共和國歷史學家的角度看，他連短短一篇生平紀念文都不配。[74]自一九一九年起，直到湖南自治運動結束，彭璜與毛澤東兩人形影不離，彭璜受到後人如此冷落就顯得特別突兀。在所有以湖南為中心的行動派組織，新民學會、湖南學生聯合會、俄羅斯研究會、文化書社、以及最後的共產主義小組裡，彭璜與毛澤東都是一起奮鬥的同志，兩人被公認為中國共產黨湖南支部的先驅。彭璜是馬克思主義的熱情支持者，其對布爾什維克式革命的支持，絕不遜於毛澤東對該革命的支持。光是基於這些原因，他在一九二一年秋的疑似死亡，就理該讓他躋身革命烈士之林。未能躋身革命烈士之林，使他失蹤的時機更啟人疑竇，且指出可能與毛澤東生平的下一件大事有關連。那件大事即是將獨立的湖南共產主義「小組」併入更大的中國共產黨組織裡。

新民學會會員同意施行布爾什維克式革命，卻未討論那是否意味著他們該以布爾什維克模式領導他們自己的革命，還是該投身布爾什維克革命本身，向第三共產國際宣誓效忠。此事攸關未來的路線定位，且與彭、毛兩人的最大分歧直接相關：彭璜從未像毛澤東那樣表態希望成為世界主義世界的一部分。彭璜的著作無一不強調地方自治和地方自決，甚至表示有必要發動湖南本地的布爾什維克式革命。彭璜於一九二〇年寫道「二十世紀的『新潮』，首先產生了一個『新俄羅斯』，不是『新俄羅斯』產生二十世紀的『新潮』」時，表示他相信存在一個激發俄國革命（且將繼續激發其他地區的革命）的自發全球性革命「潮」，但那並非任何外力所領導的「潮」。共產國際代表了與此相反的觀點，把蘇維埃布爾什維克說成全球性革命的領導，且那場全球性革命要由蘇維埃顧問和官員從幕後主導。彭璜與毛澤東開始意見不合之時，彭璜開始告訴他人「反抗」毛時，正好是毛澤東與何叔衡決定加入受莫斯科共產國際指導的中國共產黨之時。

這一裂痕的存在，說明了中國共產黨創立時的一個更大的危機。當時中國境內已有數個早期的獨立共產主義「小組」，而這些「小組」對於未來要走的路，抱持兩種彼此矛盾的可能，即可能走向實現無政府主義願景中，獨立自主的地方革命運動之路，也可能被吸納入俄國所構想的，有著一體化結構的國際政黨組織裡。加入中國共產黨，意味著放棄這兩種可能的前一種，於是，隨著這個政黨的成立，大部分無政府主義者被趕出這個蓬勃發展的共產主義運動。[75]中國共產黨由上而下的結構與地方共產主義行動派的自主性之間的這一衝突，誠如在湖南所見，意味著得在保住湖南長久以來的自主行動派傳統和向國際運動宣誓效忠之間做一選擇。彭璜是湖南本地自主性最堅定不移的擁護者，毛澤東則大張旗鼓，欲將湖南學生行動派路線導入蘇聯領導之國際共產主義運動的主流裡，且最終如願。因此，彭璜的離奇失蹤，為走在此路上的毛澤東移除了唯一的障礙。

一九〇五年黃興倡導將華興會併入泛中國的革命同盟會時，這個群體裡有數人反對，但在那時，華興會這個湖南組織，在人數上和組織上都是整個革命同盟會裡勢力最強的一部分。在這個較早期的例子裡，歷久不衰的湖南一體感，在華興會併入更大團體後輕易保存下來，且在辛亥革命後回流湖南本省。但在一九二一年，蘇聯共產黨全然不同於革命同盟會。它是高度官僚化的意識形態組織，由莫斯科在背後一手操控，吸收了湖南人的地域忠誠，使湖南人致力於實現蘇聯共產黨的目標，無意把湖南人歸還給湖南。不管一九二一年冬彭璜的遭遇為何，湖南本土民族主義的衝勁和獨立「精神」，大體上已跟著它的最後一個且最直言不諱的倡導者一起消失。

新方向

一九二一年三月，即彭璜失蹤後不久，湖南共產主義「小組」剩下的三名成員，毛澤東、何叔衡、賀民範，在船山學社內創立了反日的「中韓互助會」。賀民範仍是船山學社社長，何叔衡這時已被選為副社長，會於五月接替賀民範的社長之職。船山學社的老會員已不再如劉人熙主持時那麼活躍，社裡選出一批新會員時，他們並未反對，或許還為有新血加入而感到欣慰。其中有些新會員年紀更大，例如來自湖南第一師範的老練教師方維夏與曾是華興會會員的仇鰲。其他的會員則都較年輕：李六如、王季範、熊瑾玎、張唯一與陳章甫等。其中有些人來自第一師範，大部分是新民學會會員，而他們後來全都加入中國共產黨。

那年七月，毛澤東與何叔衡代表湖南出席在上海召開的中國共產黨第一次全體會議。回長沙後，他們在船山學社裡創立了自修大學，至少在表面上承諾要首度實現楊昌濟欲建立以自修為基礎的學校和為湖南創辦大學的遺志。[76]毛澤東為自修大學寫了廣告文，刊登在《大公報》上，文中突兀地重彈湖南知識復興的長久未竟之夢：「湖南人儘管是崢嶸活潑如日方升的，儘管是極有希望的，但是沒有可以滿足其精神的欲求而發揮其文化的衝動，湖南人到底有什麼意義？說到這裏，便覺得湖南人有一種很大的任務落在他們的肩膊上來了。什麼任務呢？就是自完成自發展自創造他們各個及全體特殊的個性和特殊的人格。湖南自修大學之設，竊取此意。」[77]

於是，尋找將滿足湖南重生之需求，且滿足湖南人「精神需要與文化本能」的學說，再度在王夫之的肖像底下展開。自修大學徹底接管船山學社的建築和經費，但那並非很突然的改變，因為船山學社裡已充斥著倒向這一新社會主義運動的社員。[78]或許這轉變其實並沒有那麼激烈，因為船山學社所在地一直是有心喚醒湖南者的保護殼，而它最新的化身與先前的化身沒什麼差異。一如一八八〇年代郭嵩燾用它來做為他新式學校的棲身之地，一如一九一五年劉人熙用它來組織反袁世凱運動，此刻，船山學社這個保護殼，其與當地學界的深厚關係、其彰顯的湖南士紳之驕傲，為中國共產黨初生的湖南支部，提供了可讓他們近乎隨心所欲工作的保護空間。這是令人興奮的一刻，而毛澤東、何叔衡和其他老師、學生一起住在這學社裡。當地同志說毛澤東和楊昌濟女兒楊開慧就在那裡祕密結婚。[79]

一如先前那些設在這一地點上的機構，自修大學建立在中西模式的綜合基礎上。毛澤東寫道，自修大學要「取古代書院的形式，納入現代學校的內容」[80]，做法與郭嵩燾欲在思賢講舍將西方數學、科學納入以禮為基礎的傳統書院的企圖極類似。一九二二年十一月，毛澤東邀請李達回長沙接任此校校長。李達是在上海居住多年的湖南人，且已在中國共產黨第一次全國代表大會上，以上海代表的身分選入中央局。[81]毛澤東、何叔衡、李達開始發行名為《新時代》的雜誌，李達在此雜誌上發表了〈中國革命與日本帝國主義〉、〈馬克思學說與中國〉兩篇文章。[82]《新時代》也刊出論中國傳統哲學的文章，以與論馬克思、康德的文章取得平衡，正符合自修大學雜糅中西文化的走向。

學校、報紙、公共會社三者鼎足而立，缺一不可，因此自修大學也開始辦演講。在該校，在曾國藩祠的故址上，在郭嵩燾曾建造思賢講舍以改良湖南人心的那些建築裡，在劉人熙創辦船山學社，把王船山標舉為現代湖南之聖賢的地方，同一地點上的新主人這時開始仿照他們年輕時聆聽過的那些公開演講，辦他們自己的公開演講。然而，這時他們為了替湖南社會打造新道德基礎而闡述的構想，不是來自王夫之，而是來自馬克思與列寧。

王夫之此時退居暗處。自修大學圖書館的書架上滿是他的著作，該校正門上有他的名字，但《新時代》出刊頭四個月，他的名字連一次都沒提到。或許他已功成身退。他的思想經過早期諸位湖南學者的詮釋、傳揚，已融入這所「自修」學校的骨子裡，提供有力的個人自我修養理想。它為學問如何使世界撥亂返正提供了典範，為抵抗外人的本省傳統提供了起點，也為他們這時透過翻譯的歐洲著作所探索的歷史唯物主義哲學、唯意志論哲學提供了基本支持。

一九二三年秋趙恒惕終於派兵到船山學社關閉自修大學時，此校已有兩百多名師生在學習馬克思主義思想。被趕到街上後，除了化整為零進入其他學校，準備在其他地方重整旗鼓，他們幾乎做不了別的事。[83]這是他們第一次在槍口下被趕離棲身之所，而且不會是最後一次。但他們已成氣候，追隨者將愈來愈多。

一九三七：尾聲

十四年後的一九三七年初冬，七零八落的共黨紅軍在華北安營紮寨，毛澤東則是這支軍隊的新領袖。逃出江西蘇區，長征至此，九成的紅軍不是在途中戰死，就是在途中冷死、累死。來自長沙的老同志，已有許多人喪命。其他人離開江西展開長征時，年近六十的何叔衡留下來，一九三四年遭國民黨軍包圍，從福建一懸崖上跳下身亡。但這支隊伍也已吸收了其他能幹的湖南人，包括來自湘潭的高明戰略家彭德懷，以及已從俄國留學歸來，這時擔任中原指揮官的劉少奇。還有身材粗壯來自四川的將領朱德，此人在雲南講武堂受教於蔡鍔時，研讀湘軍將領曾國藩、胡林翼的著作而初學行軍作戰之道，這時則擔任毛澤東的首席軍師。

日軍入侵南京，如當年太平軍擊潰清朝官軍一般大敗國民黨軍隊。就是在延安統整與準備的這段時期，毛澤東終於成為他恩師楊昌濟所一再勉勵他的角色：文武兼備的豪傑。一如在戰場上向士兵講述論語的胡林翼，或帶著圖書館征戰的拿破崙，毛澤東這位如今統領紅軍的前小學教師，開始對他元氣大傷且人數居於劣勢的部隊，草擬一連串學術演講。他從楊昌濟那兒學到，唯有靠武力與理念的攜手合作才能打勝仗的道理，而楊昌濟則從曾國藩那兒學到這道理。面對無以計數的日軍湧入中國，而他自己的士兵又快餓死，他所要打的這場漫長戰役，肯定毫無勝算，和一八六二年曾國藩看著弟弟曾國荃帶著小股湖南子弟兵去南京圍攻太平天國首都時一樣希望渺茫。但一如毛澤東從其許多代湖南先民那兒所學到的，這類最困頓的時刻，世界秩序似乎就要傾覆不復返的時刻，正是人該求助於書籍的時刻。於是他拿起筆，擬了封信給曾是他在湖南第一師範的老師，這時在長沙替八路軍徵兵的徐特立，請他盡可能蒐集王夫之著作送到前線，一如七十五年前另一位來自湖南的儒將寫信提出同樣的要求。[84]

跋：湖南與中國

在漫長的十九、二十世紀之交於湖南一地匯聚的，真實和想像的能量，澎湃洶湧，為中國境內所僅見。湖南昂揚不衰的地域自豪，加上其悍然重新塑造本地歷史的反抗精神；湖南優於他省的軍事功績；湖南未受外國帝國主義直接欺凌的處境；湖南物質自給自足的潛力——儘管其中某些特點在中國並非湖南所獨有，但沒有哪一省將它們齊聚於一身。因此，看到那麼多湖南人成為改革領袖、革命領袖，或他省的活動家常把湖南視為典範，也就完全不足為奇。但我們想起中國近代史上的主要人物時，習於先將他們視為「中國人」，鮮少認為家鄉是左右大局的關鍵因素。於是，眾多湖南人躋身中國近代史舞臺的中央一事，就變成只是細微末節之事。但家鄉淵源絕非小事，重要性幾乎不下於中國人身分。如果忽視了形塑湖南人的因素，就喪失掉理解他們改變周遭世界之動機根源的機會。

湖南活動家的地區主義似乎並非一般人所共有，因而無法輕易歸納成湖南的一般情況：說某些走在前頭的湖南人是本土利益至上的愛湘者，不表示每個湖南人都是這樣的人。但湖南省特有的癖性，為瞭解近代中國開了另一扇窗，有助於彌補長久以來研究近代中國時偏重對外接觸、中央政府一事所帶來的缺失。本書涵蓋鴉片戰爭至民國初年的數十年間，正與談中華民族興起的制式敘述裡的許多事件，在時間上相重疊：鴉片戰爭時外國帝國主義的侵犯；帝國腐敗和通商口岸的興起；太平天國之亂後格局有限的自強運動；一八九八年百日維新期間短暫得勢的激進改革派；中國民族主義在日本的壯大，終至催生出革命同盟會；推翻滿清為漢人民族國家鋪路；最後，夭折的中華民國和不利中國統一的軍閥之間難以消除的緊張關係。這一熟悉的敘述幾乎把重點全放在通商口岸的知識分子和北京的官員。內陸地區出現的頻率遠低於此，且出現時的角色通常是絆腳石（必須平定的叛亂中心、軍閥割據區、落後之地），或仿效「現代」地方的知識分子展開改革運動的窮親戚——「現代」地方即受外國影響最深的地方，以上海為首。

於是，看到這麼多「現代」發展單獨出現在內陸湖南，且其中許多發展早於「現代」地方出現於湖南，就特別引人注意。在自強時代，郭嵩燾的眼光即超出「富強」問題，對有限的改革提出批評，這在許久以後才普遍得到接受。湖南維新運動不只早於一八九八年的戊戌變法數年，而且建立在更早時由郭嵩燾所打下的當地體制性基礎上，而清廷一八九八年的變法幾乎是突然憑空迸出（至少梁啟超這麼認為），且其動力有許多汲取自湖南的改革潮流。在湖南，士紳與祕密會社農民的合作，對一九一一年辛亥革命至關重要，其根源可溯及一八六〇年代湘軍的解散。

同樣引人注意的，早期民族主義與獨立的觀念並未總是把「中國」當成它們的中心。湖南民族主義想法在日本留學生間的流通，至少和中國民族主義觀念的流通一樣早。二十世紀頭幾年，忠於湖南之心，做為組織反清革命的基礎，其實比軟弱無力的泛中國觀念，更為有效。今人習於從晚清民初中央主導改革的角度思考中國境內的「自治」，但我們發現湖南提供了另一種「自治」版本，那是由下而上的建造，且把省自治視為起點的自治。最後，今人雖習於將五四運動視為從北京、上海往外發散的民族主義、反帝國主義運動，湖南給了我們另一種形式，在此，國是湖南，侵犯湖南的帝國是中國。在北京、上海兩地的愛國精神表現是，抵抗外國帝國主義、保住中國領土完整，在湖南卻注入一獨立運動裡，且那運動完全不關心中華民國的存亡，其主要宣傳反倒主張湖南自立為另一個國家。

這一切表明，湖南，一如上海或北京，乃是促成改變的主要推力之一，也是新思想、新能量的基本來源。因此，近代中國史不只是通商口岸與中央政府的歷史。當我們遠離那些與外人有接觸的主要地方，把目光移離中央政府大員，對於變革如何在中國生根立足，對於如何在中國傳統與諸國競爭的新世界之間找到安身立命之道，也就有了不同的看法。觀察這其間的演變時，我們看到內陸湖南的改革者和沿海地區更為人知的改革同道之間，有一極發人深省的差異，即湖南人是在較不受外國人影響的情況下推動改革。這不是說湖南的改革者完全不受外國思潮的影響；其實正好相反，在這「落後」省分裡傳布，受西方啟發的制度改革、政治改革理念之多，遠超乎一般人的想像。但那些理念完全由本地人引介進來，且和本地學者的著作並行不悖，因而它們在湖南受接納的程度，遠高於它們在炮艇陰影下進入的那些地方。事實上，改革一旦在湖南上路之後，專注於截然劃分中西或傳統與現代的想法，還沒有談現代中國崛起的制式敘述裡來得多。

與通商口岸的知識分子不同的，湖南的改革者不是在遭外人占領的地方推動改革，因此能把外國思想和外國帝國主義勢力分別看待。他們未倚賴與其合作的外國人，未讀過教會學校，未利用外國人的治外法權來掩護他們在外國控制區的活動，他們的生活未因不平等條約而脫離傳統。他們在由保守中國士紳主導的地區裡，而非由西方列強主導的地區裡推動改革。這往往意味著他們在一開始受到較大的阻力，但一旦他們的計畫開始推動且得到當地人支持，他們施展抱負能比在沿海地區更自由。

此外，與上海或香港被抽離文化母土的中國人不同的，在長沙城內或在周邊奮鬥的那些湖南人不必拉攀同鄉關係；他們周遭的人幾乎全是湖南人，他們在本土的土壤上奮鬥。或許因為這原因，他們未投身抽象的理論領域，而是投身切身、實用的領域，他們關注的對象主要是本地。在這一時期的湖南所看到的主要改革典範，不是寫哲學性宣傳小冊，獨自窩在書房裡夢想著大中國，希望吸引到國內其他地方之學者、大臣注意的作家。而是學校老師這個一再出現的典範：有遠見的獨立之士，創辦學校或學會，以在本地宣揚個人所認為未來應走的路，親自向一小群學生說明他的未來構想，希望他們步出他的教室之後前去改造世界。

改革方面如此，革命方面亦然。民族主義，從而革命，也都在湖南以出乎意料的樣貌呈現，但欲瞭解其中的差異，得先區別同樣掛著「民族主義」之名的兩種截然不同的現象。第一種是草根民族主義，大體上是為反對既有的政權而出現。它透過宣傳（往往是祕密宣傳）來推廣，且包裝以覺醒的語言。它是前瞻的、虛擬的、固執的，想像未來的黃金時代，新興民族將統治國家或建立自己的國家。助長革命者，就是這種民族主義。另一種是以國家為導向的民族主義，源自已然確立的政府。它通常透過國家教育體系灌輸給人民，要人民忠於國家，藉此給政治實體賦予感性基礎。以國家為導向的民族主義，與草根民族主義相對立，有助於防止革命。

我們今日所知的中國民族主義，乃是以國家為導向、紮根於領土和政府，由上而下打造出來的民族主義。但湖南人的民族主義屬於草根民族主義，辛亥革命前章太炎、孫文之類反滿活動家的漢人民族主義也屬之。這一區別極為重要，因為存在草根民族主義時，不管多少種民族主義都可以並存，就像陳天華或楊毓麟之類的個人能忽而為湖南而戰，忽而為漢族中國而戰，不知道哪一個最終會存活。任何一個既定政府的領域裡，本來就存在著許多覺醒的團體，在高明宣傳家的妙筆之下，這些團體都可能被徹底改造為自認是自成一體的民族。但說到以國家為導向的民族主義時，基於主權，一國之內只能有一個中央政府，於是只能有一個民族主義。單一民族主義得倚賴深度、強度足以激發未來命運感的線性過去，來取得其情感力量，因此它把與之競爭的民族主義從成文歷史裡抹除。在比它更早存在的諸多草根民族主義中，只有最近似於國家之最後形態的民族主義會存續不消，被視為通往現代的唯一一脈民族主義而寫進史書裡。就中國來說，孫文的早期路線被封為中國民族主義的起點，湖南人的民族主義則已徹底消亡。

但民族主義在中國的發展過程裡，並不具有因受引導而相信的延續性存在。一九一一年辛亥革命前幾年裡提倡的反滿民族主義，在清朝覆滅後立即束諸高閣，而試圖取代且以多民族國家為基礎的民族主義，則對「中國人」的構成要素賦予全然不同的想像。同樣的，中華人民共和國和後來在臺灣延續下去的中華民國，各提出孫文的中國民族主義做為他們自己的起源，而這些主張看來卻還是難以調停兩岸政府所分別代表、截然不同的中國觀。如果混亂的一九二〇年代真的造就出獨立的湖南國，本書中的那些人物將是它自然而然的先行者，而當時的「中國」民族主義者則將以蓄意阻撓者的形象出現在史書裡。他們將被描寫為抱殘守缺，死抱著保住舊帝國這一過時觀念，然後被當時《大公報》主編常用來描述他們的生動詞彙來草草打發掉。

在這同時，從推翻舊國的民族主義轉變為創立新國的民族主義，這一轉變本身有助於說明為何毛澤東之類的人物會在快三十歲時擁護湖南獨立，五十出頭歲時卻以武力統一中國。或者說明蔡鍔為何在一九〇三年時考慮到清帝國有可能解體，卻在一九一六年領兵重新一統中華民國。或說明為何黃興在一九一一年辛亥革命後把共和國的利益擺在湖南的利益之上。這些人都關注既有的國家，而非永恆的中國。清帝國不是中華民國，中華民國不是中華人民共和國，儘管我們都把它們稱作「中國」。透過這些革命分子早期的行動，我們看到本省的命運，比他們所在的帝國或民國之命運，更清楚地呈現在他們眼前。

於是，湖南民族主義和中國民族主義，在清朝由衰至亡期間，能以其草根形態並存。同樣的，民國初年，「中國」一詞的意涵特別薄弱之時，湖南的省民族主義，在以國家為導向的中國民族主義打造得並不順遂時，持續壯大。在中國和湖南國似乎結盟期間，湖南的省民族主義幾乎消失，輕易就被整合進得到認可的省、帝國層級體系，或省、共和國層級體系。但中央與地方出現衝突時，兩者就會分道揚鑣，要求人民只能忠於己，不能忠於對方。本書所涵蓋的時期，大部分時候就是這樣的情況，只有一八九八年夏天，與洋溢樂觀情緒的民國初年是顯著例外。

但長遠來看，在以中國為導向的民族主義裡，沒有一省之草根民族主義的容身之地，所以在政治上將湖南整合進中華民國以及後來的中華人民共和國的過程，使湖南人的故事也被納入永恆中國民族的更大敘述之中，湖南人只有在推動中國前進的步伐上有所助益時，才可見到他們的故事。於是，在談中國歷史的書裡，楊毓麟、黃興或譚嗣同，乃至毛澤東之類的個人，只關心中國與漢族的命運，注定要終身為效力中國的中國民族主義者。我們幾乎不知道在他們人生的某些重要時刻，他們的行事只被愛省之心驅動。而對於那些從未為中國效力的人，例如彭璜，我們則一無所知。

毛澤東去世後中國走向逐漸分權的這些年，地方史在中國各地重獲重視，在湖南亦不例外。老湖南英雄的墳墓仍座落在嶽麓山上，且為大膽的郊遊者精心標示出它們的所在。山腳的嶽麓書院，建築剛修復，目前是湖南大學的一部分。華興會會員的照片掛在明德中學的新校舍牆上，新民學會在湖南第一師範受到尊崇，長沙兩條大道以黃興、蔡鍔為名。湖南作家，包括散居中國各地的外籍作家，推出愈來愈多《湖南人的精神》、或《創建民國與湖南精神》之類書名的著作。在改革的新時代，曾國藩炙手可熱，在長沙任何書店都可看到他的著作擺在搶眼位置，往往經概括、簡化為自助攻略書籍（《曾國藩九九方略全鑒》），讓新一代湖南青年透過運用本省先賢的策略在商場上取得優勢。郭嵩燾宣揚對西方開放，因此不只生前受到詆毀，一九六〇年代時再遭誣蔑，文革時紅衛兵毀了他的墓。但在中國放開腳步走入國際社會的新時代，他終於得到平反；去世百年後，他被譽為有遠見之人。

來長沙的遊客仍能一訪船山學社，船山學社如今經過翻新，成為革命景點。其大門上的書法出自毛澤東之手，船山學社最為人知的身分，乃是自修大學故址，毛主席早年在湖南留過足跡的許多地方之一。王夫之的名字除了與毛澤東持續有關連之外，王夫之本人也仍受到有意義的關注，一九九六年，長沙岳麓書社的一組人，經過十四年的努力，終於出齊十六卷《船山全書》，分量比曾國藩版幾乎多了一倍。這一出書計畫使王夫之著作重獲關注，而在湖南學者眼中，他解釋現代世界變化的本事，似乎沒減少多少。晚至一九九九年，仍有湖南師範大學的教授在復刊的《船山學報》上刊出文章，主張這位晚明大儒其實預見了中國新資本主義市場經濟的到來。[1]

許多湖南人，特別是與外省人常有接觸的湖南人，繼續抒發他們對本省和本省歷史的由衷自豪，但他們的愛鄉之心已沒有過去那種顛覆意味。就在重建後的湖南歷史繼續重述時，大家已忘了身為湖南人在現代想法中，意味著最初對清廷與中華民國中央集權政府持續未消的反抗。十九世紀復興湖南的本地學者，因厭倦忍受來自帝國發達地區的鄙視，而揚起湖南愛湘意識的浪潮，而郭嵩燾則以此來打造湖南人的現代身分認同和共同目標，使他的湖南鄉民向上提升，不致被無能的清朝困住。王夫之則是吸引這數代湖南活動家的精神導師。透過他，他們能離開帝國傳統，指出他們的湖南家鄉獨特的新思維模式。他們相信，他的反抗與蔑視當道的精神流淌在他們湖南人的血液裡。隨著時日的推移，對同為湖南人最有力且最清楚的陳述，會陸續出現在捍衛湖南地方自治，使之不受外國人、清廷、民國政治人物侵犯和外省人干預的大環境裡。那一蔑視當道的潛在精神，即促成改變的力量，促成革命的力量，最終將產生巨大衝擊，且影響遠遠超出湖南的邊界。清朝的衰敗和民國的無能，會有其他團體出現，以集合群體之力匡正時弊，但至少對湖南人來說，湖南省才是精神支柱、家鄉、天命。

湖南人的黃金時代從未降臨，而其所激起的熱情幾乎已遭遺忘。但不容否認的，欲創造偉大湖南的意志，乃是主導中國近代史進程的主要力量之一。然而，當我們順俗地在那些自封為中國民族主義者的人身上尋找現代中國的起源時，便蒙蔽了自己，看不到事實。但如果我們能使自己擺脫結局注定的心態，那麼也許會瞭解，如同遺忘的起源和無緣實現的願景，最終的結局並非總能讓人信服，也並不那麼啟迪人心。研究那些如願實現抱負的人，他們偶然的成功事後被宣稱是天命，可讓我們瞭解世界如何成為現今的樣貌。但這些只是歷史一隅，當我們看著歷史之鏡，便能以那些曾別有抱負、眼光專注於不同目標的人為借鑑，這些帶著滿腔熱血的人，曾領航邁進那也許有可能，卻從來沒有實現的未來。

誌謝

在此，我最要感謝者，乃是史景遷（Jonathan Spence）。他看過本書的所有初稿，既教學也著述的他，啟發了我走上歷史學家之路。我也要感謝哈佛大學出版社的兩位匿名審校對整部手稿所提供的寶貴意見，感謝指導此書編寫的主編 Kathleen McDermott。在耶魯大學，Valerie Hansen、Frank Turner 與 Michael Auslin 在整個事前研究和動筆撰寫期間給了我支持和意見，也感謝教我體會儒家經籍注疏之閱讀樂趣的金安平。在我以交換學者身分待在加州大學柏克萊分校的一年期間，已故的魏斐德（Frederic Wakeman）既饗我以他如百科全書般淵博的學識，也讓我享受到他絕妙的幽默感。葉文心、柯嬌燕（Pamela Crossley）與 Thomas Dubois 在學術會議上對本出書計畫的一些部分提供意見，我希望未辱沒他們的寶貴建議。Jack Chen 協助本書中某些詩的翻譯。Steve Miles 助我瞭解晚清地方主義的大局。中研院史語所所長王汎森，分享了他在船山學復興方面的淵博知識。在麻塞諸塞州西部的家裡，Richard Minear 與 Jerry Dennerline 提供了編輯方面的指導，甚至在最後一刻，身為圖書館館長的 Sharon Domier，也在圖書館資源的利用上給了我莫大的幫助。書中地圖出自麻省大學地球科學系 Donald Sluter 之手。

湖南省圖書館珍本部門的鄧先生（Deng Liqiu）特別幫我找資料，臺灣中央圖書館的盧錦堂（Lou Kam-tong）先生、加州大學柏克萊分校中國研究中心圖書館的 Annie Chang 女士、東京講道館檔案室的 Naoki Murata 教授，亦然。在長沙，我得到許多圖書館館長、出版者、博物館職員的協助，由於人數太多，無法在此一一列出，但我要特別感謝岳麓書社的曾德明（Zeng Deming）把個人珍藏的一本絕版書給我。在長沙，我結識許多新朋友，留下令人難忘的溫暖回憶，其中最為難忘者乃是無意間經人介紹，與一九四六年畢業自耶魯大學的 Randolph Li 先生的初遇。二〇〇一年夏天某個溼熱的午後，他邀我到他府上認識他的妻子（郭嵩燾的後人），邊喝茶邊聽他們夫婦談郭嵩燾的生平事蹟。太平天國之亂時，郭嵩燾避難山中，初讀王夫之的著作。而我就是靠這位先生的指引，去了郭嵩燾當時的避難之處。我也要感謝受我之雇騎摩托車載我上去那山中隱居處的人士，因為他讓我見到那裡真的像是遺世獨立之地，儘管後來他把我丟在空蕩蕩的土路邊。

在機構給予的支持上，我要感謝蔣經國國際學術交流基金會對我的研究和撰寫提供了豐厚的經費。傅爾布萊特獎助金，加上臺灣國家文化藝術基金會的聯合資助，支持我在臺灣中研院做了一年的研究，耶魯大學東亞研究委員會和耶魯大學國際與區域研究中心則資助了我在湖南和日本的研究。麻省大學阿姆赫斯特分校歷史系允我請假做研究，使我得以在本書撰寫的最後階段免於教務的羈絆。更早時，我剛大學畢業，一句中國話都不會說時，雅禮協會送我到長沙教學兩年。那段經歷對我的影響至今未消，而本書的發想就濫觴於當時在湖南與我的學生、同事結下的情誼。

我要把此書獻給鼓勵我探索世界的父母，也獻給帶我回家的 Francie。

校〉，長沙《大公報》，1923 年 11 月 10 日。

84. 此信可見於汪澍白《毛澤東思想與中國文化傳統》（廈門：廈門大學出版社，1987），頁 30。也可見於李銳，《三十歲以前的毛澤東》（臺北：時報文化出版，1993），頁 147。

跋：湖南與中國

1. 彭大成，〈呼喚中國資本主義經濟萌芽的思想先驅—王船山〉，《船山學刊》第 33 期（1999 年夏），頁 11-14。

How in Missionaries of Revolution: Soviet Advisers and Nationalist China 1920–1927 (Cambridge, Mass.: Harvard University Press, 1989). 見 pp. 450–451.

76. 一九二〇年三月，毛澤東把「自修大學」一詞的發明歸功於胡適（見他一九二〇年三月十四日寫給周世釗的信，Schram, ed., Mao's Road to Power 1: 506），進一步證明他消費湖南同鄉，以輸誠、誇大五四運動名人的傾向。其實，早在一九一四年，在楊昌濟日記（即毛澤東於第一師範讀過的教材）裡，楊昌濟就寫到設立「自修學校」的需要。

77. 毛澤東，〈湖南第一自修大學章程〉，in Mao's Road to Power 2: 88–92. 見 pp. 91–92.

78. 楊青，《何叔衡》（石家莊：河北人民出版社，1997），頁 97。

79. 至少李達是這麼認為。他深信毛澤東和楊開慧在船山學社裡結為夫妻。見〈李達同志談有關湖南自修大學的情形〉，1962 年 12 月 11 日，《湖南自修大學及湘江學校》，《中國共產黨幹部教育研究資料叢書》卷 1（北京：中國人民大學出版社，1988），頁 203–204。

80. 毛澤東，〈湖南第一自修大學章程〉，in Schram, ed., Mao's Road to Power 2: 88–92. 見 p. 88.

81. 《人物志》，頁 251。

82. 李達，〈李達自傳〉，《湖南自修大學及湘江學校》，頁 203。《新時代》第 4 期（長沙：湖南自修大學，1922），一九八〇年香港商務印書館予以重刊。

83. 陳家鼎，〈船山學社〉，《湖南自修大學及湘江學校》，頁 214；〈船山學社駐兵〉，長沙《大公報》，1923 年 11 月 7 日；《船山學社改組情形》，長沙《大公報》，1923 年 11 月 9 日；〈省長取消自修學

68. 《湖南省憲法》，一九二四年修訂版重刊本，藏於耶魯大學 Sterling Memorial Library。

69. 毛澤東，〈省憲下之湖南〉1923 年 7 月 1 日，in Schram, ed., Mao's Road to Power 2: 166–177. 引言請見頁 166。

70. 毛澤東，〈毛澤東給蕭旭東蔡林彬並在法諸會友〉，1920 年 12 月 1 日， in Schram, ed., Mao's Road to Power 2: 5–14.

71. 毛澤東，〈新民學會會務報告（第二號）〉，in Schram, ed., Mao's Road to Power 2: 60–86. 引文請見頁 67–70。關於蕭自升與新民學會之「死」，見 Siao-yu, Mao Tse-tung and I were Beggars (Syracuse, N.Y.: Syracuse University Press, 1959), p. 188.

72. 毛澤東，〈致彭璜〉，1921 年 1 月 28 日。英文翻譯根據 Schram, ed., Mao's Road to Power 2: 37–39，以及《毛澤東書信選集》（北京：人民出版社，1983）頁 17-19 的中文文本。

73. 楊慎之，《湖南歷代名人辭典》（長沙：湖南出版社，1993），頁 415。《人物志》，頁 424。

74. 我要感謝加州大學柏克萊分校漢學研究中心圖書館館長 Annie Chang，為我不辭辛勞在中國所出版的合集中尋找彭璜的簡略生平資料（且最終白忙一場）。

75. Samuil Naumovich Naumov 於一九二六年所寫的《中國共產黨簡史》，是已知最早介紹中國共產黨歷史的著作之一，提供了一位蘇聯顧問對於此事的觀點。他寫到在北京、上海、廣東諸地獨立運作的共產主義小組合組為中國共產黨時，小組中的無政府主義者決定退出。誠如他所說明的，「無政府主義者認為黨綱與他們的基本理念相忤，不想留在組織裡。」譯自 C. Martin Wilbur and Julie Lien-ying

位湖南省長是中國諸省省長中德性最高潔者，昨晚盛宴款待了我們。杜威教授夫婦在場；這是我第一次見到他們。」Bertrand Russell, Autobiography (New York: Routledge, 1995), p. 372.

62. Bertrand Russell,〈布爾札維克與世界政治〉，長沙《大公報》，1920 年 10 月 29 日至 11 月 3 日。

63. 羅素在其著作更明確地從自治的角度談此事，寫道，「透過自治來進行的另一個好處，乃是它往往使社會主義體制免於走上現今存在於俄國的那種真正可怕的集權。」請見 The Practice and Theory of Bolshevism (London: George Allen and Unwin, 1951, reprint of 1920 edition), p. 128.

64. 誠如張朋園所指出的，將近一千九百萬人投票一事極為可疑，因為當時湖南省只有三千萬人口，其中有很多人的年紀還不具投票資格（當時平均壽命只有三十二歲），而且大部分人不識字。見〈湖南省憲之制定與運作（1920-1925）〉，《中國近現代史論集》卷 2（臺北：中國近現代史論集編纂委員會，1981），頁 534–581。

65. McDonald, Urban Origins of Rural Revolution, p. 48. 張朋園，〈湖南省憲之制定與運作〉，頁 546。

66. 趙恒惕於一九五九年送了一份一九二四年修訂後的湖南憲法給美國東方學會（American Oriental Society）的圖書館長，並附上一信說這是「中國第一部省憲」。那份憲法，連同該信，現藏耶魯大學的 Sterling Memorial Library。張朋園在〈湖南省憲之制定與運作〉一文所附的注釋裡提出類似的主張，說一九二〇年代其他省所擬的憲法只是紙上作業，湖南省憲法是唯一付諸實行者。見頁 578。

67. 張朋園，〈湖南省憲之制定與運作〉，頁 551。

月 16 日。

51. 張文亮，〈天經地義的「湖南國」〉，長沙《大公報》，1920 年 27 日。
52. 彭璜，〈怎麼要立湖南「國」〉一，長沙《大公報》，1920 年 9 月 23 日。
53. 毛澤東在長沙《大公報》十月三日的〈「全自治」與「半自治」〉一文中也探討了這個議題。他在文中發出類似的主張，亦即凡是要談聯邦，就必得先談省的自治。因此，在確立省的「全」自治之前就談中華聯邦之事，可被視為帝國主義式的中央政府欲繼續壓迫地方的舉動。請見 Schram, ed., Mao's Road to Power 1: 563–564.
54. 彭璜，〈怎麼要立湖南「國」〉二，長沙《大公報》，1920 年 9 月 24 日。
55. 彭璜，〈怎麼要立湖南「國」〉三，長沙《大公報》，1920 年 9 月 25 日。
56. 李景僑，〈國慶日的談話〉，長沙《大公報》，1920 年 10 月 10 日。
57. 張文亮，〈我對於今年國慶日的感想和希望〉，長沙《大公報》，1920 年 10 月 10 日。
58. 毛澤東，〈反對統一〉，in Schram, ed., Mao's Road to Power 1: 579. 初刊於 1920 年 10 月 10 日《時事新報》。
59. 王無為在《湖南自治運動史》〈第一次自治運動記事〉（頁 85-87）中，描述了這場遊行。關於請願書的起草者，本書是根據 Angus McDonald, The Urban Origins of Rural Revolution: Elites and the Masses in Hunan Province, China, 1911–1927 (Berkeley: University of California Press, 1978), p. 46. 請願文重刊於王無為的《湖南自治運動史》。引文見頁 86-87。
60. 蔡元培，〈論湖南的人才〉，《歷史名人記長沙文選》，鄭佳明編（長沙：湖南文藝出版社，1998），頁 698–700。
61. 誠如羅素於一九二〇年十月二十八日寫給友人的信中所說的，「這的譯文。

38. 毛澤東，〈湖南改造促成會答曾毅書〉，頁 527。
39. 返湘人士包括一八九〇年代維新運動的重要官員熊希齡；說服嘉納治五郎為中國留日學生專設一校的時務學堂畢業生范源濂；曾與黃興一同在明德學堂教書的革命分子張繼。
40. 王無為，《湖南自治運動史》（上海：泰東圖書局，1920 年 12 月）。
41. 彭璜，〈對於發起俄羅斯研究會的感言〉，長沙《大公報》4-4，1920 年 8 月 30 日。
42. 毛澤東所寫的〈文化書社社務報告第二號〉， in Schram, ed., Mao's Road to Power 2: 56–58，說姜濟寰總共捐款超過二百七十八銀圓。
43. 《人物志》，頁 205–206。
44. 龍兼公，〈湖南「門羅主義」〉，長沙《大公報》，1920 年 9 月 5 日。
45. 誠如毛澤東在一九二〇年冬〈新民學會會務報告第一號〉中所寫的，新民學會成立已三年，仍未在社會裡打出名號，只有與他們相熟的少數友人知道。見 Schram, ed., Mao's Road to Power 2: 31–32.
46. 《中國共產黨湘區執行委員會史料匯編》（長沙：湖南出版社，1993），頁 534。
47. 毛澤東，〈湖南共和國〉，in Schram, ed., Mao's Road to Power 1: 543–545. 見 p. 543.
48. 毛澤東，〈打破沒有基礎的大中國建設〉， in Schram, ed., Mao's Road to Power 1: 546–547. 見 p. 547.
49. 毛澤東，〈湖南受中國之累：以歷史及現狀證明之〉，in Schram, ed., Mao's Road to Power 1: 550–553. 見 p. 551.
50. 彭璜，〈對於湖南建「國」的解釋〉，長沙《大公報》，1920 年 10

26. 毛澤東，〈湖南學生聯合會總記〉，1919 年 8 月 4 日，in Schram, ed., Mao's Road to Powert 1: 399–406. 見頁 402–403. 毛澤東在細節描述上不夠嚴謹，把陳天華與姚宏業說成從日本返回途中一起自殺。這類錯誤在毛澤東的《湘江評論》文章裡頗常見。
27. 根據竹內實《毛澤東集補卷》裡的中文文本（1: 122）譯成。
28. 毛澤東，〈強學會的創立與進步〉，1919 年 7 月 21 日，in Schram, ed., Mao's Road to Powert 1: 369–376. 見頁 370–371, 376.
29. 毛澤東，〈湘江評論創刊宣言〉，頁 320。
30. Jonathan Spence 在 Mao Zedong (New York: Penguin, 1999) 頁 97，提到毛澤東生活的另一部分時，首度提出這看法。
31. 陳獨秀，〈歡迎湖南人底精神〉，《獨秀文存》（香港：大東圖書公司，1965），頁 651–653。
32. 〈湖南船山學社大事記〉，頁 414。
33. Li Xingzhi, "Huang Zhong yu Chuanshan Xueshe can an"，《長沙縣文史資料》7（1989 年 12 月），頁 175–176。
34. 毛澤東，〈湖南建設問題條件商榷〉，1920 年 3 月 12 日， in in Schram, ed., Mao's Road to Powert 1: 502–503. 湖南改造促成會的會址，在該文獻中列為彭璜在法國租界裡的住所。
35. 毛澤東，〈湖南改造促成會發起宣言〉，1920 年 4 月 1 日，in Schram, ed., Mao's Road to Powert 1: 510–513. 見頁 511。
36. 毛澤東，〈湖南改造促成會答曾毅書〉，in Schram, ed., Mao's Road to Powert 1: 526–530. 見頁 526. 原文於一九二〇年六月二十八日刊登於上海《中報》和《國民日報》。
37. 根據竹內實編《毛澤東集補卷》裡的中文文本（1: 199）而有所修改

18. 〈湖南船山學社大事記〉，重刊於《瀞園集》（長沙：湖南出版社，1992），頁 406–461。見頁 414。
19. 王興國，《楊昌濟的生平及思想》，（長沙：湖南人民出版社，1981），頁 204。
20. 楊昌濟，〈論湖南創設省立大學之必要〉，《楊昌濟文集》，王興國編（長沙：湖南教育出版社，1983），頁 346–355。引文在頁 351。
21. 《人物志》，《湖南省志》第二部，卷 30（長沙：湖南出版社，1992），頁　422。亦見 Schram's Mao's Road to Power 2: 77.
22. 毛澤東，〈新民學會會務報告（第一號）〉，頁 25。
23. 毛澤東，〈體育之研究〉，頁 118。他在更早時寫給老師黎錦熙的一封信中（1916 年 9 月 9 日），對嘉納治五郎有同樣的評價。見 Schram's Mao's Road to Power 1: 106.
24. 毛澤東，〈湘江評論創刊宣言〉，1914 年 7 月 14 日， in Schram's Mao's Road to Power 1: 318–320. 見頁 320.
25. 關於在不同環境裡出現類似的動態，見葉文心（Yeh Wen-hsin）, "Middle County Radicalism: The May Fourth Movement in Hangzhou," in China's Quest for Modernization: a Historical Perspective, ed. Frederic Wakeman Jr. and Wang Xi (Berkeley, Calif.: Institute for East Asian Studies, 1997)。湖南的都市省城和浙江的鄉村「中部諸縣」是大不相同的地方，但返回家鄉面對到自己「落後」根源的沿海世界主義者，其困惑的狀況乃是葉文心和我筆下研究對象所共有的處境，而她的看法已為許多人所接受，如：「五四」的激進主義在不同地方呈現大不相同的樣貌。

5. 毛澤東，〈致蕭自升信〉，1915 年 9 月 6 日，in Schram's Mao's Road to Power 1: 75–80. 見 p. 80.
6. 毛澤東，〈致湘生信），1915 年 6 月 25 日，in Schram's Mao's Road to Power 1: 62–65. 見 p. 62.
7. 毛澤東，〈體育之研究〉， in Schram's Mao's Road to Power 1: 113–127. 見頁 122。
8. 見 Schram's Mao's Road to Power 1: 19, n. 52.
9. 湖南省立圖書館保存的一份一九一八年第一師範學校目錄，詳細全面記載了課程。《湖南省立第一師範學校志》（長沙：1918 年 9 月），「教務欄表」部分，頁 21-35。
10. 彭大成，《湖湘文化與毛澤東》頁 82 提到李銳。
11. 毛澤東 ,〈泡爾生《倫理學原理》批注〉，in Schram's Mao's Road to Power 1: 175–310. 見頁 208。
12. 同上，頁 273。
13. 同上，頁 208。
14. 楊昌濟，《達化齋日記》，頁 88，1914 年 9 月 26 日。
15. 蕭三，《毛澤東同志的青少年時代和初期革命活動》，頁 56。
16. 毛澤東，〈新民學會會務報告（第一號）〉（1920 冬），in Schram's Mao's Road to Power 2: 18–32. 見頁 19。
17. Edward A. McCord, The Power of the Gun: The Emergence of Modern Chinese Warlordism (Berkeley: University of California Press, 1993), pp. 245, 297, and 263. McCord gives an excellent blow-by-blow account of the fighting in his chapter "The North-South War and the Triumph of Warlordism," pp. 245–266.

澤東早期受哲學薰陶對其日後政治思想的重要性，有更全面的論證。

七、毛澤東與湖南自治運動

1. Stuart Schram's Mao's Road to Power (Armonk, N.Y.:M.E. Sharpe, 1992) 1: 9, n. 1，描述了《講堂錄》。他指出屈原的《楚辭》「一直是毛畢生最愛的作品之一」。關於毛年輕時的遊歷，見彭大成，《湖湘文化與毛澤東》（長沙：湖南出版社，1991），頁 84。關於毛出席聆聽船山學社演講，見蕭三，〈毛澤東同志的青少年時代和初期革命活動〉（北京：中國青年出版社，1980），頁 42-43。毛把辛亥革命稱作「黃興的運動」一事，見 Robert Scalapino , "The Evolutionof a Young Revolutionary—Mao Zedong in 1919–1921," Journal of Asian Studies 42, no. 1 (November 1982): 29–61. 見 p. 40.
2. 楊昌濟，《達化齋日記》（長沙：湖南人民出版社，1980），頁 169。
3. 毛澤東，〈致黎錦熙信〉1917 年 8 月 23 日，in Schram's Mao's Road to Power 1: 130–136. 見 p. 131。本章中，我大致上引用 Mao's Road to Power 一書中毛澤東早期著作的英譯 (Armonk, N.Y.: M.E. Sharpe, 1992)。在有特別指出之處，我則根據竹內實所編的《毛澤東集》和《毛澤東集補卷》（東京：蒼蒼社，1983-1986）和《毛澤東書信選集》（北京：人民出版社，1983）的中文文本，予以修正，以配合我的看法。
4. 毛澤東，〈致黎錦熙信〉，頁 131。毛後來自稱是太平天國領袖洪秀全的精神傳人，這觀點就讓人覺得諷刺。

聯合縣立中學校長之職，乃是因為他每星期教自修等課程二十多小時且需要全心投注於此工作。學生叫他「孔夫子」一事，見 Siao-yu, *Mao Tse-tung and I Were Beggars* (Syracuse, N.Y.: Syracuse University Press, 1959), p. 38.

53. 楊昌濟，《達化齋日記》，頁 47。
54. 他未再於日記裡提及船山學社，他本人未列入該社會員，也從未在《船山學報》發表文章。
55. 楊昌濟，《達化齋日記》1914 年 10 月 19 日，頁 99。
56. 楊昌濟，《達化齋日記》1915 年 4 月 12 日，頁 172。在同一天的日記（1915 年 4 月 12 日）裡他寫道，對他的學生來說，讀王夫之在《讀通鑑論》、《宋論》裡的闡述，比讀司馬光原作《資治通鑑》更有益處。
57. 楊昌濟，《論語類鈔》，《楊昌濟文集》，頁 67-99。見頁 69。
58. 楊昌濟，〈豪傑之好學〉，《楊昌濟文集》，頁 221–222。誠如毛澤東在其 1913 年 11 月 15 日的上課筆記裡所寫的，拿破崙正好就是豪傑卻非聖賢的例子。請見 Stuart Schram's *Mao's Road to Power* (Armonk, N.Y.:M.E. Sharpe, 1992)1: 19.
59. 楊昌濟，《論語類鈔》，頁 80–81。
60. 《達化齋日記》，頁 44，1914 年 6 月 18 日。
61. 楊昌濟，《論語類鈔》，頁 71。
62. 同上，頁 83–84。「人能弘道，非道弘人」語，出自《倫語》〈衛靈公篇〉。
63. Frederic Wakeman Jr., *History and Will: Philosophical Perspectives of Mao Tse-tung's Thought* (Berkeley: University of California Press, 1973)，對於毛

昌濟、章士釗和另外一人。見《楊昌濟的生平及思想》，頁 61。

45. 楊昌濟，〈教育與政治〉，《楊昌濟文集》，頁 43-46。引文在頁 43。

46. 楊昌濟，〈余歸國後對於教育之所感〉，《楊昌濟文集》，頁 52-66。引文在頁 53。

47. 楊昌濟，《達化齋日記》（長沙：湖南人民出版社，1980）。在頁 95–97，楊深入探討了他所效法之嘉納治五郎自修教材的結構。

48. 楊昌濟，〈余歸國後對於教育之所感〉，頁 55。

49. 關於《船山學報》的刊印，見《湖南船山學社大事記》，頁 413。據湖南第一師範一九一四年職員學生一覽表，楊昌濟的住所是宏文圖書社。另一位老師方維夏，也住在宏文圖書館，為第一師範農業博物課程教員。見譚延闓編，《湖南省第一師範學校一覽》（長沙，1914），頁 197、199。

50. 楊在《達化齋日記》，1896 年 9 月 13 和 16 日，頁 9-10，記載了他初讀船山著作的事。王興國稱楊昌濟一八九八年後的幽居苦讀，以《春秋公羊傳》、王夫之《宋論》和他其他的歷史著作、以及為日後出國而學的英語為主。見王興國，《楊昌濟的生平及思想》，頁 198。

51. 有一些載有劉人熙、嘉納治五郎、楊昌濟名字的聘任合約，目前保存於東京講道館的宏文學院檔案室。

52. 楊昌濟婉拒加入船山學社的邀約一事，記載於《達化齋日記》頁 41。他拒絕出掌湖南教育司一事，見王興國《楊昌濟的生平及思想》頁 201。關於第一聯合縣立中學，見他 1914 年 7 月 5 日的日記（《達化齋日記》頁 49）。他在這一天的日記裡解釋道，他拒接湖南第一

32. 王雲五編，《清王先謙先生闓運年譜》（臺北：商務印書館重刊，1978），頁 333。

33. 王闓運，〈邗江王氏族譜序〉，重刊於《船山全書》第 16 冊，頁 663。

34. 王雲五編，《清王先謙先生闓運年譜》，頁 342。

35. 〈論黃蔡二公之國葬及國民之感想〉，長沙《大公報》，1917 年 4 月 14 日。公告占了半個頭版，從 1917 年 3 月 26 日開始刊登，直到 4 月 16 日黃興下葬為止。至於送葬隊伍，據長沙《大公報》報導，4 月 13 日有一千人跟著蔡鍔靈柩渡過湘江，4 月 16 日則有六千人跟著黃興靈柩渡過湘江。人數出現差異，似乎是天候使然；4 月 13 日蔡鍔出殯時下大雨，三天後黃興出殯時則是晴朗的春日。

36. 王興國，《楊昌濟的生平及思想》（長沙：湖南人民出版社，1981），頁 65。

37. 楊昌濟，〈蹈海烈士楊君守仁事略〉，《楊昌濟文集》，王興國編（長沙：湖南教育出版社，1983），頁 31。

38. 李肖聃，〈本校故教授楊懷中先生事跡〉，《楊昌濟文集》，頁 375。

39. 楊昌濟，〈論湖南遵旨設立商務局宜先振興農工之學〉，《楊昌濟文集》，頁 16-20，原刊於《湘報》第 153 期（1898）。

40. 李肖聃，〈本校故教授楊懷中先生事跡〉，頁 375。

41. 王興國，《楊昌濟的生平及思想》，頁 198。

42. 同上，頁 51。

43. 同上，頁 200。

44. 據王興國的說法，當時在亞伯丁只有四位中國學生，即楊毓麟、楊

22. 劉人熙，〈船山學報敘意〉，《船山學報》第 1 卷第 1 期（1915 年 8 月 20 日），頁 1–5。
23. 楊毓麟，《新湖南》，重刊於《辛亥革命前十年間時論選集》（北京：三聯書店，1960–1978），頁 612–648。見頁 617。
24. Young 在 *The Presidency of Yuan Shih-k'ai* 一書頁 222，認為袁世凱稱帝是楊度和袁世凱兒子的主意，但就《大公報》的諸位湖南籍作者來說，那完全是楊度一人的主意。
25. 龍兼公，〈湖南人未盡死〉，《大公報》（長沙），1915 年 9 月 22 日。
26. 劉人熙，〈今後之湖南〉，《大公報》（長沙），1915 年 9 月 19 日，頁 2。
27. 見丁平一，〈湖湘學風對蔡鍔軍國民思想形成的影響〉，《蔡鍔新論》（蔡鍔去世八十週年國際研討會發表的論蔡鍔之新文章），郭漢民和嚴農編（長沙：湖南人民出版社，1997），頁 157-161。對此教材的描述，見該著作頁 161。這本教材，《曾胡治兵語錄》，日後被蔣介石重新編校，做為黃埔軍校教材。
28. 後來朱德在延安說道，「我一生中有兩個老師，一個是蔡鍔，一個是毛澤東。」見 Yang Juntian，〈蔡鍔與朱德〉，《蔡鍔新論》，頁 368–374。引文在頁 368。
29. Edward A. McCord, *The Power of the Gun: The Emergence of Modern Chinese Warlordism* (Berkeley: University of California Press, 1993), p. 207.
30. 湖南本地也有人強力鼓吹黃興或蔡鍔接掌都督之職，但兩人都無意返回湖南政壇。請見 McCord, *The Power of the Gun*, p. 229.
31. 王闓運，《湘綺樓日記》，（臺北：臺灣學生書局重刊，1962）卷 29（1911），頁 13a–13b。

7. 〈湖南船山學社大事記〉，頁 407。
8. Young, "Politics in the Aftermath of Revolution," pp. 219–225.
9. Young, *The Presidency of Yuan Shih-k'ai*, p. 149.
10. Kuhn, "Local Self-Government under the Republic," p. 279.
11. 梁紹輝，〈劉人熙與船山學社〉，頁 80。劉人熙的小舅子王芝祥與袁世凱的某位顧問關係甚厚，因而得以居間促成湯薌銘雇用劉人熙，使劉人熙在湯薌銘接掌湖南後，能受其保護。
12. 劉人熙日記 1914 年 8 月 19 日條，節錄於《船山全書》第 16 冊，頁 880。
13. 梁紹輝，〈劉人熙與船山學社〉，頁 80。
14. 劉人熙日記 1912 年 11 月 1 日條，描述了他如何備好這幅放大的王夫之像和郭嵩燾的書法。見《船山全書》第 16 冊，頁 879。
15. 劉志盛列出參與了辛亥革命的船山學社十五位創始會員，包括劉揆一、其弟劉道一。見劉志盛，〈湖南船山學社略考〉，《船山學報》第 1 期（1984），頁 144-150。前革命黨人名單在頁 146。
16. 這份綱領重刊於〈湖南船山學社大事記〉，頁 408–409。
17. 〈船山學社講演集第一〉，《船山學報》第 1 卷第 1 期（1915 年 8 月 20 日），頁 2–3。
18. 〈船山學社講演集第一〉，《船山學報》第 1 卷第 1 期（1915 年 8 月 20 日），頁 5。《湖南船山學社大事記》頁 409，把廖名縉列為副社長。
19. 同上，頁 4。
20. 《船山學報》第 1 卷第 3 期（1915 年 9 月 22 日），頁 21–23。
21. 梁紹輝，〈劉人熙與船山學社〉，頁 81。

Shihk'ai, 1912–1916," in *The Cambridge History of China*, vol. 12, ed. John K. Fairbank and Denis Twitchett (New York: Cambridge University Press, 1977–), pp. 208–255. 關於一九一二年的政治結構，見頁213。在該頁，Young 寫道，「這個早期共和國最初實際上是個諸省聯盟。」

2. 對諸省與中央這一緊張關係的權威性研究著作，乃是 Ernest Young 所寫的 *The Presidency of Yuan Shih-k'ai: Liberalism and Dictatorship in Early Republican China* (Ann Arbor: University of Michigan Press, 1977).
3. Philip Kuhn, "Local Self-Government under the Republic: Problems of Control, Autonomy and Mobilization," in *Conflict and Control in Late Imperial China*, ed. Frederic Wakeman Jr. and Carolyn Grant (Berkeley: University of California Press, 1975), pp. 257–298. Kuhn 主張，辛亥革命前的晚清自治「肯定意在防止，而非促進，地方層級出現對正規行政系統真正的反制」，但「辛亥革命使某些自治實體開始與縣級政府直接爭奪財務的總管理權。」（頁 276、278–279)。湖南肯定就是這樣的情況。
4. Angus McDonald, *The Urban Origins of Rural Revolution: Elites and the Masses in Hunan Province, China, 1911–1927* (Berkeley: University of California Press, 1978), p. 86.
5. 田伏隆，《湖南近一百五十年史事日志（1840-1990）》（湖南：中國文史出版社，1993），頁 60。這些資金要用來創建明德大學。
6. 〈湖南船山學社大事記〉，重刊於《瀞園集》（長沙：湖南出版社，1992），頁 406–461。見頁 406。關於譚延闓的承諾，見梁紹輝，〈劉人熙與船山學社〉，《船山學報》第 2 期（1986），頁 78-82。見頁 80。

楊毓麟生平記述，而此文也認為楊毓麟哀痛於黃花崗起義的失敗，特別是深信黃興已在此次起義中遇害，乃是他自殺的原因。這些革命後的記述都支持他墓碑上的碑文（反之亦然）。但他的絕筆信（對他自殺時之思想的當時記錄），刊載於一九一一年十月十一、十二日的《民立報》上，也就是刊載於他投海約兩個月後，而他的絕筆信完全未談到對黃花崗起義失敗哀痛之事，反倒舉出個人無法承受的精神病痛做為他決定自殺的原因。見鄭焱，〈楊毓麟先生絕命書〉，《長沙文史資料》第 10 期（1991），頁 203–204。

64. 吳建華，〈蹈海烈士楊守仁〉，頁 31；鄭焱，〈楊毓麟先生絕命書〉，頁 204。

65. 此處對楊毓麟人生最後一日的敘述，係根據曹亞伯〈楊篤生蹈海〉一文寫成。該文收於《辛亥革命》第四冊（上海：人民出版社，1957），頁 316-323。楊毓麟投海時，曹亞伯人在倫敦，得知此事後趕去利物浦協助領回楊毓麟的棺木。曹亞伯對發現楊毓麟衣著、遺體一事，則轉述自較早趕到利物浦的兩位中國學生（見頁 316-317）。這兩位學生是石瑛和吳稚暉。楊毓麟就是把一百英鎊和購買炸彈廠的囑咐文寄給這兩人。寫道楊毓麟留下紙傘以表明他是中國人一事者，乃是曹亞伯，但從其字裡行間無法判斷這究竟是他親眼所見，還是轉述其他學生的說法。楊毓麟赴利物浦之行、他寄出的兩封信、信中所附的金額，也得到他絕筆信的證實。

六、重建

1. Ernest P.Young,"Politics in the Aftermath of Revolution: The Era of Yuan

56. Liew, *Struggle for Democracy*, pp. 134–136.

57. Chun-tu Hsueh, *Huang Hsing and the Chinese Revolution*, p. vii.

58. 「守仁」一名暗指唯心主義哲學家王陽明（又名王守仁）。替楊毓麟立傳者一致認為，他化名守仁，純粹是為欺騙清廷，丟掉舊身分。當他為清廷服務時，這一選擇就有其道理，因為他先前的身分乃是著名的反滿活動家，而與王陽明扯上關係，將使他顯得無害，或至少變得鮮有人知。見曹亞伯〈楊篤生蹈海〉，頁318，以及吳建華〈蹈海烈士楊篤士〉，頁22。

59. Zhu Maoyi，〈楊德麟、楊毓麟傳略〉，《長沙縣文史資料》第9輯（1991年12月），頁42–44。見頁43。

60. Noriko Tamada, "Sung Chiao-Jen and the 1911 Revolution," p. 193.

61. Zhu Maoyi，〈楊德麟、楊毓麟傳略〉，頁43–44。

62. Min Qunfang 編，〈楊毓麟家書十五通〉，《湖南文史》第43期（1991），頁197–226。此信在頁201–202。

63. 他的墓碑以花崗岩製成，中文碑文寫道：「中國蹈海烈士楊公守仁墓」。英文碑文則較詳細（未見到英文碑文，此書根據此碑文的中文翻譯再譯回），寫道「中國烈士楊守仁，因政治思想而死，死於一九一一年八月五日，得年三十九。」在鄭佳明編《長沙名人》（長沙：湖南文藝出版社，1999）頁28，可找到此墓碑的照片和碑文的（中文）副本。吳建華在《湖南文史資料》第28期（1987）刊出的楊毓麟傳（頁22-31）和朱茂怡在《長沙縣文史資料》第9期（1991）刊出的楊毓麟傳（頁42-44），都表達了楊毓麟是為革命殉難這個當代中國史學界的看法。更往前看，曹亞伯在一九五七年出版的《辛亥革命》裡所寫的〈楊篤生蹈海〉一文，似乎是目前為止最可靠的湖南師範大學出版社，1996）頁188中，堅定表示此文出自蔡鍔之筆。

45. 〈王船山學說多與斯密暗合說〉，《東方雜志》，1906年11月11日。特別值得注意的，此文著墨於水與黃金的比較價值觀。

46. Ian McMorran, *The Passionate Realist: An Introduction to the Life and Political Thought of Wang Fuzhi (1619–1692)* (Hong Kong: Sunshine Book Company, 1992), p. 203.

47. 趙啟霖，〈瀞園自述〉，《瀞園集》（長沙：湖南出版社，1992），頁329。趙啟霖認為郭嵩燾之死是首件值得納入他自傳裡的重要死亡事件（郭死時他三十二歲），且郭之死是他眼中一八九一年的七件大事之一。

48. 趙啟霖，〈郭養知侍郎輓詞〉，《瀞園集》，頁217。

49. 易孟醇，〈趙啟霖傳略〉，《瀞園集》，頁385–390。

50. 陳勇勤，〈光緒間關於王夫之從祀文廟的爭論〉，載《船山學刊》第一期（1997），頁22-25。見頁25。

51. 趙啟霖，〈請三大儒從祀摺〉，《瀞園集》，頁4-6。

52. 朱壽朋，《光緒朝東華錄》，原付梓於一九〇九年（北京：中華書局重刊，1958），頁5993。

53. 章炳麟，〈王夫之從祀與楊度參機要〉，《章太炎政論選集》，湯志鈞編（北京：中華書局，1977），頁426–428。

54. 對此衝突更全面的探討，見 Noriko Tamada, "Sung Chiao-Jen and the 1911 Revolution" (Cambridge, Mass.: Harvard Papers on China, 1968), vol. 21, pp. 189–195 and 203–205.

55. 胡漢民，〈胡漢民自傳〉，《革命文獻》，羅家倫編，卷3（臺北：中國國民黨史史料編纂委員會，一九九〇年代），頁427。

人名辭典》（長沙：湖南出版社，1993），頁 340。

32. 楊慎之編，《湖南歷代人名辭典》，頁 341。

33. 《湖南近百年大事記述》，頁 246。

34. 同上，頁 246。也見毛澤東在〈本會（湖南學生聯合會）總記〉中對此送葬行列的描述，Stuart Schram, ed., *Mao's Road to Power: Revolutionary Writings 1912-1949* (Armonk, N.Y.: M.E. Sharpe, 1992), 1: 399–406.

35. 陳旭麓，《禹之謨》（上海：人民出版社，1984），頁 64-65。

36. 毛澤東，〈本會總記〉，頁 402–403。

37. 曹鐵安編，《明德春秋》，頁 42。

38. 引自《船山遺書》版《楚辭通釋》卷 2，頁 5a 中的〈湘君〉。王夫之認為此詩出自屈原之手（頁 1a）。湘君是水神，湘夫人是其伴侶。

39. 《洞庭波》，頁 212。此刊物與《二十世紀之支那》、《漢幟》合訂重刊（臺北：中華民國史料叢編，1968）。原刊物每個部分和每篇皆獨立編注頁碼，因此，為了方便，我用合訂本的連續頁碼。

40. 陳家鼎（筆名鐵郎），〈二十世紀之湖南〉，《洞庭波》，頁 135–155。

41. Arthur Rosenbaum, "Gentry Power and the Changsha Rice Riot of 1910," Journal of Asian Studies 34, no. 3 (May 1975): 689–715. 見 p. 694.

42. 楊世驥，〈周漢與反洋教鬥爭（附供詞）〉，《湖南歷史資料》第四期（1958）頁 36-57。此信節錄位於頁 48。

43. 章士釗，〈王船山史說申議〉，重刊於《辛亥革命前十年間時論選集》，頁 722–731。

44. 〈採王船山成說證中國有尚武之民族〉，《東方雜志》，1904 年 9 月 4 日。此文匿名發表，但鄭焱在《近代湖湘文化概論》（長沙：

南人民出版社，1958），頁 10-13 。引文在頁 13。

25. Young, "Problems of a Late Ch'ing Revolutionary," p. 232.

26. 陳天華，〈今日豈分省界之日耶？〉，《陳天華選集》，《革命先烈先進詩文選集》節錄，（臺北：中華民國各界紀念國父百年誕辰籌備委員會，1965），頁 13。

27. 陳天華，〈絕命書〉，《革命先烈先進詩文選集》，頁 20-24。

28. 陳天華，〈致湖南留學生書〉，《陳天華集》（長沙：湖南人民出版社，1958），頁 233。

29. 附加於陳天華〈絕命書〉的評論，《革命先烈先進詩文選集》，頁 23。

30. 國民黨《革命先烈先進詩文選集》的編者，以一百多頁的篇幅呈現陳天華的著述，卻既未選入陳天華留給湖南人的絕命書，也未選入他鼓吹君主立憲的請願文。藉此，該選集的編者將他打造為不折不扣的中國民族主義者（今日很典型的一個形象）。另一方面，湖南人出版的《陳天華集》，包含他所有談湖南問題的著作，但也略去他的立憲請願文。本書中關於這篇請願文和湖南人對此文之反應的資訊，取自 Young, "Problems of a Late Ch'ing Revolutionary," pp. 227–233；永井算巳，〈陳天華の生涯〉，《史學雜志》65, no. 11 (November 1956): 52–59 （Young 當成原始資料予以引用）。永井的請願文副本來自日本外務省檔案室。見永井，〈陳天華の生涯〉，頁 68，注釋 56。

31. 關於姚在明德學院，見《明德中學建校八十五週年紀念冊》頁 121。關於他赴上海，見《湖南近百年大事記述》，頁 242。關於他的生平，包括他與陳天華的關係和他的投水自盡，見楊慎之編，《湖南歷代

17. 馮自由，《革命逸史》，卷 1（臺北：商務印書館，1965–8），頁 113。宋教仁，〈程家檉革命大事略〉，《國史館館刊》第 1 卷第 3 期（1969，頁 70。關於孫文與華中缺乏連結，見 Chun-tu Hsueh, *Huang Hsing and the Chinese Revolution*, p. 34。關於在日中國學生對孫文的看法，見 Liew, *Struggle for Democracy*, pp. 41–43。在該書頁 45，作者主張孫文「與新學生菁英淵源極淡」，湖南學生加入與其合作後，他才得到中國學生的支持。Chun-tu Hsueh 在 *Huang Hsing and the Chinese Revolution* 一書中也說：「整個來看，在日本的中國學生認為他是個沒文化的亡命之徒，難相處，他們與他沒往來。」（頁 35-36）。
18. 金沖及編，《辛亥革命史稿》，頁 385。
19. Liew's translation in *Struggle for Democracy*, p. 13.（原文請見〈嗚呼湖南與端方〉，《宋教仁集》，頁 100）
20. 宋教仁，《我之歷史》，《中國現代史料叢書》卷 1（臺北：文星書店，1962），頁 69。
21. 金沖及編，《辛亥革命史稿》，頁 319；《湖南近百年大事記述》，頁 227。
22. Peter Perdue, "Insiders and Outsiders: The Xiangtan Riot of 1819 and Collective Action in Hunan," *Modern China* 12, no. 2 (April 1986): 166–201. 見 pp. 173, 176.
23. 陳天華，《警世鐘》，節錄於《辛亥革命史稿》頁 297，以及《辛亥革命》2: 121. 譯文部份根據 Ernest Young's in "Problems of a Late Ch'ing Revolutionary," p. 220.
24. 陳天華，〈警告湖南人〉，《陳天華集》，Li Peicheng 編（長沙：湖毓麟是華興會的「理論家和宣傳家」，吳建華，〈蹈海烈士楊守仁〉，《湖南文史資料》28（1987）：頁 22–31。見頁 24。

12. 黃興在會上的講話內容，被節錄於金沖及所編的《辛亥革命史稿》頁 328–329。欲瞭解這場成立大會，也參見田伏隆的《湖南近一百五十年史事日志（1840-1990）》（湖南：中國文史出版社，1993），1904 年 2 月 15 日條；《湖南近百年大事記述》，《湖南省志》卷 1，第二版（長沙：湖南人民出版社，1979），頁 223；《明德中學建校八十五週年紀念冊》，頁 10。
13. 《清史》，卷 8（臺北，1961），頁 6241–6242。也參見 Charlton M. Lewis, *Prologue to the Chinese Revolution: The Transformation of Ideas and Institutions in Hunan Province, 1891–1907* (Cambridge, Mass.: Harvard University Press, 1976), p. 166.
14. 關於「入股」，見 Kit Siong Liew, *Struggle for Democracy: Sung Chiao-jen and the 1911 Chinese Revolution* (Berkeley: University of California Press, 1971) 頁 29；該頁引用了黃一歐〈回憶先君黃克強先生〉，《辛亥革命回憶錄》第 1 集，頁 609。《明德中學建校八十五週年紀念冊》頁 10，列了與明德學院有淵源的成員名單。據曹鐵安的說法，革命同盟會二十三名創始會員，也因為在明德學院任教或求學而與該校有關連。見曹鐵安，《明德春秋》，頁 42。關於宋教仁的角色，見 Liew, *Struggle for Democracy*, pp. 30–31.
15. Lewis, *Prologue to the Chinese Revolution*, p. 168. Harold Schiffrin 認為黃興在當地總共借到五萬元。見 *Sun Yat-sen and the Origins of the Chinese Revolution* (Berkeley: University of California Press, 1968), p. 340.
16. 黃一歐，〈黃興與明德學堂〉，頁 135。

1957），頁 316–323。見頁 319。

4. 馮自由，〈「新湖南」作者楊篤生〉，《歷代名人記長沙文選》，鄭佳明編（長沙：湖南文藝出版社，1998），頁 452–458。在〈楊篤生蹈海〉（頁 319）中，曹亞伯說這些團體創立於一九〇四年夏，但此說肯定多了一年，因為那時楊毓麟和黃興都已回到中國了。
5. 入館中國學生名單存於東京的講道館博物館和檔案室。有趣的是，魯迅也是入講道館習藝的中國學生。
6. Chun-tu Hsueh, *Huang Hsing and the Chinese Revolution* (Stanford, Calif.: Stanford University Press, 1961), p. 9.
7. 曹鐵安，《明德春秋》（長沙：長沙市政協文史資料研究委員會，1993），頁 36。
8. 黃一歐，〈黃興與明德學堂〉，《辛亥革命回憶錄》，甄冠南編（北京：中華，1962），頁 132-137。見頁 136。
9. 見《明德中學建校八十五週年紀念冊 1903–1988》（長沙：明德中學，1988），頁 121。關於抵達日本方面的資料，見《遊學譯編》中的湖南同鄉會名冊，頁 1043–1055，尤其是頁 1051–1052。關於陳天華，請 見 p.214 of Ernest Young, "Problems of a Late Ch'ing Revolutionary: Ch'en T'ien-hua," in *Revolutionary Leaders of Modern China*, ed. Chun-tu Hsueh (New York: Oxford University Press, 1971), pp. 210–247. 也見金沖及，《辛亥革命史稿》（上海：上海人民出版社，1980），頁 328。
10. 黃一歐，〈黃興與明德學堂〉，頁 134。
11. Martin Bernal 在 "The Triumph of Anarchism over Marxism" 一文中，稱《新湖南》是「為這個團體辯護的聲明」。見頁 119。吳建華也稱楊

sity of Chicago Press, 1995) 一書「Provincial Narratives of the Nation」一章中，將楊毓麟的《新湖南》和歐榘甲的《新廣東》一同舉出，以說明這種以省為主體的民族主義觀念普見於中國（頁 181）。但應該指出的，歐榘甲的文章也產生自湖南維新運動和該運動的後續餘波，從這點來看，以歐榘甲為例來說明上述觀點，立論並不夠充分。此外，湖南民族主義者的思路似乎大不同於來自浙江、江蘇之學生的思路—Duara 在其書中將這兩省的學生與湖南人、廣東人併為一談（頁 183）。我認為湖南人的民族主義論述，截然不同於當時來自中國其他地區學生的民族主義觀念。兩者間當然有部分相同，但湖南人與那些和他們共同奮鬥者，本身代表了一個比過去學者所認為的還更獨特、更重要的現象（過去的學者尋找中國各省學生在日本的「普遍」經驗，幾乎必然得出一普遍化的中國民族主義觀）。

五、湖南與清朝的覆滅

1. 楊毓麟，《新湖南》，重刊於《辛亥革命前十年間時論選集》（北京：三聯書店，1960-1978），頁 612–648。引文來自頁 637、641。
2. Martin Bernal 說，在中國學生對俄國無政府主義的早期探索上，楊毓麟是「關鍵人物」。請見 p. 118 of Martin Bernal, "The Triumph of Anarchism over Marxism, 1906–1907," in China in Revolution, ed. Mary C.Wright (New Haven, Conn.: Yale University Press, 1968), pp. 97–142. See also Frederic Wakeman Jr., *Spymaster: Dai Li and the Chinese Secret Service* (Berkeley: University of California Press, 2003), p. 168.
3. 曹亞伯，〈楊篤生蹈海〉，《辛亥革命》卷 4（上海：人民出版社，民自治而言。」見《遊學譯編》，頁 1231。

50. 楊慎之編，《湖南歷代人名辭典》，頁 347。

51. 楊毓麟，《新湖南》，重刊於《辛亥革命前十年間時論選集》（北京：三聯書店，1960-1978），頁 612–648. 此文之名解讀為「更新湖南」亦無不可。金沖及編，《辛亥革命史稿》，頁 182，指出其「有巨大影響」。

52. 金沖及編，《辛亥革命史稿》，頁 187，注 2。

53. 見《遊學譯編》裡的廣告，頁 951。

54. 〈序論〉，《湖北學生界》第 1 期（1903），頁 1-16。引文來自頁 2。也見〈敬告同鄉學生〉，《湖北學生界》第 1 期（1903），頁 1-16。

55. 請見 Bryna Goodman, "The Locality as Microcosm of the Nation ? : Native Place Networks and Early Urban Nationalism in China," Modern China 21, no. 4 (October 1995): 387–419. Goodman 把重點擺在當時上海的江蘇、浙江學生族群，發現他們把「家鄉看成縮影，即全體的體現。」（頁 403）

56. 見諸如，〈新浙江與舊浙江〉，《浙江潮》第 1 期（1903），（第一部）頁 1-6。

57. 見諸如，公猛，〈浙江文明之概觀〉，《浙江潮》第 1 期（1903），頁 2-3。或醒狂，〈敬規浙江人〉，《浙江潮》第 9 期（1903），頁 1-5。

58. 俠少，〈雲南之將來〉，《雲南》第 2 期（1906），頁 1-9。引文來自頁 1。

59. 歐榘甲，《新廣東》，重刊於《辛亥革命前十年間時論選集》，頁 269–311。

60. Prasenjit Duara 在 *Rescuing History from The Nation* (Chicago, Ill.: Univer-

44. 這一主題的權威之作，是 Philip Kuhn 所著的 "Local Self-Government under the Republic: Problems of Control, Autonomy and Mobilization," in *Conflict and Control in Late Imperial China*, ed. Frederic Wakeman Jr. and Carolyn Grant (Berkeley: University of California Press, 1975), pp. 257–298。Kuhn 於此書一開頭指出，二十世紀初期盛行於中國的自治理論「與民主沒什麼關係」（頁 257）。他的主題是從治理角度出發，把中央集權國家當成起點的自治定義。他把這一定義的來源溯至日本，再上溯至德國（頁 271）。這篇湖南自治文間接表示，二十世紀初期時，有另一種「自治」論述—的確與民主有很大關連的「自治」論述—其實也流通於中國，至少流通於湖南學生群體裡。

45. 利伯後來於一八五七至一八七二年間執教於哥倫比亞大學，為哥倫比亞法學院的公共史與憲法教授。除了寫下《論公民自由與自治》，他還以撰寫第一版《大美百科全書》（1829-1833）和擬定最早的戰場軍事行為準則（這一準則為海牙公約和日內瓦公約所採用）為人所知。

46. Francis Lieber, *On Civil Liberty and Self-Government*, 3rd ed. (Philadelphia: J.B. Lippincott Company, 1901). Quotation on p. xvi.

47. Lieber, p. 20.

48. 同上，頁 249。

49. 這篇文章也避談封建、郡縣這個中國自古即有的二元對立問題。封建、郡縣都建立在中央集權和皇帝具有統治正當性之上，而〈湖南自治論〉把自主個人視為立論起點，不同意這一前提。關於這一爭議，本文作者把立場表達得非常清楚，寫道，「顧亭林之郡縣論，近人之分疆析吏篇，辯矣而非當也。何者？皆為君治民而言，非為

35. 章太炎對於曾國藩為何刊行王夫之著作所提出的民族主義解釋，不只在當時令某些人相信，今日學者也搬出此說做為貌似有理的解釋。請見諸如 K. S. Liew's *Struggle for Democracy*（1971 年出版）。他在此書頁 12 寫道，「不管曾國藩有何動機，至少有一點應是毋庸置疑。在中國遭比滿人更強大、更異類的敵人圍困之時，他抱持和王夫之一樣的看法、一樣的民族主義抱負，且欲將它們傳播出去，以因應中國當前的需要」。
36. 章炳麟，〈序《革命軍》〉，《章太炎選集》（上海：上海人民出版社，1981），頁 152。
37. 這位遭打死的自立會成員是湖南人沈藎。見 Arthur W. Hummel, ed., *Eminent Chinese of the Ch'ing Period (1644–1912)* (Washington, D.C.: U.S. Government Printing Office, 1943–1944), p. 769.
38. 關於湖南編譯社，見《新聞出版志》，《湖南省志》卷 20（長沙：湖南出版社，1991），頁 49。《遊學譯編》為中國學生在日本所出版第一份省刊一事，見金沖及編，《辛亥革命史稿》（上海：上海人民出版社，1980），頁 181。礦物總局辦公室的地址，列在每一期《遊學譯編》最後一頁上。引文來自《遊學譯編》創刊號序，頁 7。
39. 蔡鍔，〈致湖南士紳諸公書〉，《遊學譯編》，頁 193–200。
40. 楊度，〈湖南少年歌〉，《楊度集》，頁 92-96。
41. 作者不詳，〈湖南自治論〉，《遊學譯編》，頁 1225–1244。
42. 宏文學院談小學治理的中文教科書，有整整一章談地方治理，其中包含日本小學體制的自治層面。見《日本小學制度提要》（東京：弘文學院叢書，1904）。這一教科書現藏於筑波大學圖書館。
43. 請見，攻法之，〈敬告我鄉人〉，《浙江潮》第 2 期（1903），頁 1-12。

緇那年為亡國之年，但那是一六四四年。見姜義華，《章太炎思想研究》（上海：人民出版社，1985），頁160。章太炎認定的亡國之年倒比較接近（但仍未完全吻合）永曆帝（桂王）一六六二年初期遭處死那年。

27. 一九〇三年，章士釗將它（連同楊毓麟的《新湖南》和譚嗣同的《仁學》）放進他編的《黃帝魂》中重新刊印。見高田淳，〈清末的王船山〉。《學習院大學文學院研究年報》第30輯（1983），頁91-143。

28. 章炳麟，〈中夏亡國二百四十二年紀念會書〉，《船山全書》第16冊，頁793。

29. 王夫之，〈黃書後序〉，《船山遺書》，《黃書》，頁1a。太平洋書局版採南京版內文。

30. Ian McMorran 在 *The Passionate Realist: An Introduction to the Life and Political Thought of Wang Fuzhi (1619–1692)* (Hong Kong: Sunshine Book Company, 1992) 一書第五章頁123–149，詳細探討王夫之哲學的這個部分，內容發人深省。

31. 王夫之認為中國的倫理道德只適用於漢人，且在其《春秋家說》中對此有最生動的表述：「中國之於夷狄，殲之而不為不仁，奪之而不為不義，紿之而不為不信。」見《船山全書》第5冊，頁299。

32. 他在一八九七年讀到《仁學》手稿。見章炳麟，《太炎先生自訂年譜》頁5。

33. 章炳麟，〈札記〉，《檢論》卷8（臺北：廣文書局重刊，1970），頁2。

34. 章炳麟，〈書曾刻船山遺書後〉，《太炎文錄續編》（蘇州：章氏國學講習會編，1938）。

同鄉留學日本題名〉，《遊學譯編》（臺北：中國國民黨中央委員會黨史史料編纂委員會，1968），頁 1043–1055。由於《遊學譯編》的頁碼標注讓人糊塗（每篇文章單獨標注頁碼），除非另有說明，本章中《遊學譯編》的頁碼全指三卷本全冊的遞進頁碼。

18. 楊度，《支那教育問題》，劉晴波編（長沙：湖南人民出版社，1986），頁 40-70。
19. 同上，頁 45。
20. 日後會有許多國家和民族，能讓湖南籍作者覺得可做為他們家鄉湖南（而非中國）的借鑑，包括菲律賓、川斯瓦爾、波蘭、希臘、斯巴達、普魯士、華盛頓（把中國視同北美十三殖民地的話）、印度、猶太人、瑞士、日本、土耳其、瑞典。
21. 章炳麟，《太炎先生自訂年譜》（臺北：文海出版社重刊，年分不詳），頁 7。
22. 據島田虔次的說法，章炳麟在蔣良騏編撰的《東華錄》裡讀到曾靜的事蹟。見 Shimada Kenji, *Pioneer of the Chinese Revolution: Zhang Binglin and Confucianism* (Stanford, Calif.: Stanford University Press, 1990), p. 45。曾靜陰謀推翻雍正皇帝的來龍去脈，見 Jonathan Spence, *Treason by the Book* (New York: Viking, 2001)。
23. 姚奠中、董國炎，《章太炎學術年譜》（太原：山西古籍出版社，1996），頁 15。
24. Shimada Kenji, *Pioneer of the Chinese Revolution*, p. 45.
25. 章炳麟，《太炎先生自訂年譜》，頁 16。
26. 如果一九〇二年是「支那亡國二百四十二年」，「亡國」之年就是一六六〇年，而這就頗令人費解。姜義華聲稱章太炎以崇禎皇帝自常是「副龍頭」。

8. 陳善偉，《唐才常年譜長編》（香港：香港中文大學出版社，1990），頁 622–623.
9. 《湖南近百年大事記述》，《湖南省志》卷 1，第二版（長沙：湖南人民出版社，1979），頁 191。
10. Lewis, Prologue to the Chinese Revolution, p. 105.
11. 楊慎之編，《湖南歷代人名辭典》（長沙：湖南出版社，1993），頁 333。
12. Howard L. Boorman, ed., *Biographical Dictionary of Republican China*, vol. 2 (New York: Columbia University Press, 1967–1979), p. 7.
13. Paula Harrell, *Sowing the Seeds of Change: Chinese Students, Japanese Teachers*, 1895–1905 (Stanford, Calif.: Stanford University Press, 1992), pp. 34–35.
14. Negishi Fukuya,〈清國の話〉（中國史話），《國史》第 33 期（1901 年 6 月 10 日），頁 46–50。東京講道館檔案室存有整套此刊物。
15. 嘉納治五郎，〈清國〉，《國史》第 44 期（1902 年 5 月 10 日），頁 1–5。嘉納和其同事以「清國」指稱中國，他的中國學生則偏愛用「支那」指稱中國。這與 Stefan Tanaka 在 Japan's Orient:Rendering Pasts into History (Berkeley: University of California Press, 1993) 一書中的說法正好相反，該書說偏愛用「支那」一詞指稱中國者是日本民族主義分子。
16. 嘉納治五郎，〈宏文學院章程要覽〉，頁 4–5。存於東京講道館檔案室。
17. 一百一十六名留日湖南學生中，六十四人就讀宏文學院。見〈湖南

2. 關於孫文的願景，見 Harold Z. Schiffrin, *Sun Yat-sen and the Origins of the Chinese Revolution* (Berkeley: University of California Press, 1968), p. 43。關於這位不情不願的廣東男孩，見 Kit Siong Liew, *Struggle for Democracy: Sung Chiao-jen and the 1911 Chinese Revolution* (Berkeley: University of California Press, 1971), p. 41。關於孫文命運的這項轉折，見 Miyazaki T ten, *My Thirty-Three Years' Dream: The Autobiography of Miyazaki Tōten*, trans. Et Shinkichi and Marius Jansen (Princeton, N.J.: Princeton University Press, 1982), pp. 174 and 187.
3. 總數為三萬元，見皮明庥，《康才常和自立軍》（長沙：湖南人民出版社，1984），頁 11。
4. Charlton M. Lewis, *Prologue to the Chinese Revolution: The Transformation of Ideas and Institutions in Hunan Province, 1891–1907* (Cambridge, Mass.: Harvard University Press, 1976), pp. 95–98.
5. 杜邁之編，《自立會史料集》（長沙：岳麓書社，1983），頁 79-99。
6. Charlton Lewis 在 *Prologue to the Chinese Revolution* 一書的第 83 至 109 頁表達了類似觀點：「它是個以湖南人為主的組織。」他認為這場起事為湖南維新運動敲響了喪鐘。但如果把目光從湖南本身轉移到留日學生身上，我們發現在失敗的湖南維新運動和後來的湖南民族主義之間有頗強的連續性。順著這一思路走，就湖南青年反清心態的發展來說，自立軍將代表著這過程裡的一個重大里程碑，但自立軍既不是改革或革命的起點，也不是改革或革命的終點。
7. 關於不同革命分子在與袍哥會聯合後的組織裡所擔任的職位，見杜邁之編，《自立會史料集》，頁 103–105。畢永年是「總堂」，唐才

(Berkeley: University of California Press, 1965), p. 96.

63. 譚嗣同，*An Exposition of Benevolence*（《仁學》），trans. Chan Sin-wai, p. 167.

64. 同上，頁 171.

65. *Lewis, Prologue to the Chinese Revolution*, p. 49.

66. 梁啟超，《中國近三百年學術史》，《飲冰室文集》第 2 部，卷 17。引文在頁 80。

67. 鐵郎（陳家鼎化名），〈二十世紀之湖南〉，《洞庭波》，創刊號，頁 1-21。引文在頁 8。

68. 尹飛舟，《湖南維新運動史研究》，頁 221。引文來自王先謙，《葵園四種》（長沙：岳麓書社，1986），頁 861。

69. Kwong, *T'an Ssu-t'ung*, pp. 195–201.

70. 特別參閱 1898 年合集《翼教叢編》，王先謙弟子蘇輿在長沙出版。

71. 梁啟超，《仁學》序。Chan Sin-wai's translation from *An Exposition of Benevolence*, p. 51.

72. 譚嗣同，*An Exposition of Benevolence*（《仁學》），trans. Chan Sin-wai, p. 158.

73. 梁啟超，《中國近三百年學術史》，頁 81。

四、在日本重整旗鼓

1. 譚嗣同，〈答畢永年〉，《湘報》第 29 期（1898 年 4 月 8 日），重刊於《譚嗣同全集》，蔡尚思編（北京：中華書局，1981），頁 408。

50. 同上，頁 262–263。

51. Joseph Levenson, *Liang Ch'i-ch'ao and the Mind of Modern China* (Berkeley: University of California Press, 1967), pp. 24–25.

52. 梁啟超，《湖南時務學堂遺編》序，《湖南時務學堂遺編》，梁啟超編（上海：1922），頁 1。臺灣國家圖書館珍本書部門有書。

53. 梁啟超編，《湖南時務學堂遺編》，頁 8b–9a。

54. 同上，頁 8a。

55. 同上，頁 23a。

56. 譚嗣同致歐陽中鵠信，節錄於《船山全書》第 16 冊，頁 724。

57. 王夫之，《讀通鑑論》，《船山遺書》，頁 1a–b. Translation is Ian McMorran's from *The Passionate Realist: An Introduction to the Life and Political Thought of Wang Fuzhi (1619–1692)* (Hong Kong: Sunshine Book Company, 1992), p. 108.

58. 唐才質，〈湖南時務學堂略記〉，節錄於丁平一，《湖湘文化傳統與湖南維新運動（長沙：湖南人民出版社，1998），頁 189。

59. 王夫之，《黃書》，《船山全書》第 12 冊；引文在頁 538。

60. 同上，頁 539。根據 Ian McMorran 在 *Passionate Realist*, p. 127 之譯文。

61. Kai-wing Chow,"Zhang Binglin and the Invention of the Han 'Race' in Modern China," in *The Construction of Racial Identities in China and Japan: Historical and Contemporary Perspectives*, ed. Frank Dikotter (Honolulu: University of Hawaii Press, 1997), pp. 34–52. See especially pp. 36–37. See also Frank Dikotter, *The Discourse of Race in Modern China* (Stanford, Calif.: Stanford University Press, 1992).

62. Joseph Levenson, *Confucian China and Its Modern Fate: A Trilogy*, vol. 1

講求西學者」語，見陳寶箴，〈招考新設時務學堂學生示〉，節錄於丁平一，《湖南維新運動史》，頁 131。以礦物總局收入為經費一事，見尹飛舟，《湖南維新運動研究》，頁 82。

40. 梁啟超，《仁學》序，in *An Exposition of Benevolence*, trans. Chan Sin-wai, p. 51.
41. 楊昌濟，〈問民主之說〉，收於唐才常與譚嗣同合編，《湘報類纂》，原出版於一九〇二年（臺北：大通書局重刊，1968），頁 452–454。引文在頁 452。
42. 唐才常，〈湘報序〉，《湘報類纂》，頁 1-3。引文在頁 2。
43. 譚嗣同，〈《湘報》後序下〉，《湘報類纂》，頁 5–7。見頁 5–6。
44. 皮錫瑞，〈師伏堂未刊日記〉，《湖南歷史資料》第 4 期（1958），頁 96。
45. 這篇演說取名〈論近日西學與中國古學〉。對十七世紀西方科學之中國起源的論點，見 Benjamin A. Elman, *On Their Own Terms: Science in China, 1550–1900* (Cambridge, Mass.: Harvard University Press, 2005), pp. 172–177.
46. 梁啟超，〈南學會序〉，《飲冰室文集》第一部，卷 2（上海：中華書局，1936），頁 64–67。引文在 66。
47. 梁啟超之語來自《戊戌政變記》（臺北：文海出版社，年分不詳），頁 249。皮錫瑞之語來自〈師伏堂未刊日記〉，頁 77。「令聽講所至之人議之……」，來自《湘報》（北京：中華書局重刊，1965）第 15 期。「廢此學（會）……」，《湘報》第 11 期。
48. 梁啟超，致陳寶箴信，《戊戌政變記》，頁 249–262。見頁 251。
49. 同上，頁 257。

並論，說兩人皆年輕，但都卓有文采，日後肯定大有成就，但就底子來說，陳三立較為深厚。

28. Boorman, ed., *Biographical Dictionary of Republican China, p. 226. See also Charlton M. Lewis, Prologue to the Chinese Revolution: The Transformation of Ideas and Institutions in Hunan Province, 1891–1907* (Cambridge, Mass.: Harvard University Press, 1976), p. 229, n. 4.
29. 田伏隆，《湖南近一百五十年史事日志》（湖南：中國文史出版社，1993），頁 39。
30. 尹飛舟，《湖南維新運動研究》（長沙：湖南教育出版社，1999），頁 195。王先謙，《清王葵園先生先謙自訂年譜》（臺北：臺灣商務印書館，1977），頁 744。
31. 尹飛舟，《湖南維新運動研究》，頁 220。《湖南近百年大事記述》，頁 152。
32. 張朋園，《中國現代化的區域研究：湖南省，1860-1916》（臺北：中研院近代史研究所，1983），頁 306。
33. 《湖南近百年大事記述》，頁 153。尹飛舟，《湖南維新運動研究》，頁 80。
34. 陳善偉，《唐才常年譜長編》（香港：中文大學出版社，1990），頁 6。
35. 同上，頁 8–10。
36. 尹飛舟，《湖南維新運動研究》，頁 108。
37. 見林能士，《清季湖南的新政運動（1895–1898）》（臺北：國立臺灣大學，1972），頁 54–58。
38. 《新聞出版志》，頁 50。
39. 關於此校的規畫，見尹飛舟，《湖南維新運動研究》，頁 218。「……

學 》）, trans. Chan Sin-wai (Hong Kong: Chinese University Press, 1984), p. 168.

20. 譚嗣同，〈上歐陽中鵠書〉，《譚嗣同全集》（北京：1981），頁 158。
21. 譚嗣同，〈瀏陽興算記〉，頁 174。
22. 郭嵩燾若地下有知，也會和譚嗣同一樣把中國敗於日本視為幸事。郭嵩燾甚至在某場對其禁煙公社的演說中，哀嘆湖南未遭逢華北諸省那樣的饑荒，因為吃苦和犧牲能削弱湖南人的傲慢，強化湖南人的性格。見《郭嵩燾日記》卷 4，頁 415–416。
23. 譚嗣同，〈興算學議（上歐陽中鵠書）〉，《譚嗣同全集》（北京：1981），頁 153–168。見頁 164–165。
24. 同上，頁 160–161。
25. 〈報貝元徵〉，《船山全書》第 16 冊，頁 717。
26. 〈湖南近百年大事記述〉，《湖南省志》卷 1，第二版（長沙：湖南人民出版社，1979），頁 138。
27. 關於陳寶箴與郭嵩燾的關係，見《郭嵩燾日記》卷 3 與卷 4 各處。有許多例子可說明陳寶箴與郭嵩燾兩人關係的深厚，例如陳寶箴曾於一八八〇年二月二十九日與禁煙公社一位主要社員一起拜訪郭嵩燾，以協助規劃思賢講舍與曾國藩祠的經費。見《郭嵩燾日記》卷 4，頁 10。關於陳三立受自郭嵩燾的影響，見劉納編，《陳三立》（北京：中國文史出版社，1998），頁 8。陳談郭嵩燾與王夫之之語，來自陳三立，〈船山師友錄序〉，《散原精舍文集》，卷 1（臺北：中華書局，1961），頁 17。關於郭嵩燾對陳三立的欣賞，見《郭嵩燾日記》卷 4，頁 49，郭嵩燾在此將陳三立的書法與禁煙公社某社員的書法相提華視出版公司，1977），頁 389–430。引文來自頁 400。

8. 同上，頁 427。
9. 譚嗣同，〈瀏陽興算記〉，《譚嗣同全集》，蔡尚思編（北京：中華書局，1981），頁 173–174。
10. 楊慎之編，《湖南歷代人名辭典》（長沙：湖南出版社，1993），頁 346。
11. Letter cited in Luke S. K. Kwong, *T'an Ssu-t'ung, 1865–1898: Life and Thought of a Reformer* (Leiden: E. J. Brill, 1996), p. 49, n. 51.
12. 夏劍欽，〈試論王夫之對譚嗣同的深刻影響〉，《湘學》，王繼平等編（長沙：湖南人民出版社，1999），頁 291–298。見頁 291。
13. 《郭嵩燾日記》卷 3，頁 961。
14. 夏劍欽，〈王夫之思想、性行對譚嗣同的深刻影響〉，《船山學刊》第 1 期（1995），頁 54–61。見頁 56。
15. Kwong, *T'an Ssu-t'ung*, p. 72。譚嗣同寫給劉人熙的信，收於《譚嗣同全集》（北京，1981），頁 138。
16. 關於涂啟先，見 Kwong, *T'an Ssu-t'ung*, p. 72. 劉人熙的外孫暨歐陽中鵠的內孫歐陽予倩，日後會在中國現代戲劇界大放異采。關於歐陽予倩請見 Howard L. Boorman, ed., Biographical Dictionary of Republican China, vol. 3 (New York: Columbia University Press, 1967–1979), pp. 49–51.
17. 譚嗣同，〈三十自紀〉，《譚嗣同全集》（臺北，1977），頁 205。
18. 梁啟超，《論中國學術思想變遷之大勢》（臺北：中華書局，1979）。節錄於《船山全書》第 16 冊，頁 729。
19. 譚嗣同, *An Exposition of Benevolence: The Jen-hsueh of T'an Ssu-t'ung*（《仁

頁 91。

80. 田伏隆，《湖南近一百五十年史事日志》（湖南：中國文史出版社，1993），頁 36。王先謙，《清王葵園先生先謙自訂年譜》（臺北：臺灣商務印書館，1977），頁 256。
81. 易翰鼎，〈書船山遺書後〉，重刊於《船山全書》第 16 冊，頁 696。

三、湖南維新運動

1. 周孔徒（周漢化名），《鬼叫該死》。宣傳小冊，出版年分不詳，存於臺灣中研院近史所圖書館。引文來自頁 18。
2. As translated by Eva Hung and Tam Pak Shan in "Anti-Christian Propaganda," *Renditions* 53+54 (Spring and Autumn 2000): 254–255.
3. 楊世驥，〈周漢與反洋教鬥爭（附供詞）〉，《湖南歷史資料》第 4 期（1958）頁 36-57。見頁 39。八十萬這個數字見《新聞出版志》，《湖南省志》卷 20（長沙：湖南出版社，1991），頁 29。
4. Consul Gardner to the Marquis of Salisbury (received November 6, 1891), in *British Parliamentary Papers. China; 1: Correspondence, Dispatches and Other Papers Respecting Anti-Foreign Riots, Insults, and Attacks in China, 1840–1892*, no. 97 (Shannon: Irish University Press, 1971), p. 649.
5. Edmund S. Wehrle, *Britain, China and the Antimissionary Riots*, 1891–1900 (Minneapolis: University of Minnesota Press, 1966), pp. 24–25.
6. 楊世驥，〈周漢與反洋教鬥爭〉，頁 44–45。
7. 譚嗣同，〈思緯氤氳臺短書一報貝元徵〉，《譚嗣同全集》（臺北：

Republican Era" (New York: Columbia University Research Project on Men and Politics in Modern China, 1963), p. 7。聘他出任書院山長的總督是丁寶楨，見同著作頁 5。郭一再邀王闓運赴思賢講舍執教一事，見郭廷以編，《郭嵩燾先生年譜》，頁 883、897、941、962。也見王闓運，《湘綺樓日記》，卷 14（1887），頁 3a。王闓運搬進思賢講舍一事，見王雲五編，《清王先謙先生闓運年譜》，頁 143。

73. 尹海清，〈船山書院概述〉，頁 291。

74. 同上，頁 292、295。

75. 彭玉麟，〈改建船山書院片〉，《船山全書》第 16 冊，頁 623–624。引文來自頁 624。

76. 關於王闓運，見他為〈邗江王氏族譜〉寫的序，重刊於《船山全書》，第 16 冊，頁 663。關於彭玉麟，見〈改建船山書院片〉，頁 624。

77. 根據王闓運的日記，一八九二年，郭嵩燾死後，他立即接下祭祀王夫之的工作，直到一九一五年才交給別人。見《湘綺樓日記》每年九月一日的記載。關於他一九一五年為何不再行這些儀式，見本書第六章。關於王闓運大教育家的地位，見唐浩明以楊度為主角寫的傳記小說，《曠代逸才》（臺北：漢湘文化，1995），頁 40。

78. 關於校經堂，見丁平一編，《湘城教育紀勝》，頁 85。關於思賢講舍，見同著作頁 89。郭嵩燾對一八八四年集會的感受，記載於《郭嵩燾日記》卷 4，頁 502。

79. 郭聘王先謙一事，見《郭嵩燾日記》卷 4，頁 918。王先謙的生平，見 Howard L. Boorman, ed., *Biographical Dictionary of Republican China* (New York: Columbia University Press, 1967–1979), pp. 379–380。王先謙以思賢講舍為出版機構一事，見丁平一編，《湘城教育紀勝》，

載《長沙晚報》，2002 年 1 月 15 日。

60. 《郭嵩燾日記》卷 4，頁 322。

61. 以下段落以他的演講為本寫成，演講文收於《郭嵩燾日記》卷 4，頁 318–322，特別是卷 4， 頁 322。演講中所表達的想法和數則直接的引文，也可見於《禮記質疑》「大學」、「學記」部分。見頁 455、457、693。

62. 《郭嵩燾日記》卷 4，頁 503。

63. 《郭嵩燾日記》卷 4，頁 415。

64. 王闓運，《湘綺樓日記》，卷 6（1877），頁 18b。

65. 見王闓運的〈陳夷務疏〉，Burton Watson 在 "A Memorial on Barbarian Affairs: Excerpts" 一文中將此文譯成英文，*Renditions* (2000), pp. 30–31.

66. 王闓運，《湘綺樓日記》，卷 1（1869），頁 4a。

67. 同上，卷 2（1870），頁 41b–42a。

68. 「……詆毀鄉人……」語，見《郭嵩燾日記》卷 3，頁 886；「……然其流弊亦足以貽害……」，見卷 4，頁 215；燒毀刻版之事，見王雲五編，《清王先謙先生闓運年譜》，頁 115。

69. 王闓運，《湘綺樓日記》，卷 9（1880），頁 7a–7b。

70. 曾永玲，《郭嵩燾大傳》，頁 325。

71. 郭廷以編，《郭嵩燾先生年譜》（臺北：中研院近史所，1971），頁 962–963。王闓運，《湘綺樓日記》，卷 14（1887），頁 8b。

72. 郭嵩燾請王闓運出掌禁煙公社一事，見郭廷以編，《郭嵩燾先生年譜》，頁 856。王闓運學生重刻湘軍志一事，見 Wang Yitong, "Biographical Sketches of 29 Classical Scholars of the Late Manchu and Early

鹽專賣所得，見卷3，頁918；住在思賢講舍裡一事，見卷3，頁919；他的兒子、孫子搬進去一事，見卷4，頁614–616。

54. 關於嚴復的貢獻，見《郭嵩燾日記》卷3，頁907。也見汪榮祖，《走向世界的挫折》頁346。「……茫然莫知其涯……」語，見《郭嵩燾日記》卷3，頁907。關於數學老師，見卷4，頁143。
55. 王夫之，《讀通鑑論》（臺北：河洛圖書出版社，1976），頁564。
56. 關於四賢和「專祀船山先生之地」，見《郭嵩燾日記》卷4，頁216。關於安座儀式，見卷4，頁153。臺灣南港中研院史語所圖書館，有一幅郭嵩燾題詞的王夫之畫像複本。
57. 關於他們所讀的某些洋書書名，見《郭嵩燾日記》卷3，頁908。關於張自牧，見楊慎之編，《湖南歷代人名辭典》（長沙：湖南出版社，1993），頁315。關於朱克敬，見朱克敬，《瞑庵雜識》、《瞑庵二職》（長沙：嶽麓書社，1983），特別是頁98-106轉抄的郭嵩燾致李鴻章信和頁114的郭嵩燾詩。關於老將軍來訪，見，諸如，郭嵩燾的〈浩園雅集圖記〉，收於《歷代名人記長沙文選》，鄭佳明編，頁327-329；郭在此文中描述了一八八〇年禁煙公社數名會員在思賢講舍大院裡為湘軍將領彭玉麟、劉坤一來訪舉辦的慶祝活動。關於李元度，見李肖聃，《湘學略》，收於錢基博與李肖聃，《近百年湖南學風；湘學略》（長沙：岳麓書社，1985），頁172。
58. 曾永玲，《郭嵩燾大傳》，頁337。《郭嵩燾日記》卷3，頁949。
59. 《郭嵩燾日記》卷4，頁216。會講日期為王夫之誕辰（陰曆）9月1日和屈原誕辰正月21日。郭確定屈原誕辰時引述了鄧顯鶴的《楚寶》。見《郭嵩燾日記》卷4，頁255。引文來自卷4，頁157。關於曾國藩祠的面積，見陳先樞，〈曾國藩祠、思賢講舍和船山學社〉，頁 2。

40. 《郭嵩燾日記》卷 3，頁 857。

41. 《郭嵩燾日記》卷 3，頁 855。

42. 《郭嵩燾日記》卷 3，頁 905。

43. 謠傳他要把上林寺改為教堂一事，見《郭嵩燾日記》卷 3，頁 907。讓洋人進來一事，見曾永玲，《郭嵩燾大傳》頁 324。謠傳郭嵩燾要督掌外貿一事，見《郭嵩燾日記》卷 3，頁 925，有關那艘船的傳言見同著作，卷 3，頁 914。

44. 「……數十百年……」之語，見《郭嵩燾日記》卷 3，頁 889；「……鼠目寸光……」之語，見 3: 863；「……漠不為恥……」之語，見卷 3，頁 886；「……他省持議……」之語，見卷 3，頁 886。

45. 《郭嵩燾日記》卷 3，頁 936。

46. 《郭嵩燾日記》卷 4，頁 216。

47. 《郭嵩燾日記》卷 4，頁 19。

48. 《郭嵩燾日記》卷 3，頁 823。

49. 丁平一編，《湘城教育紀勝》（長沙：湖南文藝出版社，1997），頁 84。

50. 鄭佳明編，《長沙萬象》（長沙：湖南文藝出版社，2000），頁 124。丁平一編，《湘城教育紀勝》，頁 84-85。

51. 《郭嵩燾日記》卷 3，頁 935。

52. 郭嵩燾，〈重建湘水校經堂記〉，鄭佳明編，《歷代名人記長沙文選》，頁 75-76。引文在頁 76。

53. 「講求徵實致用之學」一語，見《郭嵩燾日記》卷 3，頁 919；「求一挽學校之陋」，見卷 4，頁 322 與卷 4，頁 366；關於資金來自文來自頁 98。

26. Wong, A New Profile, p. 258.
27. F. S. Turner, *British Opium Policy and Its Results to India and China* (London: Sampson Low,Marston, Searle, & Rivington, 1876). 見 preface, p. v.
28. 錢鍾書編，《郭嵩燾等使西記六種》，頁 189。
29. Hosea Ballou Morse, *The International Relations of the Chinese Empire*, vol. 2 (New York: Longmans, Green, 1910–1918), p. 376.
30. 曾永玲，《郭嵩燾大傳》（瀋陽：遼寧人民出版社，1989），頁 336。
31. 錢鍾書編，《郭嵩燾等使西記六種》，頁 189。
32. 郭嵩燾，〈請禁鴉片第一疏〉，《郭侍郎奏疏》，王先謙編（臺北：文海出版社重刊，1968），頁 12、13a–16b。引文來自文首提要，頁 13a。
33. J. B. Brown, "Politics of the Poppy: The Society for the Suppression of the Opium Trade, 1874–1916," *Journal of Contemporary History* 8, no. 3 (July 1973): 97–111. See p. 104.
34. 郭嵩燾，《養知書屋詩文集》卷 11，頁 3a–3b。
35. 《北華捷報》，1879 年 4 月 4 日。
36. Wong, *A New Profile*, p. 257.
37. 同上，頁 p. 227.
38. 見〈倫敦致李伯相〉，《養知書屋詩文集》卷 11，頁 1a–10b. 遭下令燒掉的日期，見錢鍾書為《郭嵩燾等使西記六種》寫的導言，頁 6。
39. 《郭嵩燾日記》卷 3，頁 853–854。關於士紳的意圖，見楊堅為朱克敬《瞑庵雜識》、《瞑庵二識》（長沙：岳麓書社，1983）寫的導言，

treatment of this aspect of Wang Fuzhi's thought.

18. 郭嵩燾，《禮記質疑》（長沙：岳麓書社，1992），頁 272。汪榮祖曾引用於其《走向世界的挫折》頁 187。

19. 郭嵩燾，《禮記質疑》頁 34–35。

20. Lai Chi Kong, "In Search of Wealth—Kuo Sung-tao and His Economic Thought," Chinese Culture 25, no. 3 (September 1984): 53–79。特別參閱頁 60。也見《郭嵩燾日記》卷 3，頁 169。關於郭嵩燾的幾場會晤，見 Owen Hong-hin Wong, *A New Profile in Sino-Western Diplomacy: The First Chinese Minister to Great Britain* (Hong Kong: Chung Hwa, 1987), p. 198。以及錢鍾書編，《郭嵩燾等使西記六種》（北京：新華，1998），頁 98。關於郭在倫敦社會，見 Demetrius C. Boulger, *The Life of Sir Halliday Macartney* (New York: John Lane Company, 1908), p.291，關於「當紅名人」（lions of the season）的引文請見 p.282。

21. 關於郭嵩燾所新創的詞，按照它們在本書內文裡出現的順序，見《郭嵩燾日記》卷 3，頁 469、461、439、438。關於他率先使用民權一詞，見 Joan Judge, *Print and Politics: "Shibao" and the Culture of Reform in Late Qing China* (Stanford, Calif.: Stanford University Press, 1996), p. 64.

22. Wong, *A New Profile*, p. 241.《郭嵩燾日記》卷 3，頁 473、517。

23. 《郭嵩燾日記》卷 3，頁 474。

24. 郭嵩燾在其「倫敦信」中向李鴻章談到這數百位日本學生，表達了欣賞和極度憂心之意。見他的〈倫敦致李伯相〉，《養知書屋詩文集》，重刊於《近代中國史料叢刊》第 16 輯（臺北：文海出版社，年分不詳），卷 11，頁 1a–10b。

25. 郭嵩燾的倫敦日記重刊於錢鍾書所編《郭嵩燾等使西記六種》。引民書局，1993），頁 183-184。

10. 《郭嵩燾日記》卷 2，頁 600。
11. 《郭嵩燾日記》卷 2，頁 622。汪榮祖，《走向世界的挫折》，頁 185。尹海清，〈船山書院概述〉，載《書院研究》，Li Xiaozhong 編（長沙：湖南大學出版社，1988），頁 291-298。見頁 291。
12. 陳勇勤，〈光緒間關於王夫之從祀文廟的爭論〉，載《船山學刊》第 1 期（1997），頁 22-25。見頁 22。
13. 郭嵩燾，〈請以王夫之從祀文廟疏〉，《船山全書》第 16 冊，頁 582-583。引文在頁 583。
14. 見郭嵩燾奏疏，《養知書屋詩文集》（臺北：藝文印書館重刊，1964），頁 1a–3a。
15. 王闓運，《湘綺樓日記》（臺北：臺灣學生書局重刊，1964），卷 5（1876），頁 6a。
16. 王雲五編《清王先謙先生闓運年譜》（臺北：商務印書館重刊，1978）頁 79，描述了這場暴動。也見王闓運，《湘綺樓日記》卷 5（1876），頁 38-46。汪榮祖《走向世界的挫折》頁 340，也描述了此事。令人倍覺諷刺的，郭嵩燾重建上林寺，其實是為推動佛教以填補中國的精神真空，降低基督教對湖南人的吸引力。見郭嵩燾，〈募修上林寺小引〉，《歷代名人記長沙文選》，鄭佳明編（長沙：湖南文藝出版社，1998），頁 382-384。
17. Ian McMorran's translation, from The Passionate Realist: An Introduction to the Life and Political Thought of Wang Fuzhi (1619–1692) (Hong Kong: Sunshine Book Company, 1992), p. 114. 請見 McMorran's chapter "On Universal Change and Human History," pp. 95–122, for a detailed

二、湖南復興的基礎

1. 許順富，《湖南紳士與晚清政治變遷》（長沙：湖南人民出版社，2004），頁 128-129。彭先國，《湖南近代祕密社會研究》（長沙：岳麓書社，2001），頁 103-104。
2. 彭先國，《湖南近代祕密社會研究》，頁 2、頁 93–120。
3. 許順富，《湖南紳士與晚清政治變遷》，頁 118-119。彭先國，《湖南近代祕密社會研究》，頁 146-147。
4. Paul A. Cohen, China and Christianity: The Missionary Movement and the Growth of Chinese Antiforeignism, 1860–1870 (Cambridge, Mass.: Harvard University Press, 1963), pp. 77–87.
5. 彭先國，《湖南近代祕密社會研究》，頁 139–143。許順富，《湖南紳士與晚清政治變遷》，頁 120-121。
6. Albert S. Bickmore, "Sketch of a Journey from Canton to Hankow through the Provinces of Kwangtung, Kwangsi, and Hunan, with Geological Notes," *Journal of the North-China Branch of the Royal Asiatic Society* 4 (1867): 1–20. Quotations from pp. 6, 10.
7. 一八九一年六月至七月有份匿名發表的〈湖南：六週旅途見聞〉刊登在《字林西報》與《北華捷報》，重刊於《中國一八九一年的排外暴動。包括目錄》（上海：北華捷報， 1892)，頁 267–304。請見頁 274。
8. Charles Wilfrid Allan, *Our Entry into Hunan* (London: Robert Culley, 1909), p. 17.
9. 汪榮祖，《走向世界的挫折－郭嵩燾與道咸同光時代》（臺北：三數目，見 Charles Wilfrid Allan, *Our Entry into Hunan* (London: Robert Culley, 1909), p. 15。關於湖南籍軍官數目，見 Thomas J. Weiss, "Hunanese among China's Elite, 1851–1911" (Ph.D. diss., University of Chicago, 1969), pp. 85–86；關於湖南籍文官數目，見同著作頁 57。關於湖南籍文官有無進士資格一事，見 Ho Ping-ti, *The Ladder of Success*, p. 218。關於太平天國之亂後湖南新進士紳所占的顯著比例，見 Chang Chung-li, *The Chinese Gentry: Studies on Their Role in Nineteenth-Century Chinese Society* (Seattle: University of Washington Press, 1955), p. 215.

60. Allan, *Our Entry into Hunan*, p. 15.
61. 郭嵩燾，〈丁冠西中西聞見錄選編序〉，《養知書屋詩文集》卷 6，頁 4a–5b。論利瑪竇之語在頁 5a。郭在其倫敦日記中談到他在英國與科學家會晤時，也想起利瑪竇。見錢鍾書編，《郭嵩燾等使西記六種》（北京：新華，1998），頁 98。
62. 汪榮祖，《走向世界的挫折－郭嵩燾與道咸同光時代》（臺北：三民書局，1993），頁 169。
63. 見曾永玲：《郭嵩燾大傳》，頁 143–149。兩人交惡始於攻打太平天國期間，此後更為惡化。郭嵩燾認為左宗棠傲慢，眼紅曾國藩，左宗棠認為郭嵩燾是個書呆子。兩人交情的破裂，出於個人恩怨甚於行動方針上的差異。一八八〇年代兩人終於重修舊好。
64. 陳勇勤，〈光緒間關於王夫之從祀文廟的爭論〉，載《船山學刊》1（1997），頁 22-25。見頁 23。
65. 郭嵩燾，〈船山祠碑記〉，《養知書屋詩文集》卷 25，頁 1。
66. 郭嵩燾，〈請以王夫之從祀文廟疏〉，《船山全書》第 16 冊，頁 582。

1303。曾國藩的〈船山遺書序〉重刊於《船山全書》第16冊，頁418–419。關於拿到可以上機刊印的版本，見曾國藩，《曾國藩日記》，頁1325–1326。關於曾國藩所偏愛的王夫之著作，見曾國藩，《曾國藩日記》，頁1260，以及他1868年11月20日寫給歐陽兆熊的信，收於《船山全書》第16冊，頁558。曾國藩1867年1月10日寫給郭嵩燾的信，重刊於《船山全書》第16冊，頁560。

52. 歐陽兆熊，〈重刊船山遺書凡例〉，《船山全書》第16冊，頁421。

53. 關於原稿狀況，見Kim Young-Oak, "The Philosophy of Wang Fu-chih (1619–1692)" (Ph.D. diss., Harvard University, 1982), p. 362.

54. 完整文見《船山全書》第10冊，頁536。刪改過的文見《船山遺書》，《讀通鑑論》卷14，頁20b。

55. 完整文見《船山全書》第10冊，頁537；刪改過的文見《船山遺書》，《讀通鑑論》卷14，頁21b。有趣的是，第一個「夷」字完整保留下來。

56. 完整文見《船山全書》第12冊，頁588；刪改過的文見《船山遺書》，〈噩夢〉頁23b。

57. 完整文見《船山全書》第11冊，頁255；刪改過的文見《船山遺書》，〈宋論〉10: 24a。

58. Thomas Kennedy, trans., *Testimony of a Confucian Woman: The Autobiography of Mrs. Nie Zeng Jifen, 1852–1942* (Athens: University of Georgia Press, 1993), p. 17.

59. 關於新寧，請見Charlton M. Lewis, *Prologue to the Chinese Revolution: The Transformation of Ideas and Institutions in Hunan Province, 1891–1907* (Cambridge, Mass.: Harvard University Press, 1976), pp. 8–9。關於總督

從無到有的創舉，但其實當時的人，明顯將此事視為一八四二年《船山遺書》的重新刊行。一八六〇年代的刊行計畫，除了工作人員上有部分重疊，歐陽兆熊和曾國藩都把此舉稱作先前那一刻本的「重刊」，而且曾國藩刻本取了和一八四二年刻本一樣的名字：《船山遺書》（一八四二年刻本的編輯群經過一番辯論後才決定採用此書名）。有人以此一出書計畫的完成日期（而非以此一出書構想的出現日期）為依據，誤以為王夫之著作的刊行，在湘軍平定太平天國之後，於是而有章太炎之類人的如下說法：章太炎認為曾國藩刊印船山著作，意在暗地裡抨擊滿人，意在補償自己幫異族對付漢人同胞的罪過（見第四章）。其實，曾國藩等湘軍要人刊印王夫之著作，矛頭並非對準滿人，而是對準他們所攻打、且毀掉他們先前心血結晶的太平天國。最後，這一出書構想並非如中國史學界所普遍認為的，出現於打贏太平天國而志得意滿之時，而是出現於這場平亂戰役勝負未卜之時。因此，不能說湘軍的勝利使王夫之著作的刊行變得可能，而應該是湘軍希望王夫之著作的重刊有助於他們打贏這場仗。

48. 歐陽兆熊，〈王船山先生軼事〉，《水窗春囈》（北京：中華書局，1984），頁 8。

49. 劉經榜，〈王翁夢祥先生序〉，來自《邗江王氏族譜》，節錄於《船山全書》16: 554。

50. 曾國藩，《曾國藩日記》（長沙：岳麓書社，1989），頁 820–831、1260。湖南境內缺優良刻工一事，見曾國藩致吳棠三信，1863 年 11 月 19 日，重刊於《船山全書》第 16 冊，頁 558。

51. 曾國藩讀王夫之著作一事，見曾國藩，《曾國藩日記》，頁 1260–

42. 關於唐鑒與曾國藩，見楊慎之，《湖南歷代人名辭典》，頁 266；關於曾、劉、郭，見郭嵩燾回憶錄，《玉池老人自敘》（養知書屋，1893），頁 34a–34b，以及曾永玲，《郭嵩燾大傳》（瀋陽：遼寧人民出版社，1989），頁 44；關於郭、曾、左、江，見 Hummel, *Eminent Chinese*, pp. 438, 751, 763；關於鄒漢勛與江忠源，見楊慎之，《湖南歷代人名辭典》，頁 254；左宗棠悼鄒漢勛一文請見鄒漢勛《新化鄒氏斅藝齋遺書：斅藝齋外集》〈鄒君墓田記〉，頁 1a–2a；歐陽兆熊為曾國藩治病一事，見楊慎之，《湖南歷代人名辭典》，頁 303；關於曾與歐陽兩人持續未斷的關係，見《曾國藩日記》（長沙：岳麓書社，1989），按照一九八九年岳麓書社版，頁 2035-2037 的索引，此書於一八四〇至一八七一年提到歐陽兆熊共二百八十七次；曾國藩也為鄧顯鶴寫了悼詞（本章第一句中的引文）。
43. 〈擬請王夫之從祀文廟摺〉，節錄於彭大成〈曾國藩與《船山遺書》〉，《山學報》第一期（1988），頁 59, 81–82。見頁 59。
44. 關於淮軍與湘軍，見 Kuhn, "The Taiping Rebellion," p. 290. 在 Hummel 的 *Eminent Chinese of the Ch'ing Period* 一書中，鄧嗣禹為曾國荃所寫的傳記，說南京太平軍總數達五十萬，頁 749-750。曾國荃的自傳說來自蘇州的援軍達三十萬，使南京守軍總數達六十萬。見曾國荃：《曾忠襄公年譜》（臺北：文海出版社重刊，1967），頁 548。
45. 曾國藩，〈致歐陽兆熊信〉，1862 年 9 月 18 日。見《船山全書》第 16 冊，頁 557。
46. 曾國藩，〈致吳棠三信〉，1863 年 11 月 19 日。見《船山全書》第 16 冊，頁 558。
47. 值得一提的，今日史學界一貫認為曾國藩刊行船山著作，基本上是見頁 410–411。

34. 唐鑒，〈船山遺書序〉，重刊於《船山全書》第 16 冊，頁 407–408。

35. 郭嵩燾，〈禮記質疑序〉，《養知書屋詩文集》，重刊於《近代中國史料叢刊》16（臺北：文海出版社，年分不詳），卷 3，頁 1，郭廷以編，《郭嵩燾先生年譜》（臺北：中研院近史所，1971），頁 81。

36. 請見 Ch'u Chai's "Introduction" to the 1967 University Books reprint of James Legge's *Li Chi: Book of Rites* (New Hyde Park, N.Y.: University Books, 1967), esp. pp. xlvi–lxxx.

37. Benjamin A. Elman, *A Cultural History of Civil Examinations in Late Imperial China* (Berkeley: University of California Press, 2000), pp. 272, 410, 466–467, 563.

38. 王夫之，《禮記章句》，《船山遺書》卷 41，頁 3a。

39. 請參見，楊天宇，《禮記譯注》（上海：古籍出版社，1997）第 2 冊，頁 1027–1028。

40. 郭廷以編，《郭嵩燾先生年譜》（臺北：中研院近史所，1971），頁 851–852。為郭嵩燾立傳者都認為是郭說動曾國藩創建軍隊，郭在自傳裡也有同樣的敘述。見李肖聃，《湘學略》，收錄於錢基博與李肖聃，《近百年湖南學風；湘學略》（長沙：岳麓書社，1985），頁 195。

41. Philip Kuhn, "The Taiping Rebellion," in *The Cambridge History of China*, vol.10, ed. John K. Fairbank and Denis Twitchett (New York: Cambridge University Press, 1977–), pp. 264–317.

(Washington, D.C.: U.S. Government Printing Office, 1943–1944), p. 287.

23. 關於嶽麓書院經世運動興起的詳細過程，請見 Daniel McMahon, "The Yuelu Academy and Hunan's Nineteenth-Century Turn towards Statecraft," *Late Imperial China* 6, no. 21 (June 2005): 72–109.
24. 歐陽兆熊一八六五年為《船山遺書》寫的出版序中，說鄒漢勛「實司其役」。見《船山全書》第 16 冊，頁 420。鄒漢勛，〈屈子生卒年月日考〉，《新化鄒氏斆藝齋遺書》卷 1，頁 21b–24a。
25. 楊慎之編，《湖南歷代人名辭典》（長沙：湖南出版社）。見頁 303，談歐陽兆熊的部分和頁 298 談左宗植的部分。談左宗棠的部分，見 Hummel, *Eminent Chinese*, p.763.
26. 鄒漢勛，〈致左季高孝廉書〉，《新化鄒氏斆藝齋遺書》卷 8，頁 12b–13a。引文出自頁 13a。左宗棠的皇輿圖似乎未刊行。見 Hummel, *Eminent Chinese*, p. 763.
27. 一如鄒漢勛在寫給左宗植的另一封信中所引述的。見鄒漢勛，〈致左景喬舍人書〉，《新化鄒氏斆藝齋遺書》卷 8，頁 11a–12b，引文出自頁 12a–12b。致左宗棠那封原信未收入此文集裡。
28. 王夫之，〈禮記章句序〉，《船山全書》第 4 冊，頁 9–10。
29. 鄒漢勛，〈致左景喬舍人書〉，頁 12a–12b。
30. 同上，頁 11b。
31. 王夫之，《讀通鑑論》（臺北：河洛圖書出版社，1976），頁 1114。
32. 鄒漢勛，〈致左景喬舍人書〉，頁 1b。
33. 鄧顯鶴，〈船山著述目錄〉，《船山全書》第 16 冊，頁 408–412。

1683: A Historiography and Source Guide (Ann Arbor, Mich.: Association for Asian Studies, 1998), pp. 60–68, especially pp. 63–64.

16. 〈清史儒林傳〉，重刊於《船山遺書》卷 1，頁 1a。
17. 唐鑒在其一八四二年的《船山遺書》序中，強調王夫之名列國史儒林傳一事意義重大（重刊於《船山全書》第 16 冊，頁 407–408），說王夫之因此終於名聞天下。然後他問道，「以其書歟？抑以其人歟？」暗示王夫之和其著作重見天日一事，隨著他被採入國史而揭開序幕，且將因《船山遺書》而完成。
18. 衡陽刻本船山著作未廣為流通，鄧顯鶴開始蒐羅刊印王夫之著作時，已幾乎全部佚失。鄧顯鶴寫道，他想利用先前那一刻本的刻版，但刻版都已朽壞，難以辨識。他寫道，刻版「日久漫漶，顯鶴病之，嘗慨然發憤，思購求先生全書」。見鄧顯鶴〈目錄〉，重刊於《船山全書》第 16 冊，頁 409。
19. 游雪門，〈斯仙序略〉，《邗江王氏族譜》，節錄於《船山全書》第 16 冊，頁 553。
20. 王夫之著作的種類和數目，取自鄧顯鶴的〈船山著書目錄〉（重刊於《船山全書》第 16 冊，頁 408–412）。鄧顯鶴列出他所見過的著作和他知道存世但還無緣一睹的著作。《船山遺書》主編名單，〈編校姓氏〉，刊於《船山全書》第 16 冊，頁 415–416。
21. 鄒漢勛，〈致左季高孝廉書〉，《新化鄒氏斅藝齋遺書：斅藝齋文存》（南昌，1879）卷 8: 12b–13a 。鄒氏提及受雇於王家一事，見頁 12b。王世全的捐資，見王者佐〈半溪叔七秩壽序〉，《邗江王氏族譜》，重刊於《船山全書》第 16 冊，頁 554。
22. Arthur W. Hummel, ed., *Eminent Chinese of the Ch'ing Period (1644–1912)*

5. 鄧顯鶴，〈屈原〉，《楚寶》，卷 15，文苑門，頁 1a–5a。引文出自頁 3a。

6. Qu Yuan, "Li Sao (On encountering sorrow)," 〈 離 騷 〉 trans. David Hawkes, in *Ch'u Tz'u: The Songs of the South, an Ancient Chinese Anthology* (Oxford: Clarendon Press, 1959), pp. 22–34. 引文出自 p. 34.

7. Constance A. Cook and John S.Major, eds., *Defining Chu: Image and Reality in Ancient China* (Honolulu: University of Hawaii Press, 1999). 關於賈誼，見頁 158。

8. 鄧顯鶴，《楚寶》〈王夫之〉條，見王夫之《船山全書》第 16 冊，頁 102（長沙：岳麓書社，1988-1996）。

9. 王夫之，〈九昭〉，《楚辭通釋》「卷末」，頁 1a，《船山遺書》（上海：太平洋 書局，1933）。

10. 《船山全書》第 16 冊，頁 104。Ian McMorran 有不同的譯法，收錄在 *The Passionate Realist: An Introduction to the Life and Political Thought of Wang Fuzhi (1619–1692)* (Hong Kong: Sunshine Book Company, 1992), p. 1.

11. 鄧顯鶴，〈王夫之〉，《船山全書》第 16 冊，頁 104-105。

12. 鄧顯鶴，〈校刊楚寶序〉，《楚寶》，頁 1a。

13. R. Kent Guy, *The Emperor's Four Treasuries: Scholars and the State in the Late Ch'ien-lung Era* (Cambridge, Mass.: Harvard Council on East Asian Studies, 1987).

14. 姚覲遠，〈清代禁毀書目〉（上海，1957），頁 125–127；McMorran, *Passionate Realist*, p. 200.

15. 請見 "Minting the Coin" in Lynn Struve, T*he Ming-Qing Conflict, 1619–*

寶》包含整個楚地鄉賢的生平資料，清朝鄧顯鶴的增輯版《楚寶》蕭規曹隨，未收錄湖南、湖北分家後，楚地新出的賢人。但在參與原版編輯的學者名單中，可看出絕大部分來自湖南：原版四十一名學者編輯中，三十五人是湖南人，大部分來自長沙和湘潭。剩下的非湖南籍學者中，來自江南者（四人）比來自湖北者（二人）還多。見《楚寶》〈楚寶原校姓氏〉，鄧顯鶴編（一八二九年初刊，一九八八年揚州古籍書店重刊），「例言」頁 1a–2a 。隨著湖南開始發展出有別於湖北而自成一體的認同，更強烈自認為「楚」的繼承者，在湖南學者心中「楚」成為「湖南」簡稱。來自湖北的學者有時也以「楚」來稱呼本省。湖南本省利益至上的心態，至少早在十八世紀晚期陳宏謀主政湖南時就露出端倪。他重建了長沙的城南書院和嶽麓書院，推動本省圖書館收藏湖南鄉賢的著作，纂修第一部湖南通志，並在該通志中哀嘆湖南始終被當成湖北的窮親戚。請見 William T. Rowe, *Saving the World: Chen Hongmou and Elite Consciousness in Eighteenth-Century China* (Stanford, Calif.: Stanford University Press, 2001), p. 148。這一地方主義傾向在十九世紀初期時大為普及，且不只見於湖南。對於廣東境內復興的精闢研究，見 Steven B. Miles, "Celebrating the Yu Fan Shrine: Literati Networks and Local Identity in Early Nineteenth Century Guangzhou,"Late Imperial China 25, no. 2 (December 2004): 33–73.

3. 鄧顯鶴，〈校刊楚寶序〉，《楚寶》，鄧顯鶴編，（一八二九年初刊，一九八八年揚州古籍書店重刊），「敘」頁 1a。
4. 鄧顯鶴，〈楚寶文苑論次目錄〉，《楚寶》，卷 15，文苑門，頁 1a。

4. 特別值得一提的，三大著作出現於一九七〇年代約略同一時候，然後，對湖南的研究突然停擺。這三大著作為 Joseph Esherick, *Reform and Revolution in China: the 1911 Revolution in Hunan and Hubei* (Berkeley: University of California Press, 1976)、Charlton M. Lewis, *Prologue to the Chinese Revolution: The Transformation of Ideas and Institutions in Hunan Province, 1891–1907* (Cambridge, Mass.: Harvard University Press, 1976) 與 Angus McDonald, *The Urban Origins of Rural Revolution: Elites and the Masses in Hunan Province, China, 1911–1927* (Berkeley: University of California Press, 1978)。其中的 McDonald 對湖南政治文化的特性與習性最感興趣，但他的主要目標仍是以湖南做為個案研究，藉以說明中國共產主義革命的起源，因而遺憾的，（例如）他對湖南自治運動之分離主義意涵的探討不夠深入。

一、重新發掘王夫之

1. 引自曾國藩〈鄧顯鶴墓表〉，《曾國藩全集：詩文》（長沙：岳麓書社，1994），頁 269-270。關於湖南人科考上的成就，請見 Ho Ping-ti, *The Ladder of Success in Imperial China: Aspects of Social Mobility, 1368–1911* (New York: Columbia University Press, 1962)，頁 229。具體地說，湖南在明朝時（一三六八至一六四四年間）排名十八省中的第十五名，清朝時（一六四四至一九一一年間）排名掉到十九省中的第十七名。駢廬主人，〈談江西老表和湖南騾子〉，《湖南文獻》第 6 期（1969）：51–55。
2. 直到清初，湖南與湖北仍為一省，兩地合稱為「楚」。明朝的原版《楚

注釋

導論

1. 對此問題，晚近大部分中國人似乎認為源於「吃辣」。關於學界從地理角度解釋「湖南精神」，參見張朋園〈近代湖南人性格試釋〉，《近代史研究所集刊》第 6 期（1977 年 6 月）：145-157。
2. 葉文心（Yeh Wen-hsin）在 *Provincial Passages: Culture, Space and the Origins of Chinese Communism* (Berkeley: University of California Press, 1996) 一書中，對浙江省看似「褊狹落後」提出類似的觀點。有人主張有一由北京和上海往外擴散以啟迪內陸地區的統一民族運動，她對此類民族運動（就她來說，五四運動）的狹窄主敘事，提出了令我受惠良多的批判。浙江省，用葉女士的話說，仍是「清末文化最先進、商業最發達的地區之一」（頁 3），但此描述並不適用於湖南，因此從這點來看，我的研究方向將與她的不同。
3. 已有一些從哲學角度精闢剖析王夫之的思想的著作，尤其是 Ian McMorran 的佳作，*The Passionate Realist: An Introduction to the Life and Political Thought of Wang Fuzhi* (1619–1692) (Hong Kong: Sunshine Book Company, 1992)；以及其他出色之作如下：Alison Black 所著的 *Man and Nature in the Philosophical Thought of Wang Fu-chih* (Seattle: University of Washington Press, 1988) 與 Kim Young-Oak 所寫的 The Philosophy of Wang Fu-chih (1619–1692) (Ph.D. diss., Harvard University, 1992)。

Beyond

湖南人與現代中國：革命家與他們的產地

Provincial Patriots: The Hunanese and Modern China

作者——史蒂芬．普拉特 Stephen R. Platt（漢名：裴士鋒）
譯者——黃中憲
執行長——陳蕙慧
總編輯——張惠菁
責任編輯——劉盈君、吳鴻誼
行銷總監——陳雅雯
行銷企劃——尹子麟、余一霞、張宜倩
封面設計——莊謹銘
排版——宸遠彩藝

社長——郭重興
發行人兼出版總監——曾大福
出版——衛城出版／遠足文化事業股份有限公司
發行——遠足文化事業股份有限公司
地址——二三一四一　新北市新店區民權路一〇八－二號九樓
電話——〇二－二二一八一四一七
傳真——〇二－二二一八〇七二七
客服專線——〇八〇〇－二二一〇二九
法律顧問——華洋法律事務所　蘇文生律師
印刷——呈靖彩藝有限公司
初版一刷——二〇一五年三月
二版一刷——二〇二一年三月

定價——四五〇元

國家圖書館出版品預行編目資料

湖南人與現代中國 : 革命家與他們的產地 / 史蒂芬. 普拉特 (Stephen R. Platt) 著 ;
黃中憲譯.
-- 二版. -- 新北市 : 衛城出版, 遠足文化事業股份有限公司, 2021.03
面； 公分
譯自 : Provincial patriots : the Hunanese and modern China
ISBN 978-986-99381-9-8(平裝)

1.近代史　2.現代史　3.湖南省　4.中國

627.89　　110002521

ACRO POLIS 衛城

email　acropolismde@gmail.com
facebook　www.facebook.com/acrolispublish